TEOLOGIA PENTECOSTAL EM DIÁLOGO COM N. T. WRIGHT

JANET MEYER EVERTS
JEFFREY S. LAMP

ORGANIZADORES

TEOLOGIA PENTECOSTAL EM DIÁLOGO COM N. T. WRIGHT

Tradução
ELISSAMAI BAULEO

Título original: *Pentecostal theology and the theological vision of N. T. Wright: a conversation.*
Copyright ©2015, de CPT Press
Edição original de CPT Press. Todos os direitos reservados.
Copyright da tradução ©2023, de Vida Melhor Editora LTDA.

Todos os direitos desta publicação são reservados por Vida Melhor Editora LTDA.

As citações bíblicas sem indicação *in loco* foram extraídas da Nova Versão Internacional.

Os pontos de vista desta obra são de responsabilidade de seus autores e colaboradores diretos, não refletindo necessariamente a posição da Thomas Nelson Brasil, da HarperCollins Christian Publishing ou de sua equipe editorial.

Publisher	*Samuel Coto*
Editor	*André Lodos Tangerino*
Produção editorial	*Fabiano Silveira Medeiros*
Preparação	*Shirley Lima*
Revisão	*Gabriel Ortiz* e *Lucas Vasconcellos Freitas*
Índices	*Cristina Isabel Charão e João Arrais*
Diagramação	*Sonia Peticov*
Capa	*Rafael Brum*

Dados Internacionais de Catalogação na Publicação (CIP)
(BENITEZ Catalogação Ass. Editorial, MS, Brasil)

T288
1.ed.

Teologia pentecostal em diálogo com N. T. Wright / organizadores Janet Meyer Evert, Jeffrey Lamp; tradução Elissamai Bauleo. – 1.ed. – Rio de Janeiro : Thomas Nelson Brasil, 2023.
224 p.; 15,5 x 23 cm.

Título original: Pentecostal theology and the theological vision of N. T. Wright: a conversation.
Bibliografia
ISBN 978-65-5689-695-3

1. Bíblia – Teologia. 2. N. T. Wright (Nicholas Thomas). 3. Teologia. 4. Teólogos – Grã-Bretanha. I. Evert, Janet Meyer. II. Lamp, Jeffrey. III. Bauleo, Elissamai.

04-2023/128   CDD: 230

Índice para catálogo sistemático

1. Teologia cristã: Pentecostalismo: Cristianismo   230

Bibliotecária responsável: Aline Graziele Benitez CRB-1/3129

Thomas Nelson Brasil é uma marca licenciada à Vida Melhor Editora LTDA.
Todos os direitos reservados à Vida Melhor Editora LTDA.
Rua da Quitanda, 86, sala 218 — Centro
Rio de Janeiro — RJ — CEP 20091-005
Tel.: (21) 3175-1030
www.thomasnelson.com.br

Este livro foi impresso pela Vozes, em 2023, para Thomas Nelson Brasil.
O papel do miolo é Pólen Bold 70g/m^2, e o da capa é Cartão 250g/m^2.

A uma nova geração
de acadêmicos pentecostais,
para a glória de Deus.

SUMÁRIO

PREFÁCIO, **AMOS YONG**   9

PREFÁCIO À EDIÇÃO BRASILEIRA, **GUTIERRES F. SIQUEIRA**   15

INTRODUÇÃO   19

1. CERTO OU ERRADO?   27

Um resumo das ideias de N. T. Wright e de suas
implicações para os pentecostais

JEFFREY S. LAMP

2. "QUEM EU DIGO QUE SOU?":   47

uma crítica construtiva da visão de N. T. Wright a
respeito da autopercepção de Jesus

CHRIS GREEN

3. UM COMPLEMENTO PNEUMATOLÓGICO
À HERMENÊUTICA DE N. T. WRIGHT À LUZ
DA TRADIÇÃO PENTECOSTAL   66

TIMOTHY SENAPATIRATNE

4. A "JUSTIFICAÇÃO" EM N. T. WRIGHT E
O CLAMOR DO ESPÍRITO   83

RICK WADHOLM JR.

5. A JUSTIFICAÇÃO E O ESPÍRITO: 100

uma interação apreciativa com N. T. Wright

FRANK D. MACCHIA

6. ANALISANDO A LEITURA PAULINA DE N. T. WRIGHT
PELAS LENTES DO DISPENSACIONALISMO 110

GLEN W. MENZIES

7. FÉ, ESPERANÇA E AMOR: 133

a comunhão dos santos vista da perspectiva
escatológica de N. T. Wright

JANET MEYER EVERTS

8. ESCATOLOGIA CUMPRIDA OU ESCATOLOGIA
EM PROCESSO DE CUMPRIMENTO? 152

Um engajamento pentecostal sobre a visão de N. T. Wright
a respeito da missão atual da igreja no mundo

JEFFREY S. LAMP

9. A PALAVRA E O VENTO: 170

uma resposta

N. T. WRIGHT

BIBLIOGRAFIA 211

ÍNDICE DE PASSAGENS BÍBLICAS (e de outras fontes antigas) 220

ÍNDICE DE AUTORES 223

PREFÁCIO

Amos Yong[1]

Familiarizei-me com os trabalhos de Wright de forma relativamente tardia. Meu contato inicial aconteceu no final de 2007, quando pesquisava sobre o tema da teologia política e começava a observar as contribuições de Wright para o campo emergente do que passou a ser chamado de "estudos imperiais" no Novo Testamento. De modo irresistível, senti-me atraído para os quatro volumes do magistral *Origens Cristãs e a Questão de Deus*,[2] e fui fisgado. Sendo um teólogo construtivo e sistemático mais do que um pesquisador do Novo Testamento, minha leitura de Wright me levou a considerar todo tipo de implicações teológicas e aplicações possíveis. Como eu também estava escrevendo um livro sobre pentecostalismo e teologia política, prossegui com minhas indagações sobre o significado teológico público — que inclui as arenas política, econômica, social e civil — da hipótese de Wright. Foi então que enviei um e-mail a alguns de meus amigos e colegas estudiosos do Novo Testamento, membros da Society for Pentecostal Studies [Sociedade de Estudos Pentecostais], indagando-lhes se sabiam de alguma publicação pentecostal em resposta a Wright.

---

[1]Amos Yong (PhD, Boston University) é diretor do Centro de Pesquisas Missiológicas e professor de Teologia e Missão no Fuller Theological Seminary, em Pasadena, Califórnia. É autor e editor de dezenas de livros, bem como coeditor da série *Pentecostal Manifestos*, publicada em língua inglesa pela editora Wm. B. Eerdmans.

[2]O primeiro volume da série também publicado pela Thomas Nelson Brasil: *O Novo Testamento e o povo de Deus*. (N. E.)

PREFÁCIO

Esse e-mail logo conduziu a uma breve conversa com Frank Macchia, um dos colaboradores deste volume, sobre sua descoberta pessoal de Wright (independente de mim, mas quase na mesma época). Alguns dos resultados do confronto de Macchia com o trabalho de Wright poderão ser vistos mais adiante, em seu ensaio — embora Macchia não seja o único pentecostal a lidar com as implicações da teologia de Wright, conforme revelará a contribuição de Rick Wadholm. Evidentemente, Wright tem sido um catalisador para teólogos pentecostais como Macchia, Wadholm e eu.

Tudo isso nos remete à seguinte questão: no que se refere aos estudos bíblicos pentecostais em geral e às leituras pentecostais do Novo Testamento em particular, quais são as implicações da "nova perspectiva" de Wright para a intepretação bíblica pentecostal e os estudos bíblicos? Ao trabalhar em parte do *corpus* de Wright, identifiquei cinco linhas de diálogo possíveis entre os estudiosos pentecostais e os estudos de N. T. Wright. Fico satisfeito com o fato de os colaboradores deste volume terem abordado esses temas (e muitos outros).

Em primeiro lugar, o Jesus de Wright é um ser humano pleno que cumpre, por meio de sua vida, morte, ressurreição e ascensão ao céu, os planos de Deus para a restauração de Israel e a redenção do mundo. O tema da restauração de Israel tem sido amplamente negligenciado pelos estudiosos pentecostais, com raríssimas exceções. Revisadas em diálogo, quais são as implicações para a soteriologia do Novo Testamento e as teologias pentecostais da salvação das principais teses de Wright sobre essa "nova perspectiva" de Paulo e Jesus? Como os materiais de Lucas e Paulo podem ser reavaliados no âmbito dessa estrutura? O capítulo de Glen Menzies aborda alguns desses assuntos, em especial o da restauração de Israel, e registra como uma perspectiva pentecostal mais clássica pode ser comparada e contrastada com o que Wright oferece. Em sua análise perspicaz, Menzies é capaz de situar a proposta de Wright no âmbito do atualmente ambíguo diálogo pentecostal com a escatologia dispensacionalista. Nesse contexto, a restauração de Israel pode significar mais de uma coisa — quer para a teologia dispensacionalista, quer para a escatologia pentecostal, quer ainda para o próprio Wright. É precisamente por essa razão que o diálogo entre Wright e os estudiosos pentecostais tem o potencial de desencadear conversas em várias direções.

| Amos Yong |

A segunda possibilidade de diálogo se baseia na anterior e é abordada, de forma admirável e crítica, por Chris Green, que examina a contribuição de Wright para aquela que hoje é conhecida como a Terceira Busca pelo Jesus histórico. O capítulo de Green é mais direto em relação aos questionamentos atrelados ao projeto de Wright, embora o faça de forma respeitosa e apreciativa. O debate entre Green e Wright conduz a outros questionamentos relacionados à identidade de Jesus, o judeu da Galileia, que são muitas vezes obstruídos pela tradição teológica. Penso que a cristologia de Wright, resolutamente ortodoxa segundo os padrões nicenos, leva a temas importantes e negligenciados sobre Jesus, o Cristo — temas que não aparecem entre a tradição teológica credal dominante. Green reconhece a mesma coisa, embora esteja mais preocupado em questionar se é possível demonstrar claramente que a revisão de Wright é condizente com os credos. Embora eu acredite que se trata de um assunto importante a ser abordado, a outra face da moeda pentecostal, aquela que apresenta a tradição unitarista e sua teologia de orientação mais judaica em relação à divindade e à cristologia, é negligenciada neste volume. Pergunto-me o que poderá acontecer em um diálogo sobre Jesus, Deus e seus propósitos salvadores quando, por exemplo, os pentecostais unitaristas se envolverem com o trabalho de Wright! Tanto pentecostais unitaristas como pentecostais trinitaristas amam Jesus, e é evidente que Wright também o ama. Como, porventura, uma reconsideração da pessoa e da obra de Cristo poderia desdobrar-se em um diálogo entre, de um lado, pentecostais de ambas as posições cristológicas e, de outro, Wright e sua compreensão de Jesus? Em outras palavras, como o capítulo de Green poderia mediar um diálogo entre Wright e os teólogos unitaristas? Trata-se de algo que só o futuro poderá revelar, mas estamos em melhor posição de ver isso acontecer à luz das inquietações e dos recursos articulados por Green.

Em terceiro lugar, os pentecostais têm uma orientação escatológica, visto que ressaltam a figura de Jesus como o rei vindouro. O Jesus de Wright é o rei escatológico que inaugura os planos finais de Deus para a salvação do mundo, enquanto o Paulo de Wright proclama esse evangelho escatológico ao convidar o povo de Deus a aceitar e descobrir o que isso significa para o mundo. Aqui está, portanto, uma visão do reino vindouro de Deus que não se atém a gráficos complexos dos "fins dos tempos", mas que é, profunda e claramente, motivada por aquilo que o Espírito

PREFÁCIO

de Jesus está realizando nestes "últimos dias" para a salvação do mundo. Acaso não se trata de algo com que os pentecostais devem ficar animados? O que emerge é uma escatologia parcialmente cumprida ou inaugurada (nomenclatura preferida de Wright), mas repleta de implicações para a eclesiologia, o discipulado, a ética e as missões. De forma semelhante ao convite para a revisão da cristologia e da pneumatologia do Novo Testamento que aconteceu no século 4 d.C., por que não reconsiderarmos as escatologias de Paulo e dos evangelistas para além das lentes de John Nelson Darby e outros dispensacionalistas? Fico feliz em informar que vários capítulos deste livro — incluindo, de forma mais substancial, os escritos por Menzies, Everts e Lamp — abordam esses assuntos e traçam caminhos importantes e construtivos para a escatologia pentecostal. E o mais importante nesse engajamento é a percepção de que a escatologia de Wright não se reduz a um horizonte futurista ou de outro mundo; antes, as questões escatológicas se entrelaçam com diversos temas teológicos e práticos, questões que todos os interlocutores pentecostais reconhecem e enfrentam diretamente. O resultado, a não ser que o diálogo seja sufocado, é a revitalização da escatologia pentecostal, não apenas para especular sobre o que pode acontecer, mas também em prol da tarefa do significado de viver, *no presente*, como pessoas cheias do Espírito Santo nos últimos dias (Atos 2:17).

Isso remete, em quarto lugar, ao fato de a autoidentidade pentecostal estar atrelada à missiologia: os pentecostais são cristãos engajados em uma missão. O que se demonstra claramente na erudição de Wright não é apenas o fato de Jesus ser uma pessoa em uma missão divinamente ordenada, mas também que aqueles que o recebem — a começar, por exemplo, pelo apóstolo Paulo — são chamados e capacitados a se envolver nessa mesma missão, cujo objetivo é a renovação de Israel e a redenção do mundo. Além disso, as missiologias pentecostais podem receber grande impulso à luz da insistência de Wright de que a salvação pretendida por Jesus envolve não apenas corações e vidas individuais; a salvação também engloba as dimensões sociopolítica e econômica. Inclino-me a afirmar que até mesmo os pentecostais que proclamam um evangelho "pleno", ou de "cinco dimensões",[3] muitas vezes não são

---

[3]Salvação, santificação, batismo no Espírito Santo, cura divina e o Reino vindouro. (N. T.)

| *Amos Yong* |

tão holísticos quanto poderiam ser. A abordagem de N. T. Wright mostra como o impulso básico do evangelho também envolve essas dimensões. Em diálogo com Wright, as missiologias pentecostais não apenas podem afirmar pelo menos algumas versões da teologia da prosperidade (aquelas que enfatizam a diferença que Deus estabelece nos aspectos materiais da vida humana) sem defender a ganância, o consumismo e o materialismo às vezes presente nessas abordagens, mas também podem ser encorajadas a dar o tipo de testemunho profético aos poderes deste mundo que caracterizou o ministério de Jesus e a mensagem de Paulo. Os estudiosos pentecostais, por sua vez, também podem mostrar que o evangelho pleno inclui a obra carismática e capacitadora do Espírito Santo, uma obra que transforma indivíduos até os confins da terra. O segundo artigo de Jeff Lamp neste volume [cap. 8] revela como os pentecostais podem envolver-se com boa parte desses temas e trajetórias, sugestivos não apenas para o presente e o futuro da práxis missiológica pentecostal, mas também para uma espiritualidade, uma soteriologia e uma teologia missional holística, sustentadas por argumentos expressamente teológicos, e não apenas pragmáticos. No grande esquema das coisas, a promessa dialógica de um debate entre Wright e o pentecostalismo será concretizada quando os teólogos pentecostais bíblicos e sistemáticos finalmente sugerirem formas pelas quais as intuições e os *insights* pentecostais são capazes de complementar e até mesmo de corrigir as ideias escatológicas de Wright. Até que essa tarefa seja realizada, as bases para um diálogo mais amplo foram mais do que adequadamente estabelecidas neste livro.

Isso leva ao meu colóquio final (por enquanto): como a abordagem de Wright em relação à Escritura se compara, contrasta ou complementa uma compreensão pentecostal da Bíblia e de sua hermenêutica? Ao ler Wright, sou constantemente reconduzido aos textos sagrados que ele examina de forma cuidadosa. Wright não é "bibliólatra", mas está comprometido com o testemunho apostólico da forma que foi preservado no cânon bíblico. Os pentecostais também são "povo do livro", embora sua hermenêutica do tipo "isto é aquilo" tenda a acentuar a distância entre os horizontes bíblicos e os dias atuais. O realismo crítico e histórico de Wright é um lembrete concreto para nós de que "o que aconteceu naqueles dias" é fundamentalmente importante para a

PREFÁCIO

vida cristã hoje. Mas os pentecostais também podem contribuir para as realizações de Wright e para o testemunho de que o que aconteceu naquela época continua a acontecer hoje, concretizando, assim, as possibilidades inerentes à afirmação enfática de Wright segundo a qual o drama das Escrituras precisa ser, de forma crítica e realista, improvisado por cada geração, à medida que elas vivem dentro e fora do roteiro apostólico e da narrativa de Atos. O ponto é que a Bíblia é um livro vivo, e os escritos de Wright e os testemunhos pentecostais dão testemunho complementar desse fato. Todas essas questões, além de várias outras, são abordadas, de forma competente, no capítulo de Tim Senapatiratne neste volume. Senapatiratne também propõe um caminho construtivo para a hermenêutica de Wright ao sugerir que ele tem de levar mais a sério a dimensão pneumatológica não apenas da Escritura como inspirada, mas também da comunidade da fé como receptora do testemunho do Espírito do Cristo vivo. Tal teologia pneumatológica de revelação, Escritura e hermenêutica é examinada de forma tipicamente pentecostal no artigo de Senapatiratne, devido, em grande medida, ao seu domínio abrangente não só dos escritos do ex-bispo de Durham, mas também à sua erudição pentecostal bíblica, hermenêutica e teológica.

De todas as maneiras mencionadas, sinto-me, como teólogo pentecostal, desafiado por Tom Wright. Sua leitura me convida a amar mais Jesus, a ser mais ousado em dar testemunho do Cristo ressurreto e a ansiar por aquele cujo retorno não apenas redimirá nosso mundo, mas também toda a criação. Também sou encorajado a retornar repetidas vezes às fontes da mensagem do evangelho de Jesus Cristo — mensagem mediada pelo testemunho apostólico. Em minha infância, eu me colocava regularmente diante do altar para entregar meu coração ao Senhor. N. T. Wright me convida a não parar de me converter a Jesus, mesmo depois de adulto.

Sou, portanto, grato a Jenny Everts e a Jeff Lamp, por responderem com entusiasmo ao meu pedido inicial, bem como aos demais autores, por sua contribuição neste livro. Este volume não aborda temas relevantes somente para estudiosos da Bíblia e teólogos pentecostais, mas para todos que se interessam pelo evangelho e por sua proclamação e expressão no século 21. Estou ansioso para acompanhar o debate que, sem dúvida, se seguirá a este diálogo preliminar.

PREFÁCIO
À EDIÇÃO BRASILEIRA

Tendo sido criado na tradição pentecostal brasileira, minha primeira experiência com a teologia de N. T. Wright foi chocante e perturbadora. Sendo alguém que seguia religiosamente o dispensacionalismo, a teologia escatológica de Wright questionou muitas das coisas que aprendi ao longo do tempo. No entanto, sua ênfase na ressurreição corporal, na criação renovada e na justiça e julgamento divinos me cativou. Há uma beleza profunda na ideia cantada por pentecostais e carismáticos, presente em uma canção famosa, que resume bem a teologia de Wright: "o céu se une à terra como um beijo apaixonado".

Ao contrário do dispensacionalismo, que enfatiza a aniquilação do mundo físico e uma esperança destrutiva, a teologia de Wright enfatiza uma nova criação, em que o céu e a terra se unem em perfeita harmonia, e a justiça e a paz de Deus prevaleçam. Além disso, sua abordagem ressalta a importância da ressurreição corporal e a crença na restauração da criação. Em relação ao julgamento, Wright destaca que ele não é apenas punitivo, mas também restaurativo.

Muitos pentecostais não percebem que o dispensacionalismo depende de uma rígida divisão de eras que justifica o cessacionismo, a crença de que os dons espirituais cessaram após os tempos bíblicos. Enquanto isso, a teologia escatológica de Wright, que enfatiza a união entre o céu e a terra, faz todo o sentido em um contexto em que se ensina sobre a presença dos dons espirituais, tais como cura divina, glossolalia e profecia. O que seria a cura divina se não a antecipação da

PREFÁCIO À EDIÇÃO BRASILEIRA

ressurreição corporal? Ou a glossolalia se não o rompimento da fronteira entre a linguagem do céu e da terra? Ou a profecia se não a entrega da mensagem divina para ouvidos e bocas terrenas?

A corporeidade é um elemento crucial na teologia de Wright, que a diferencia da dualidade dispensacionalista, mas permanece em sintonia com a tradição pentecostal. Wright sustenta que a ressurreição corporal não é uma simples parte da história da salvação, mas, sim, o ápice dessa história, demonstrando a natureza encarnacional da fé cristã. Ao valorizar a corporeidade, Wright desafia a concepção dualista que separa o corpo e a alma, favorecendo uma abordagem integrada da natureza humana. Considerando que a ação carismática do Espírito Santo é expressa pelo corpo físico, pode-se dizer que o pentecostalismo depende de uma antropologia integral. A teologia pentecostal enfatiza que a glossolalia frequentemente evidencia a presença do Espírito, constituindo um sacramento tangível.

Wright, entre outros, é reconhecido como uma figura proeminente no campo da nova perspectiva sobre Paulo (NPP). Trabalhando paralelamente a estudiosos como Krister Stendahl, E. P. Sanders e James Dunn, cada um com suas abordagens únicas, revolucionou o estudo do Novo Testamento ao enfatizar o contexto teológico do judaísmo do Segundo Templo na formação do texto canônico. Essa nova abordagem também contribuiu para a compreensão do pentecostalismo. Notavelmente, estudiosos bíblicos como Roger Stronstad, Craig Keener e Robert P. Menzies demonstraram como o ambiente judaico do tempo de Jesus e dos apóstolos era muito mais carismático do que anteriormente reconhecido nos estudos clássicos.

Este livro apresenta a maneira em que teólogos pentecostais leem N. T. Wright, um anglicano admirado e lido por católicos, evangélicos tradicionais e evangélicos pentecostais. As interações incluem elogios, admiração e discordâncias respeitosas. O livro não se limita à escatologia de Wright, mas também inclui o estudo da teologia paulina, da hermenêutica e da cristologia propostas pelo ex-bispo de Durham. Além disso, a elegância que ele demonstra ao responder cada ensaio é um exemplo prático de como ser um bom acadêmico. Em resumo, este volume é a melhor introdução ao pensamento wrightiano e de sua interação com a teologia pentecostal disponível em português, e todos os teólogos que colaboram na obra concordam que não podemos ignorar a grande contribuição teológica desse prolífico autor ao protestantismo ao longo das últimas décadas.

Gutierres Fernandes Siqueira
São Paulo, outono de 2023,
Dia da Anunciação do Senhor

INTRODUÇÃO

De acordo com o *Poor Richard's almanac*, uma grande fonte de "sabedoria" entre os americanos, "o homem sábio tira mais proveito de seus inimigos do que o tolo de seus amigos".[1] Adotando-se esse critério, N. T. Wright é realmente um homem sábio. Quando, em novembro de 2007, o popular pastor e autor evangélico John Piper publicou sua crítica ferrenha contra a teologia de Wright, o ex-bispo de Durham já era conhecido nos círculos acadêmicos dos Estados Unidos e bem recebido pelos estudiosos bíblicos evangélicos. Lembro-me de ter ouvido suas palestras no Institute of Biblical Research [Instituto de Pesquisa Bíblica] durante a reunião da AAR/SBL[2] em novembro de 2007 — exposições acadêmicas que contavam com diversos participantes, mas que se mostravam bem convencionais. (Meu coeditor, Jeff Lamp, também se recorda dessa ocasião.) As pessoas faziam perguntas, passavam algum tempo com Wright após as sessões, e se engajavam em discussões acadêmicas formais e informais com os palestrantes acerca dos temas apresentados.

Entretanto, cerca de três anos depois, em abril de 2010, ao participar da conferência teológica de Wheaton, intitulada "Jesus, Paul and the people of God: a theological dialogue with N. T. Wright" [Jesus, Paulo e

---

[1]Essa citação é atribuída a Benjamin Franklin (*Poor Richard's almanac*, 1749) e a Thomas Fuller (*Gnomologia*, 1732).

[2]American Academy of Religion e Society of Biblical Literature, respectivamente. (N. T.)

INTRODUÇÃO

o povo de Deus: um diálogo teológico com N. T. Wright],[3] o cenário e a atmosfera haviam mudado por completo. O *campus* de Wheaton estava abarrotado de estudantes de lugares tão distantes quanto Toronto e Texas. O ginásio e a capela estavam lotados e, para as sessões noturnas abertas ao público, foram disponibilizados assentos com grandes telas de transmissão. Era óbvio que Wright havia alcançado o status de uma estrela do rock para a maioria desses jovens universitários evangélicos e estudantes de seminário, e o que estava em curso era algo mais do que um "culto à celebridade" . Em conversa com esses alunos, descobriu-se que o livro de Piper e a controvérsia por ele gerada foram o que fez de Wright uma estrela. A maioria não gostou do tom do livro de Piper e leu o livro de Wright, *Justification: god's plan & Paul's vision* [Justificação: o plano de Deus e a visão de Paulo],[4] que saiu quase exatamente um ano antes da conferência de Wheaton. Após a leitura, muitos se posicionaram ao lado de Wright no debate. Outros foram ouvi-lo sobre uma variedade de questões teológicas, para que pudessem chegar a uma perspectiva equilibrada sobre o debate teológico mais amplo. Praticamente nenhum participante evangélico mais jovem da conferência se sentia representado por Piper. Esses jovens queriam ouvir, eles próprios, Wright e chegar às próprias conclusões a respeito do assunto.

Embora pentecostais e carismáticos não costumem identificar-se com o tipo de teologia hiper-reformada reivindicada por John Piper, também eles foram afetados pelas controvérsias geradas pelo livro. Em março de 2008, Amos Yong, então presidente da Society for Pentecostal Studies (SPS) [Sociedade para Estudos Pentecostais], pediu aos responsáveis pelos estudos bíblicos na sociedade que considerassem escrever um livro sobre Wright. Na reunião seguinte da SPS, Jeffrey Lamp apresentou o artigo que está incluído como ensaio geral neste volume. O departamento de estudos bíblicos, coordenado por Lee Roy

---

[3]As palestras apresentadas na conferência estão disponíveis em livro: Nicholas Perrin e Richard B. Hays (orgs.), *Jesus, Paul and the people of God: a theological dialogue with N. T. Wright* (Downers Grove: IVP Academic, 2011).

[4]N. T. Wright, *Justification: God's plan & Paul's vision* (Downers Grove: IVP Academic, 2009) [edição em português: *Justificação: o plano de Deus e a visão de Paulo* (Maceió: Sal Cultural, 2019)].

TEOLOGIA PENTECOSTAL EM DIÁLOGO COM N. T. WRIGHT

Martin, concordou com a publicação de um livro sobre Wright e decidiu que os lucros obtidos com as vendas se destinariam a bolsas de estudo concedidas a jovens interessados em frequentar a SPS. Concordei em presidir as sessões de apresentação dos artigos nas duas reuniões seguintes, e Jeffrey Lamp e eu fomos nomeados coeditores.

Por um acaso feliz ou infeliz, a reunião de 2010 da SPS estava programada para acontecer em Mineápolis, a apenas alguns quarteirões da igreja Batista de Bethlehem, onde John Piper era o pastor-pregador. Naquele ano, o tema do encontro era a escatologia de Wright e a obra *Surprised by hope: rethinking heaven, the resurrection and the mission of the church*[5] (na época em que o tema foi definido, o livro de Wright sobre justificação ainda não havia sido publicado). O encontro conseguiu reunir diversas pessoas, incluindo alguns intrusos; pelos padrões da SPS, foi um grande sucesso. A grande questão dos contestadores parecia ser se Wright era ou não um "universalista". Eles estavam lá para provar que sim, e parece que nem mesmo citações diretas do ex-bispo de Durham os convenceu do contrário.[6] O resultado da discussão acalorada foi que vários jovens acadêmicos se ofereceram para elaborar artigos para o ano seguinte, quando o debate seria sobre justificação, hermenêutica e o livro *Justification: God's plan & Paul's vision*. Esse encontro também resultou em intensa participação e discussões acaloradas, mas sem contestações. Os trabalhos apresentados nos dois encontros foram selecionados para este volume.

Embora pentecostais e carismáticos dificilmente se comportem de forma neutra ou acrítica em suas avaliações, de forma geral, os autores destes ensaios concordam com a abordagem de N. T. Wright. E existem várias razões para isso. Uma das mais importantes é a globalização do cristianismo no século 21, fenômeno que afetou profundamente

---

[5]N. T. Wright, *Surprised by hope: rethinking heaven, the resurrection, and the mission of the church* (New York: Harper One, 2008) [edição em português: *Surpreendido pela esperança* (Viçosa: Ultimato, 2009)].

[6]Aqueles que gostariam de ler o que N. T. Wright tem a dizer sobre o tema do universalismo e o inferno, vejam N. T. Wright, *For all the saints? Remembering the Christian departed* (Harrisburg: Morehouse, 2003), p. 42-6.

INTRODUÇÃO

tanto a Comunhão Anglicana como o movimento pentecostal.[7] A sensibilidade de Wright aos efeitos dessa mudança cultural e sua disposição em incorporar novos paradigmas culturais à sua exegese bíblica e à compreensão teológica das doutrinas tradicionais se revelam bastante atraentes para os estudiosos pentecostais. Os eruditos pentecostais também são praticantes de sua fé, e não apenas teólogos voltados à teoria em si. Muitos autores representados neste volume são ministros e pastores ordenados; todos estão envolvidos no ministério em suas igrejas locais. Todos sentem o profundo compromisso de Wright com o ministério pastoral e respeitam seu papel como ministro e ex-bispo da igreja Anglicana. Conforme muitos ensaios deste livro deixam claro, o pensamento de Wright abre espaço para o Espírito. Nenhum pentecostal ficará feliz com um sistema rígido e restritivo em relação ao mover do Espírito Santo, e qualquer pentecostal será favorável a uma teologia que acolha a presença do Espírito (implícita ou explicitamente) na interpretação das Escrituras e em outros aspectos da vida e da teologia cristãs. Steven Land, ex-presidente do Pentecostal Theological Seminary, caracteriza a espiritualidade pentecostal como uma "paixão pelo Reino". Não há dúvida de que, em quase todos os artigos e livros de Wright, essa "paixão pelo Reino" se destaca. Na verdade, talvez seja justamente esse amor pelo Reino a característica mais atraente para os estudiosos pentecostais e carismáticos, que reconhecem em Wright "um homem de paixões semelhantes" — pela igreja global, pelo cuidado das almas, pelo Espírito e pelo Reino de Deus. Nos ensaios a seguir, esse senso de paixões comuns ficará bem evidente.

Jeffrey Lamp escreveu o primeiro ensaio deste livro, e sua visão geral é extremamente abrangente. Como editora deste volume, estou convencida de que, armada com esse ensaio e com os livros de N. T. Wright *Surprised by hope: rethinking heaven, the resurrection and the mission of the church* e *Justification: God's plan & Paul's vision*[8], a

---

[7] Os estudiosos pentecostais estão cientes dessa tendência há algum tempo e têm respondido a ela. Cf. Murray W. Dempster et al., orgs., *The globalization of Pentecostalism: a religion made to travel* (Oxford: Regnum Books, 1999), para exemplos de questões e autores representativos.

[8] Em português: *Justificação: o plano de Deus e a visão de Paulo*

TEOLOGIA PENTECOSTAL EM DIÁLOGO COM N. T. WRIGHT

maioria dos leitores com conhecimento da Bíblia será capaz de acompanhar os ensaios seguintes. (Aos que quiserem ou precisarem de mais sugestões de leitura, elas poderão ser encontradas no início do ensaio.)

O próximo grupo de quatro ensaios é sobre a obra *Justification: God's plan & Paul's vision*. Todos eles, exceto um, foram escritos por acadêmicos mais jovens, refletindo o enorme interesse que o debate sobre justificação e hermenêutica despertou na geração emergente de teólogos e estudiosos da Bíblia. Nos círculos protestantes mais conservadores, saber se a tradição teológica deve controlar a interpretação do texto bíblico — e até que ponto deve fazê-lo — tornou-se algo de particular relevância. O debate entre John Piper e N. T. Wright é apenas um exemplo da discussão acalorada em andamento nos círculos evangélicos dos Estados Unidos.

Assim, não surpreende que dois doutores recém-formados tenham escrito ensaios sobre hermenêutica. O primeiro foi escrito por Chris Green, cuja sugestão é que Wright deveria permitir que a tradição teológica exercesse mais controle sobre sua interpretação bíblica. Já o estudioso bíblico Timothy Senapatiratne é mais favorável aos métodos de Wright, embora traga algumas sugestões de cunho totalmente pentecostal. Esses dois ensaios são seguidos por um terceiro, muito interessante, escrito por Rick Wadholm, pastor e (na época da elaboração do artigo) seminarista de uma região que fica a noroeste de Minnesota. Quando a controvérsia da justificação chegou à sua congregação, Wadholm decidiu examinar a questão proposta por Wright à luz da Bíblia para apresentar em um de seus cursos do seminário. O artigo é o resultado de sua pesquisa. Frank Macchia é um teólogo pentecostal que escreveu um livro sobre justificação.[9] Essa seção conclui com observações de Macchia sobre as contribuições e limitações da teologia da justificação proposta por Wright, em comparação com sua teologia. O ensaio é leitura obrigatória a qualquer um que queira compreender a perspectiva pentecostal sobre a justificação ou a perspectiva pentecostal da visão proposta por Wright.

---

[9]Frank D. Macchia, *Justified in the Spirit: Creation, redemption, and the Triune God* (Grand Rapids: Eerdmans, 2010).

INTRODUÇÃO

O último grupo de ensaios traz questões formuladas em *Surprised by hope: rethinking heaven, the resurrection and the mission of the church*. O primeiro ensaio do grupo, escrito por Glen Menzies, compara a visão do fim proposta por Wright ao dispensacionalismo, movimento no qual Menzies foi criado como pentecostal clássico. Menzies faz uma releitura abrangente de ambas as perspectivas e apresenta algumas conclusões surpreendentes. A visão de Wright em relação ao céu e à comunhão dos santos é o tema do ensaio seguinte, de autoria de Janet Meyer Everts. Como esse ensaio foi escrito para dar suporte ao debate ecumênico entre pentecostais e católicos sobre a questão da "comunhão dos santos", que costuma ser polêmico, é um tanto irônico que este ensaio tenha sido responsável por boa parte da controvérsia quanto ao universalimos de Wright e sua visão sobre o inferno. O ensaio final, sobre a missão da igreja, é novamente escrito por Jeffrey Lamp. Nele, Lamp sugere que entendamos a posição de Wright a respeito da missão do povo de Deus como uma "escatologia em processo de cumprimento". Na ressurreição de Jesus, Deus começou a "pôr o mundo em ordem", e continua a fazê-lo por meio da igreja. Nesses três ensaios, o fundamento escatológico de grande parte da teologia de Wright fica evidente, assim como o apelo natural dessa perspectiva escatológica entre pentecostais e carismáticos.

Por último, mas certamente não menos importante, temos o ensaio escrito por N. T. Wright como resposta. Nele, Wright narrou sua experiência "pentecostal" e pergunta: "Isso faz de mim um pentecostal?". Os especialistas mais recentes em pentecostalismo global responderiam que sim. Hoje, o pentecostalismo é definido, em termos fenomenológicos, como um movimento global que enfatiza a operação e os dons do Espírito Santo. O pentecostalismo global, então, é encontrado em igrejas e indivíduos cuja ênfase jaz na experiência do poder do Espírito e na prática dos dons espirituais.[10] Desse modo, a perspectiva de Wright não apela apenas aos pentecostais; como tantos outros cristãos em todo o mundo, Wright também se viu atraído pelo pentecostalismo, mesmo

---

[10]Allan Heaton Anderson, *Introduction to Pentecostalism* (Cambridge: Cambridge University Press, 2.ed., 2014), p. 6.

que não se autodenomine como tal. Wright dedicou boa parte de seu tempo a responder, em detalhes, cada ensaio deste livro. Isso é de especial utilidade ao leitor, que terá uma resposta minuciosa de Wright à medida que lerem cada ensaio. O ensaio de Wright funciona como uma conclusão apropriada a todo o volume.

Nenhuma introdução estaria completa sem expressões de gratidão. Agradeço muito a meu coeditor, Jeffrey Lamp. Creio que Jeffrey já leu tudo o que N. T. Wright escreveu — duas vezes! Jeffrey Lamp e eu agradecemos também a Lee Roy Martin e ao Centre for Pentecostal Theology. Lee Roy apoiou este projeto desde o início; enquanto estive longe de minha casa, o Centre me proporcionou um verdadeiro lar para o desenvolvimento de vários projetos de pesquisa, incluindo este; a organização (leia-se Lee Roy Martin e John Christopher Thomas) concordou em publicar este volume; e Lee Roy respondeu a todas as minhas perguntas editoriais estúpidas. Não poderíamos ter desenvolvido este projeto sem você, Lee Roy!

Por ocasião da publicação deste livro, Lee Roy Martin terá completado seu mandato como presidente da Society of Pentecostal Studies. Dedicamos a ele este livro, como forma de gratidão por seu apoio e encorajamento a todos os estudiosos da Bíblia que pertencem à organização.

JANET MEYER EVERTS
Hope College
Março de 2015

1

CERTO OU ERRADO?

Um resumo das ideias de N. T. Wright e
de suas implicações para os pentecostais

| JEFFREY S. LAMP[1] |

INTRODUÇÃO

No campo de estudos do Novo Testamento, N. T. Wright é um dos acadêmicos mais importantes e instigantes do mundo, e seu antigo cargo ministerial como bispo da igreja Anglicana de Durham lhe proporciona ainda mais espaço para a propagação de suas ideias. Em face da popularidade e do escrutínio ao qual seu trabalho foi submetido, sobretudo na esfera das origens cristãs e do cristianismo apostólico, cabe-nos uma avaliação fundamentada de seus escritos à luz de uma perspectiva pentecostal, algo de grande relevância não só para sua credibilidade no campo dos estudos do Novo Testamento, mas também para o engajamento com suas idcias no projeto teológico do pentecostalismo.

Esta análise se voltará para o panorama geral da compreensão de Wright quanto ao plano de Deus para consertar o mundo. Para não expandirmos demais o tema, vamos nos concentrar na articulação de Wright em relação à teologia de Paulo, em particular conforme expressa em Gálatas e Romanos. O projeto de Wright cobre muito mais terreno do que apenas suas contribuições aos estudos paulinos. Porém, mesmo

---

[1]Jeffrey Lamp (PhD, Trinity Evangelical Divinity School) é professor de Novo Testamento na Oral Roberts University, em Tulsa, Oklahoma. Lamp serviu como pastor na United Methodist Church.

CERTO OU ERRADO?

diante dessa grande restrição, há elementos suficientes para que os pentecostais possam discernir os contornos do pensamento de Wright e observar como as questões típicas das tradições pentecostais se encaixam nesse esquema como um de suas partes importantes, e não apenas como um adendo improvisado a uma teologia sistemática.

Boa parte desta análise consistirá na construção de uma representação gráfica da estrutura de Wright. O diagrama a seguir constitui minha própria representação da estrutura de Wright, não representando, necessariamente, a forma como o autor o faria. No entanto, acredito que representa, de forma precisa, a essência da conceituação de Wright a respeito da teologia paulina. A seção final do artigo traz algumas observações sobre como a estrutura de Wright pode ser coerente e instruir ainda mais os pentecostais na articulação de sua missão, tanto na academia em geral como no mundo.

A ESTRUTURA TEOLÓGICA DE PAULO DE ACORDO COM WRIGHT

Esta seção apresentará a construção, passo a passo, do diagrama que se segue:

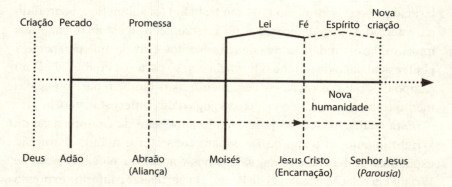

É preciso tecer alguns comentários sobre o *layout* desse diagrama. Em primeiro lugar, quanto à codificação das linhas. As pontilhadas representam conceitos teológicos de criação e nova criação que não foram marcadas pela queda; as linhas sólidas representam aspectos da queda; as linhas tracejadas, por sua vez, representam elementos da promessa divina de consertar o mundo. A legenda na parte superior do diagrama

| Jeffrey S. Lamp |

lista as categorias teológicas relevantes, enquanto a da parte inferior identifica as principais figuras bíblicas associadas às categorias.

Convém também falar algo sobre as fontes empregadas nesta abordagem. Alguém poderia simplesmente sugerir: "Leia tudo que Wright já escreveu" porque o pensamento dele a respeito desses assuntos é cumulativo. Em um nível mais prático, porém, Wright tem uma espécie de "cânon dentro do cânon", algo que se revela mais útil para nós. É possível obter um panorama geral lendo um de seus artigos sintéticos sobre a teologia de Paulo[2] e através de seus volumes mais sucintos sobre o apóstolo;[3] e também por meio de suas obras mais robustas a respeito desse assunto[4]: seu comentário de Romanos[5] e sua série *Origens Cristãs e a Questão de Deus*.[6] Para a presente análise, aliás, a maior parte das citações de Wright virá dessas fontes. Nesse sentido, referências ilustrativas, e não exaustivas, serão fornecidas para evitarmos a confusão produzida por notas de rodapé intermináveis. Algumas referências às obras de Wright são trazidas logo no início de cada seção, reduzindo, assim, repetições desnecessárias, com algumas notas de rodapé limitadas aparecendo de forma esparsa no texto.

---

[2]Wright, "Romans and the theology of Paul", in: David M. Hay; E. Elizabeth Johnson, orgs., *Romans*, vol. 3 de *Pauline theology* (Minneapolis: Fortress, 1995), p. 30-67; Wright, "New exodus, new inheritance: the narrative structure of Romans 3–8", in: Sven K. Soderlund; N. T. Wright, orgs., *Romans and the people of God: essays in honor of Gordon D. Fee on the occasion of his 65th birthday* (Grand Rapids: Eerdmans, 1999), p. 26-35.

[3]Wright, *What saint Paul really said: was Paul of Tarsus the real founder of Christianity?* (Grand Rapids: Eerdmans, 1997); Wright, *Paul: in fresh perspective* (Minneapolis: Fortress, 2005). Citado aqui como *WSPRS* e *Paul*, respectivamente.

[4]Wright, *Climax of the covenant: Christ and the law in Pauline theology* (Minneapolis: Fortress, 1992); Wright, *Surprised by hope: rethinking heaven, the resurrection, and the mission of the church* (New York: HarperCollins, 2008) [edição em português: *Surpreendido pela esperança* (Viçosa: Ultimato, 2009)]; Wright, *Justification: God's plan & Paul's vision* (Downers Grove: IVP Academic, 2009) [edição em português: *Justificação: o plano de Deus e a visão de Paulo* (Maceió: Sal Cultural, 2019)]. Citados abaixo como *Climax*, *SH* e *Justification*, respectivamente.

[5]Wright, *Romans,* New Interpreter's Bible 10 (Nashville: Abingdon Press, 2002).

[6]Wright, *The New Testament and the people of God* (Minneapolis: Fortress, 1992) [edição em português: *O Novo Testamento e o povo de Deus*, Origens Cristãs e a Questão de Deus - Vol. 1 (Rio de Janeiro: Thomas Nelson Brasil, 2022)]; Wright, *Jesus and the victory of God*, Christian Origins and the Question of God 2 (Minneapolis: Fortress, 1996); Wright, *The resurrection of the Son of God*, Christian Origins and the Question of God 3 (Minneapolis: Fortress, 2003) [edição em português: *A ressurreição do Filho de Deus* (São Paulo: Paulus, 2020)]. Citados de agora em diante como *NTPD*, *JVG* e *RSG*, respectivamente.

CERTO OU ERRADO?

A BOA CRIAÇÃO DE DEUS[7]

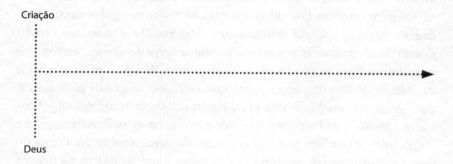

Paulo está de acordo com os relatos da criação em Gênesis, segundo os quais Deus criou um bom universo. No entanto, o apóstolo acrescenta uma característica que ressalta a imagem judaica tradicional da atividade criativa de Deus. Enquanto Gênesis 1 retrata Deus considerando o ato criativo ("façamos", v. 26) e as tradições de sabedoria referem-se à Senhora Sabedoria como agente da criação (p. ex., Provérbios 3:19; Sabedoria 7:22—8:1), o apóstolo atribui a Cristo a ação da criação (1Coríntios 8:6; Colossenses 1:16). Paulo não se envolve em especulações sobre o evento da criação, exceto atribuir a ação de criação a Cristo, mas essa atribuição tem importância fundamental para o que se segue em sua reflexão teológica. A criação original foi boa e está atrelada a Cristo. A redenção de Deus em Cristo, portanto, deve envolver tudo que encontra sua origem e sua existência em Cristo. De fato, em Colossenses 1:16 — versículo no qual o ato de criação é atribuído a Jesus —, o *telos* da criação é o próprio Cristo. Da forma que Wright interpreta Paulo, a criação não será obliterada no fim dos tempos, mas, sim, de acordo com as palavras do autor, "endireitada". O destino da criação está estreitamente atrelado ao destino da humanidade e ao de Cristo. A criação é tanto o objeto como o palco da redenção de Deus em Cristo, tudo por causa da origem que tem no Messias, que redime todas as coisas pelo sangue de sua cruz (Colossenses 1:20).

---

[7]Wright, *Climax*, cap. 5; Wright, *Paul*, p. 26-34; Wright, *SH*, p. 94; Wright, *Colossians and Philemon*, Tyndale New Testament Commentary (Grand Rapids: Eerdmans, 1986), p. 70-3.

Wright também conecta criação e aliança. O Deus criador também é o Deus da aliança. Ambos os temas são unificados nos Salmos 19 e 74, e Paulo traz à tona as implicações desses salmos em passagens como Colossenses 1:15-20, 1Coríntios 15 e Romanos 1—11, em que o problema da criação é abordado nos termos da aliança. Segundo Wright, a aliança existe para resolver o que há de errado com a criação; assim, obviamente, temos a sugestão de que há um problema com a criação, o qual, por sua vez, resulta na necessidade de uma aliança capaz de resolvê-lo.

O PROBLEMA DO PECADO[8]

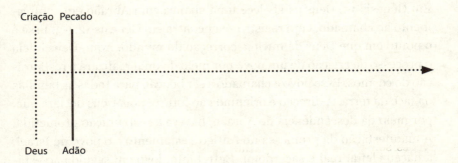

Boa parte da razão pela qual Paulo não se debruça muito sobre o estado original da criação é porque, logo no início da narrativa de Gênesis, o problema do pecado é introduzido no drama humano. Segundo o apóstolo, o pecado surge pela desobediência de Adão (Romanos 5:12). O interesse de Paulo em Adão não consiste, primordialmente, em delinear a etiologia do pecado, mas, sim, em concretizá-lo na história humana e, em seguida, em contrastar o pecado de Adão e seus efeitos com Cristo e sua obra redentora. Nos termos de Wright, o pecado de Adão trouxe ruptura ao mundo, exigindo de Deus um programa de correção do cosmos.

---

[8]Wright, *Romans*, p. 428-64, 523-32; Wright, *Paul*, p. 34-8; Wright, *SH*, p. 94-5.

CERTO OU ERRADO?

A PROMESSA DIVINA DE RESTAURAÇÃO[9]

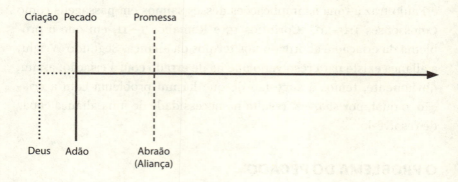

Em Gênesis 15, Deus estabelece uma aliança com Abraão em cumprimento ao chamado, cujo registro se encontra em Gênesis 12:1-3. Esse é o ponto em que Deus dá início à correção do mundo. Aqui, Deus inicia o processo de criação de um povo por meio do qual realizará a restauração do cosmos. Esse povo é chamado a ser bênção para todas as famílias da face da terra. A direção é orientada ao futuro, pois Deus declara que, por meio da descendência de Abraão, haverá a restauração prometida. A manifestação da promessa no Antigo Testamento é o povo de Israel, a nação eleita, real e sacerdotal. Entretanto, logo em seguida ao estabelecimento da aliança, surge o seguinte problema: Israel, o povo da aliança, é, ele próprio, parte do problema. De acordo com Wright, o povo de Abraão também está em Adão. Assim, o povo por meio do qual a solução virá também é aquele que usufruirá a solução.

Contudo, para Paulo, Abraão é o foco da promessa divina de restauração. Em muitos estudos exegéticos de Romanos 4 e Gálatas 3:6-18, Abraão é relegado ao papel de estudo de caso de fé, o exemplo definitivo que prova a veracidade da doutrina da justificação pela fé exposta por Paulo. Na perspectiva de Wright, Abraão não é um simples exemplo, mas parte de todo o processo, razão pela qual o apóstolo posiciona Abraão em sua exposição sobre o que Deus está fazendo para endireitar o mundo. A ênfase, então, não está na fé de Abraão, apesar de sua

---

[9]Wright, *NTPD*, p. 260-8; Wright, *Romans*, p. 487-507; Wright, *Justification*, p. 66-8.

importância para o quadro geral do que Deus está realizando, mas no fato de Cristo ser a verdadeira semente, o verdadeiro descendente de Abraão. É assim que Paulo lida com a questão de como o povo de Israel, eleito para trazer a salvação de Deus ao mundo, é capaz fazê-lo mesmo sendo parte do problema adâmico. Antes, porém, de explorarmos essa ideia, outro componente crucial na estrutura paulina nos ajudará a desenvolver a noção de Cristo como a semente de Abraão.

MOISÉS E A LEI[10]

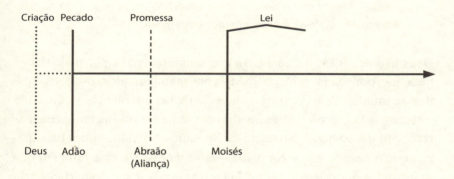

O lugar da Lei mosaica no plano da salvação de Deus em Cristo foi — e ainda é — tema de muita discussão. Acaso Deus realmente pretendia que Israel obedecesse à Lei de forma perfeita e chegasse à salvação por meio dessa obediência, apenas para ver Israel falhar e necessitar de Cristo como solução para o problema do pecado? Em caso positivo, Cristo parece ter sido uma espécie de "Plano B" no trato de Deus com a humanidade. Todavia, se Cristo sempre foi o "Plano A" de Deus, então qual é o papel desempenhado pela Lei? Wright nos oferece uma solução criativa, embora controversa.

Conforme já observado, Israel era tanto o povo da aliança de Deus — povo por meio do qual a salvação viria ao mundo — como um povo

---

[10]Wright, "Romans and the theology of Paul", p. 49-54; Wright, *Romans*, p. 523-32, 549-72.

CERTO OU ERRADO?

em Adão, suscetível ao pecado e às suas consequências. Por que, então, Deus dá a Lei a um povo assim? Afinal, como nos ensina Paulo, não há Lei que possa conceder vida e trazer justiça (Gálatas 3:21), visto que o pecado se aproveita do mandamento para operar a morte no ser humano (Romanos 7:9-11,13). Para Wright, o propósito da entrega da Lei foi justamente esse. Nesse aspecto, Romanos 7:13 nos lança um pouco mais de luz:

> E então, o que é bom [a Lei] trouxe morte para mim? De maneira nenhuma! Foi o pecado que operou a morte em mim por meio de algo bom, a fim de que o pecado fosse mostrado como tal e, pelo mandamento, se revelasse extremamente pecaminoso.

Deus não deu a Lei a Israel para que a nação vivesse por meio dela e para que, por sua perfeita obediência aos mandamentos, trouxesse justiça ao mundo. Pelo contrário: Deus deu a Lei a Israel para que, onde estivesse a Lei, o pecado fosse abundantemente conhecido e concentrado em um só lugar. No início de Romanos 7, Paulo explica não apenas que o pecado não é conhecido sem a Lei (v. 7), mas também que se encontra adormecido sem a Lei e que passa a ser despertado pela introdução da Lei (v. 8b-9). Foi com a entrega da Lei que o pecado se tornou conhecido e localizado em Israel.

Wright compreende a origem dessa vertente do pensamento de Paulo como uma leitura de Deuteronômio 29:10—30:6. Nessa passagem, em que Moisés reafirma a aliança com o povo de Israel, a perspectiva do Exílio pela desobediência é tida como praticamente certa. Deixando de lado, por ora, as questões levantadas pela crítica das fontes quanto à datação da passagem, a declaração é, da perspectiva da lógica narrativa do Antigo Testamento, anterior ao Exílio do povo por desobediência. Parece que o pecado de Israel e seu Exílio estão incluídos na estimativa dos propósitos redentores de Deus. Em Romanos e Gálatas, o raciocínio de Paulo parece interpretar nesse sentido a passagem deuteronômica.

Desse modo, a Lei não foi dada como "Plano A" para, então, ser descartada por Cristo, em prol do "Plano B". Tampouco a Lei foi dada, de acordo com essa interpretação, como um ato da graça de Deus para revelar a vontade divina ao povo da aliança. Em vez disso, a Lei foi concedida para que o pecado gravitasse em torno de Israel, ou seja, para que fosse reunido em um único lugar; assim, Israel levaria o pecado do mundo.

A SEMENTE PROMETIDA DE ABRAÃO: JESUS CRISTO[11]

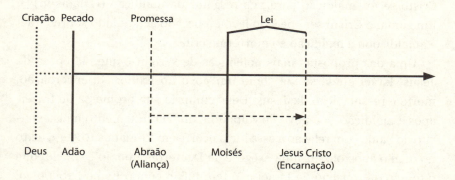

Por ser parte de Adão, Israel nada podia fazer para obter o perdão dos pecados. No entanto, alguém que agisse em nome de Israel e na condição de seu representante real, alguém que não fosse infectado pelo pecado de Adão, mas pertencesse a outra ordem de humanidade, poderia suportar o pecado e seus efeitos destrutivos no cosmos e começar a endireitar o mundo. Nesse contexto, a noção de semente de Abraão, de herdeiro da promessa de Abraão, torna-se focal para a lógica de Paulo. Em Gálatas 3:16, o apóstolo enfatiza que a promessa feita ao patriarca era para um único descendente, e não para muitos. A despeito de nossa exegese paulina nesse ponto, a passagem contém uma grande carga teológica. Nunca se concebeu que Israel, coletivamente, fosse capaz de libertar o mundo do pecado. Em vez disso, Israel deveria concentrar

---

[11] Wright, *NTPD*, p. 268-71, cap. 10; Wright, *JVG*, p. xvii-xviii, cap. 13; Wright, "New exodus, new inheritance"; Wright, *Romans*, p. 468-86; Wright, *RSG*, Parte II; Wright, *Paul*, p. 135-45. Um resumo útil das ideias aqui apresentadas pode ser encontrado em Wright, *Romans*, p. 396-496.

CERTO OU ERRADO?

o pecado ao receber a Lei, até que alguém de dentro de Israel surgisse como seu representante real, levando o pecado suportado por Israel e lidando com ele por meio de sua morte. Seguindo o fluxo lógico do cântico do Servo Sofredor (Isaías 52:13—53:12), Paulo afirma que Jesus, o Filho imaculado de Deus, veio em semelhança de carne pecaminosa para lidar com o pecado (Romanos 8:3). Como isso aconteceu? O pecado foi "condenado na carne". Usando a linguagem de Gálatas, Cristo se fez maldição para nos resgatar da maldição (Gálatas 3:13). Em suma, o Cristo sem pecado levou o pecado acumulado sobre Israel e amaldiçoou a maldição ao morrer na cruz.

Uma das propostas mais polêmicas de Wright é que, na época de Jesus, Israel ainda se via como um povo no Exílio. Na encarnação, morte e ressurreição de Jesus, Deus cumpriu sua promessa de trazer, após a maldição, seu povo de volta do Exílio. O tratamento mais explícito de Paulo com relação a essa ideia ocorre em Romanos 10:5-13, texto no qual o apóstolo faz uma exegese de Deuteronômio 30 e conclui que o tempo da rebelião de Israel não tem início com o Exílio babilônico, mas com a entrega da Torá, no Sinai. A história de violação da Torá por Israel simplesmente reforça ainda mais o status da nação como um povo em Adão, um povo debaixo de maldição, resultando em seu Exílio geográfico para a Babilônia. Assim, em Jesus, Deus efetua o fim do Exílio de seu povo e, em Jesus, decreta seu retorno a Sião.

Outra imagem que Wright emprega ao descrever a redenção de Deus em Cristo é a do Êxodo. Wright entende que o tratamento de Paulo em Romanos 6—8 emprega a estrutura do Êxodo para se referir à redenção de Cristo, retratada como um novo êxodo: Romanos 6 relata a libertação do povo da escravidão para a liberdade por meio de sua passagem pelas águas; Romanos 7:1—8:11 mostra como as pessoas chegam ao Sinai apenas para descobrir que Deus é quem dá a vida que a Torá, embora prometa, é incapaz de conceder; Romanos 8:12-30 trata de como a promessa de ressurreição e o dom da direção do Espírito conduzem o povo de Deus da vida presente à terra prometida, a saber, à renovação de toda a criação. Êxodo e Exílio fornecem imagens poderosas, recriadas no relato paulino da história do relacionamento de Deus com o mundo.

| *Jeffrey S. Lamp* |

Assim, a promessa de Abraão é cumprida em Cristo. O complexo inteiro, desde a promessa até o cumprimento, envolveu a formação de Israel, o povo da aliança, bem como sua recepção da Lei e sua incapacidade de viver pela Lei. Não havia "Plano B", mas tão somente o "Plano A", cujos contornos podemos perceber de Abraão a Cristo: "Deus sempre teve um único plano o tempo todo, por meio do qual pretendia resgatar o mundo e a humanidade, e esse único plano estava centrado no chamado de Israel, chamado que Paulo viu se concretizar no Messias, o representante de Israel".[12]

Entretanto, a morte de Jesus é apenas parte de seu trabalho eficaz de endireitar o mundo: tanto a ressurreição como a ascensão de Jesus também são cruciais para esse fim. O tratamento que Wright dispensa à ressurreição pode ser encontrado em dois trabalhos: um altamente acadêmico, expondo o contexto histórico e teológico da ressurreição (*The resurrection of the Son of God*[13]), e outro mais popular, incluindo alguns dos temas-chave de seu trabalho acadêmico (*Surprised by hope*). Correndo o risco de simplificá-los demais, resumo a ideia da seguinte maneira: em sua ressurreição, Jesus completa a inversão do pecado de Adão ao conquistar a morte. Mais do que isso: a ressurreição de Jesus envolve toda a criação, de modo que não se resume à bênção de uma salvação após a morte; a ressurreição de Cristo é, afinal, corpórea, ainda que glorificada. Na terminologia de Wright, a ressurreição de Cristo é uma "fisicalidade transformada". Não apenas antecipa um tipo de fisicalidade a ser experimentada pelos seres humanos no *escathon*, mas também prefigura a transformação de todo o cosmos, habitado por seres humanos transformados. Dessa maneira, a ressurreição marca a incursão da nova criação no mundo. Da mesma forma, a ascensão, quando o Cristo corpóreo entrou no céu, dá testemunho de que os seres humanos têm lugar na presença de Deus. Se a ressurreição marca a incursão do céu na terra, a ascensão marca a incursão da humanidade no céu, antecipando o *escathon*, quando, então, o céu e a terra se fundirão em uma coisa só.

---

[12]Wright, *Justification*, p. 35.

[13]Edição em português: *A ressurreição do Filho de Deus*.

CERTO OU ERRADO?

Essa abrodagem antecipa um estágio posterior de nossa análise, mas o que vemos é que Cristo quebrou o poder da velha ordem ao derrotar o pecado e a morte, inaugurando a nova criação, a qual será consumada no *escathon*. Agora, voltaremos nossa atenção para a compreensão de Paulo em relação ao que Deus está fazendo nesse ínterim.

O POVO DO ESPÍRITO: A NOVA HUMANIDADE EM CRISTO[14]

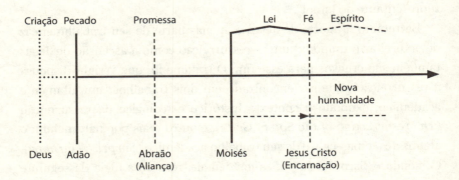

Com Cristo, uma nova realidade se instaurou. O cumprimento da promessa abraâmica em Cristo trouxe consigo a fé como marca identificadora do povo da aliança. A despeito de como interpretamos a debatida construção πίστις Χριστου ("fé em Cristo/fé de Cristo),[15] está claro que o evento da morte e ressurreição de Jesus resultou em uma nova maneira de se identificar o povo de Deus, tendo a fé como parte dessa identificação. Wright concorda com a chamada "nova perspectiva" sobre Paulo no seguinte ponto: é pela fé, e não por marcadores étnicos de identidade (como a circuncisão, a Lei, o Sábado etc.), que alguém é marcado como pertencente à aliança. Porque Deus estava, em Cristo, reconciliando consigo o mundo — e porque esse Cristo, o representante

---

[14]Wright, *WSPRS*, caps. 7 e 8; Wright, *Romans*, p. 508-619, 700-59; Wright, *RSG*, p. 248-59, 263-67, cap. 6; Wright, *Paul*, p. 120-2, 145-50, cap. 8; Wright, *SH*, caps. 12-15; Wright, *Justification*, cap. 4.

[15]Para uma análise das questões, cf. Richard B. Hays, *The faith of Jesus Christ: the narrative substructure of Galatians 3:1–4:11* (Grand Rapids: Eerdmans, 2001).

real de Israel, cumpriu a promessa feita a Abraão de ser bênção para todas as famílias da terra —, o povo de Deus consiste, hoje, de judeus e gentios que têm fé em Jesus.

Pode parecer estranho discutirmos o entendimento de Paulo sobre justificação pela fé neste ponto, e não na seção anterior de nossa análise. Contudo, na perspectiva de Wright em relação à doutrina, a qual o levou a conflitos acalorados com muitos estudiosos dos campos luterano e reformado,[16] o foco não está em como alguém se torna cristão, mas em quem é declarado por Deus como parte do povo da aliança, vindicado perante o tribunal da lei divina, antecipando, no presente, a futura vindicação escatológica na ressurreição dos mortos, quando, então, Deus colocará o mundo em ordem. No presente, a fé de uma pessoa na obra redentora de Cristo é o que a marca como pertencente ao povo do Messias.

Existe, como consequência da obra de Cristo, uma nova humanidade (cf. 2Coríntios 5:17), identificada pela fé e cuja tarefa é difundir pelo mundo o evangelho de Cristo. Esse povo também recebe a promessa do Espírito Santo, que tanto marca os cristãos como povo da aliança, quanto os capacita a viver como cidadãos da nova ordem emergente no mundo. É pela capacitação do Espírito que esse povo se envolve em sua missão no mundo, dando testemunho da presença do Reino de Deus diante da resistência demoníaca personificada nas estruturas da existência humana. Boa parte do trabalho recente de Wright se concentra na crítica e no engajamento de Paulo com os poderes do Império Romano. Pelo poder do Espírito, o povo de Deus é encorajado a anunciar que Jesus é o Senhor em face de todas as demais pretensões de poder.

Esse novo povo de Deus também é, pelo poder do Espírito, dotado de poder sobre o pecado. A esse respeito, a nova humanidade em Cristo, por meio do Espírito, antecipa a libertação escatológica final do pecado

---

[16]Veja a resposta de dois volumes à nova perspectiva em geral: D. A. Carson; Peter T. O'Brien; Mark Seifrid, orgs., *Justification and variegated nomism* (Grand Rapids: Baker, 2001, 2004). Mais recentemente, John Piper desafia a posição de Wright em *The future of justification: a response to N. T. Wright* (Wheaton: Crossway, 2007) [edição em português: *O futuro da justificação* (Niterói: Tempo de Colheita, 2011)]. A resposta de Wright a Piper é encontrada em *Justification*.

CERTO OU ERRADO?

na época presente. Boa parte de Romanos 6 e 8 atesta a realidade da santidade genuína como característica da vida guiada pelo Espírito na era atual. É com base no viver empoderado pelo Espírito que os cristãos, aqueles que foram justificados pela fé, antecipam no presente o futuro veredicto de justificação a ser pronunciado no juízo final.

Para Wright, tudo se resume ao seguinte: os novos seres humanos em Cristo, trazidos à existência pela obra retificadora de Deus, são os agentes por meio de quem Deus prossegue com sua obra de correção em antecipação à sua obra escatológica. A natureza e a missão desse povo incorporam uma amostra do que será no novo céu e na nova terra. Trata-se de uma nova humanidade transformada, modelada no último Adão, que foge ao padrão estabelecido pelo primeiro Adão (1Coríntios 15:45).

A CRIAÇÃO DE DEUS ENDIREITADA[17]

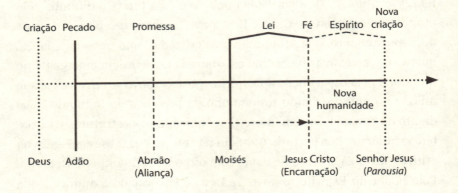

A etapa final do drama redentor ocorre com a *parousia*, na qual o Cristo ascendido, declarado Senhor cósmico de toda a criação pela missão e a mensagem da nova humanidade,cé estabelecido como Senhor governante de toda a nova criação. Nesse ponto, o Senhor Jesus ausente, mas reinante, torna-se o senhor reinante e presente em um novo céu e em uma nova terra unificados, restaurando o mundo por seu julgamento. A esse respeito, Wright diverge de algumas concepções populares do

---

[17]Wright, *RSG*, cap. 7; Wright, *Paul*, p. 140-4; Wright, *SH*, p. 94-108, 118-43.

| *Jeffrey S. Lamp* |

juízo final. Em muitas construções, Jesus é retratado como um guerreiro vindo do céu para executar uma ira horrível contra os ímpios, culminando, assim, na destruição do cosmos. Wright argumenta que, no Antigo Testamento, o juízo de Deus é visto como o meio pelo qual a criação, que geme, é vindicada por meio do endireitamento daquilo que estava errado. Em outras palavras, o juízo de Deus é o estabelecimento de sua justiça em toda a criação, o estabelecimento da nova criação. Na *parousia*, Jesus estabelece a justiça de Deus por todo o cosmos, transformando-o para que Deus seja tudo em todos.

Uma das perspectivas mais provocativas de Wright diz respeito à nahureza da nova criação, em especial quando comparada a algumas concepções escatológicas populares. Na leitura que Wright faz dos escritos de Paulo e do Novo Testamento em geral, algumas noções populares de como o mundo acabará — com os cristãos redimidos habitando com Deus no céu, em uma espécie de estado espiritual de existência — não passam de distorções grosseiras do ensinamento bíblico, com consequências dramáticas para a missão atual da igreja no mundo. A esperança dos cristãos é precisamente que Deus endireitará o mundo, transformando radicalmente a ordem criada, renovando-a dos efeitos do pecado e da decadência, e que o povo de Deus será ressuscitado e corporalmente transformado para habitar essa nova criação. Esse é o resultado do ensino de Paulo em Romanos 8:18-25, que Wright vê como pertencente à mesma categoria da visão de Apocalipse 21 e 22: a união do céu e da terra na nova criação, na qual Deus e seu povo habitarão eternamente. A noção de que Deus destruirá o cosmos e que Jesus conduzirá seu povo em uma grande fuga para o céu é uma perspectiva que, segundo Wright, deve-se mais ao gnosticismo do que ao cristianismo bíblico. Dessa maneira, a nova criação, tanto em seus componentes humanos como em seus componentes não humanos, será caracterizada por uma fisicalidade transformada, livre da escravidão ao pecado, à corrupção, à decadência e à morte.

Com frequência, Wright é criticado por negar a doutrina do arrebatamento. Uma vertente do ensino popular de 1Tessalonicenses 4:13—5:11 sustenta que, em algum momento anterior à consumação do Reino, Cristo descerá e removerá seu povo da terra, pondo em movimento a

CERTO OU ERRADO?

sequência de eventos que levarão ao auge escatológico, ou seja, à consumação do Reino. Acompanhando outros escritores,[18] Wright vê a linguagem de Paulo como reflexo de um costume cultural da época, um costume segundo o qual um dignitário era costumeiramente recebido por um grupo diplomático fora da cidade e reconduzido por esse mesmo grupo para dentro da cidade. Assim, em vez de remover os cristãos da terra, a imagem indica exatamente o contrário: no fim dos tempos, os cristãos receberão seu Senhor e habitarão com ele na terra.

Para Wright, essa visão da nova criação deve moldar e motivar a missão do povo de Deus no tempo presente. Já que Deus não destruirá a fisicalidade, mas a transformará, a igreja deve concentrar suas energias no cumprimento das palavras de Jesus na oração do Pai-Nosso, em que lemos: "na terra como no céu". Em outras palavras, a igreja deve, em sua essência e em sua missão, estabelecer, em algum sentido antecipatório, a nova criação para a qual Deus está conduzindo a história. Em uma série de diálogos com Wright, J. D. Crossan trouxe à baila o conceito de "escatologia colaborativa".[19] Os cristãos devem trabalhar para trazer algo da nova criação escatológica para o tempo presente. É nesse sentido que Paulo pode dizer aos cristãos que ainda vivem na velha criação: "Se alguém está em Cristo, vejam! Nova criação!" (2Coríntios 5:17).

WRIGHT E OS PENTECOSTAIS

Embora nossa análise tenha traçado o pensamento de Wright com contornos amplos e leves, certamente existem pontos, pelo menos quanto aos detalhes, nos quais os pentecostais podem não concordar com o ex-bispo de Durham. Deixaremos as análises mais detalhadas para os demais ensaios deste volume, concentrando-nos, em vez disso, em três áreas nas quais Wright e os pentecostais demonstram ter grande afinidade; desse modo, estabeleceremos a estrutura para uma interação mais detalhada.

---

[18]Veja, p. ex., John Dominic Crossan; Jonathan L. Reed, *In search of Paul* (New York: HarperCollins, 1994), p. 167-74.

[19]Robert B. Stewart; John Dominic Crossan; N. T. Wright, *The resurrection of Jesus: John Dominic Crossan and N. T. Wright in dialogue* (Minneapolis: Fortress, 2006).

| *Jeffrey S. Lamp* |

A primeira delas é a importância que tanto Wright como os pentecostais atribuem ao papel da *narrativa* em sua orientação teológica. Conforme demonstrado em nossa breve análise, Wright compreende a redenção de Deus em Cristo não segundo categorias primariamente teológicas, mas como um drama, o drama do relacionamento entre Deus, seu mundo e os seres humanos. Segundo indicado no diagrama, o vocabulário teológico emerge do drama, mas nunca é separado dele. A narrativa das relações entre Deus e o mundo não é simplesmente o meio da mensagem, mas a própria mensagem em si. A abstração, por mais útil e necessária que seja, diminui o poder presente na narrativa. Se a narrativa é descartada tão logo a verdade proposicional seja capturada, a forma narrativa se torna desnecessária. Contudo, Wright deixa claro que a narrativa bíblica é mais do que apenas uma fachada para proposições, e que o que essa história revela é um Deus ativo e interessado, um Deus imanente e, ao mesmo tempo, intimamente presente com seu povo no desenrolar do drama.

Uma analogia normalmente empregada por Wright é a de uma peça há muito tempo perdida, recentemente descoberta, composta por cinco atos. É evidente que os quatro primeiros atos e a página final são a única coisa que temos da peça. Uma trupe de atores decide criar o quinto ato. Eles têm uma escolha: podem escrever o quinto ato a partir de trechos citados diretamente dos quatro primeiros ou ficar saturados com a história dos quatro primeiros atos e criar o quinto. Para Wright, assim é a Bíblia: um drama de quatro atos — criação, pecado, Israel e Jesus — capaz de instruir a igreja para que ela dê continuidade no presente à comissão que lhe foi atribuída por Jesus enquanto trabalha no mundo, até o dia da consumação do Reino de Deus. Dessa forma, o povo de Deus no mundo de hoje é essencialmente o povo de uma história, modelado pela narrativa contada até aqui e contribuindo, de forma criativa, para o desenvolvimento contínuo dessa história.[20]

---

[20]Uma breve sinopse desse tema é encontrada em Wright, *NTPD*, p. 141-3. O esquema foi adotado e ampliado por Craig G. Bartholomew; Michael W. Goheen, *The drama of Scripture: finding our place in the biblical story* (Grand Rapids: Baker, 2004) [edição em português: *O drama da Escritura* (São Paulo: Vida Nova, s.d.)].

CERTO OU ERRADO?

Os pentecostais também são um povo moldado pela narrativa bíblica.[21] Boa parte da autoidentidade inicial e contínua do movimento deriva de uma narrativa: o livro de Atos.[22] Sua contribuição criativa para a história é uma nova experiência do Espírito, que equipa os cristãos para seu papel particular na igreja e no mundo. Da perspectiva da experiência individual e da liturgia comunitária, o testemunho da obra contínua de Deus por meio do Espírito é o pilar da espiritualidade pentecostal. Familiarizar-se com o programa geral de Wright, na medida que relata a história das relações entre Deus e o mundo, pode fornecer aos pentecostais uma leitura profunda dos quatro primeiros atos do drama ao mesmo tempo em que atuam nele — não apenas como povo de uma identidade diferente, mas como um povo em continuidade e em comunhão com a igreja universal ao longo dos séculos.

A segunda área de afinidade entre Wright e os pentecostais está na *missão*. Segundo indicado pelo diagrama, o drama da redenção é expresso da perspectiva da criação de um povo para o cumprimento da missão redentora de Deus no mundo. O processo teve início com Adão, portador da imagem cujo reflexo transmitiria a benevolência de Deus para toda a criação. Com Abraão, veio a promessa de um povo que viria a ser bênção para o mundo. A culminância da promessa abraâmica

---

[21]Walter J. Hollenweger chega a dizer que a narratividade é o ponto de unificação entre os pentecostais, em contraste com qualquer outra formulação doutrinária. Cf. *The Pentecostals*, 2.ed. (Peabody: Hendrickson, 1988); "Priorities in Pentecostal research: historiography, missiology, hermeneutics, and pneumatology", in: J. A. B. Jongeneel, org., *Experiences in the Spirit* (Bern: Peter Lang, 1989), p. 9-10; e "From Azusa Street to the Toronto phenomenon", in: Jürgen Moltmann; Karl-Josef Kuschel, orgs., *Pentecostal movements as ecumenical challenge*, Concilium 3 (London: SCM Press, 1996), p. 7. Frank D. Macchia, *Baptized in the Spirit: a global Pentecostal theology* (Grand Rapids: Zondervan, 2006), p. 49-57, embora reconhecendo a importância da narratividade na identidade pentecostal, critica o argumento de Hollenweger como insuficiente para descrever a totalidade da distintividade pentecostal, optando pelo batismo do Espírito como o unificador doutrinário.

[22]Veja, p. ex., Robert Menzies, *Empowered for witness: the Spirit in Luke-Acts*, JPTSup6 (Sheffield: Sheffield Academic Press, 1994); J. M. Penney, *The missionary emphasis of Lukan pneumatology*, JPTSup 12 (Sheffield: Sheffield Academic Press, 1997); Macchia, *Baptized in the Spirit*; e Amos Yong, *The Spirit poured out on all flesh: Pentecostalism and the possibility of global theology* (Grand Rapids: Baker Academic, 2005).

| Jeffrey S. Lamp |

é Jesus, o Último Adão, que, por sua morte, ressurreição e ascensão, forma um povo que fará incursões pelo mundo, estabelecendo pontes para o Reino de Deus. Esse povo participa com Deus da restauração do mundo. O tema é evidente em *Surprised by hope*, em que Wright exorta apaixonadamente a igreja a viver as implicações de sua história, não apenas no evangelismo, mas também em todas as áreas da vida no mundo. Nesse ponto, Wright reúne seus papéis como pesquisador e pastor, defendendo uma vida de missão que brota de uma leitura bem-informada da narrativa da igreja.

Esse também é um aspecto significativo da identidade pentecostal. Inicialmente, os pentecostais entendiam o batismo no Espírito como o recebimento do equipamento para a missão no mundo. Embora, com frequência, isso se tenha manifestado exclusivamente da perspectiva do evangelismo, os pentecostais também se envolveram nos chamados esforços atrelados ao "evangelho social" ao longo da história do movimento.[23] Hoje, essa atuação é evidente em grupos como Pentecostals and Charismatics for Peace and Justice [Pentecostais e carismáticos pela paz e pela justiça], bem como na preocupação com a mordomia ambiental.[24] O foco de Wright na capacitação do Espírito para cumprir essa missão é certamente algo que soa bem aos ouvidos dos pentecostais.

Uma última área de afinidade merece breve atenção: a do *falar em línguas*. Wright abordou a questão do falar em línguas e outros dons em uma palestra inaugural proferida na Fulcrum Conference, um encontro de anglicanos evangélicos ocorrido em Londres, em 2005. Wright afirma tanto a existência como a importância dessas manifestações do Espírito. Entretanto, o ex-bispo de Durham enquadra seu entendimento nos moldes da estrutura de pensamento que desenvolvemos nesta análise, divergindo, nesse ponto, de algumas formulações pentecostais quanto ao que esses dons carismáticos realmente representam

---

[23]Veja, p. ex., Veli-Matti Kärkkäinen, "Are Pentecostals oblivious to social justice? Theological and ecumenical perspectives", *Missionalia* 29 (2001): 387-404; Kärkkäinen, "Spirituality as a resource for social justice: reflections from the Roman Catholic-Pentecostal dialogue", *Asian Journal of Pentecostal Theology* 6 (2003): 75-88.

[24]Amos Yong, org., *The Spirit renews the face of the earth: Pentecostal forays in science and theology of Creation* (Eugene: Pickwick, 2009).

CERTO OU ERRADO?

Wright observa que, segundo algumas interpretações tradicionais, a visão pentecostal dos dons espirituais supõe uma cosmovisão em que há uma desconexão alarmante entre o céu e a terra. Para Wright, as manifestações do Espírito estão entre os muitos casos em que céu e terra se sobrepõem e se entrelaçam no presente, em antecipação à união final do céu e da terra no *escathon*. Dessa maneira, os dons, na concepção de Wright, representam a presença do Espírito entre o povo de Deus, engajado na tarefa de trazer o Reino de Deus na terra como no céu. Wright afirma: "Aqueles em quem o Espírito vem habitar são o Templo renovado de Deus. Eles são, individual e coletivamente, os locais em que céu e terra se encontram".[25]

CONCLUSÃO

Com um estudioso tão prolífico quanto Wright, muitas cabeças têm a oportunidade de desenvolver suas ideias. Sem dúvida, os pentecostais têm interesse em muitas das questões abordadas por Wright. Até aqui, nossa abordagem estabeleceu que os contornos gerais de seu programa histórico e teológico têm certa afinidade com assuntos de interesse pentecostal, sugerindo um contexto no qual, neste volume, haverá diálogos mais detalhados com seu pensamento. Os pentecostais estão se juntando às multidões daqueles que reconhecem em N. T. Wright um pensador de criatividade e produtividade extraordinárias, cujas ideias continuarão a ter impacto significativo nas universidades e na igreja, à medida que essas instituições lutam para cumprir sua missão no mundo.[26]

---

[25]Cf. Wright, *Simply Christian: why Christianity makes sense* (São Francisco: Harper Collins, 2006), p. 110 [edição em português: *Simplesmente cristão* (Viçosa: Ultimato, 2008)]. Cf. tb. sua apresentação mais pastoral dos dons espirituais em *Paul for everyone: 1 Corinthians* (Louisville: Westminster John Knox, 2004), p.166-70, 179-201 [edição em português: *Paulo para todos: 1 Coríntios* (Rio de Janeiro: Thomas Nelson Brasil, 2021)]. Sobre o falar em línguas, Wright escreve: "Línguas, tanto na época de Paulo como hoje, permanecem como um dom de grande valor, que Deus dá a algumas pessoas (não a todas; cf. [1 Coríntios] 12:30)" (p. 183).

[26] Gostaria de agradecer à minha assistente de pesquisa, Donna Divine, por me ajudar a rastrear as referências nas obras de Wright. A tarefa teria sido muito mais demorada e difícil sem a sua ajuda inestimável.

2
"QUEM EU DIGO QUE SOU?"

Uma crítica construtiva da visão
de N. T. Wright a respeito da
autopercepção de Jesus

| CHRIS GREEN[1] |

INTRODUÇÃO

N. T. Wright manifestou de forma clara seu desapontamento com o
fato de poucos teólogos se engajarem seriamente em sua explicação
da autointerpretação de Jesus.[2] Admitindo que suas propostas não são
convencionais, Wright insiste, contudo, que elas permanecem fiéis à
cristologia ortodoxa.[3] A meu ver, a explicação de Wright acerca da autocompreensão de Jesus merece consideração cuidadosa e, apesar de suas
fragilidades, promete ser recompensadora para a pregação e o discipulado pentecostais, assim como para a leitura das Escrituras e a reflexão
teológica — principalmente por enfatizar a fé exemplar de Jesus. O que se

---

[1]Chris Green (PhD, Bangor University) é professor adjunto de teologia do Seminário
Teológico Pentecostal de Cleveland, Tennessee. Antes de ocupar o cargo, Green foi pastor
de uma igreja pentecostal em Oklahoma City, Oklahoma.

[2]N. T. Wright, "Jesus' self-understanding", in: Stephen T. Davis; Daniel Kendall; Gerald
O'Collins, orgs., *Incarnation: an interdisciplinary symposium* (Oxford: Oxford University
Press, 2002), p. 54.

[3]"Wrightsaid Q&A for June 2007". Disponível em: http://www.ntwrightpage.com/
Wrightsaid_June2007.html, 2007.

"QUEM EU DIGO QUE SOU?"

segue é a tentativa de uma análise crítica, porém amigável e construtiva, de Wright, a qual busca dar sentido teológico e pentecostal ao conteúdo das propostas de Wright quanto à autointerpretação de Jesus e quanto à metodologia empregada por ele para a formulação de suas propostas.

QUEM O JESUS DE N. T. WRIGHT DIZ SER?

Jesus como Israel e Yhwh em pessoa

Os fundamentos da proposta de Wright podem ser facilmente resumidos. Basicamente, ele sustenta que o Jesus adulto acreditava ter de viver, sofrer e morrer como o agente por meio do qual os propósitos de Deus para Israel e para as nações seriam realizados, exatamente como as Escrituras de Israel haviam predito. Em outras palavras, Jesus via a si mesmo como alguém chamado a agir como o *Messias* de Israel. Tudo o que ele disse e fez, desde seu escandaloso batismo nas águas do Jordão até sua morte ainda mais escandalosa fora dos muros de Jerusalém, teve origem e impulsionamento nessa autocompreensão messiânica.[4]

Ao longo dos anos, a opinião de Wright sobre essas questões permaneceu praticamente inalterada, embora ele tenha experimentado diferentes formas de comunicá-las. Em seu magistral *Jesus and the victory of God* [Jesus e a vitória de Deus], o ex-bispo de Durham explica em detalhes o que, em sua opinião, Jesus deve ter pensado de si mesmo:

> [Quem] Jesus pensava ser? A primeira resposta é: "Israel em pessoa", o representante de Israel, aquele em quem o destino da nação atingia seu ponto culminante. Jesus acreditava ser o Messias. Suas ações, sua mensagem, seus alertas e sua receptividade com relação aos pecadores — tudo isso só faz sentido quando encaixado nessa autocompreensão. [...] Jesus acreditava ter sido chamado pelo deus de Israel para *evocar* as tradições que prometiam o retorno de Yhwh a Sião, bem como as tradições um pouco mais nebulosas, porém ainda importantes, que falavam

---

[4]Cf. Robert B. Stewart, *The quest of the hermeneutical Jesus: the impact of hermeneutics on the Jesus research of John Dominic Crossan and N. T. Wright* (Lanham: University Press of America, 2008), p. 90-6.

de uma figura humana partilhando o trono divino. Acreditava ter sido chamado por Yhwh para *pôr em prática* essas tradições em sua viagem a Jerusalém, em seu ato messiânico no Templo e em sua morte nas mãos de pagãos (na esperança de uma vindicação posterior), *incorporando*, assim, o retorno de Yhwh.[5]

Nos anos seguintes, Wright continuou a explicar isso da mesma forma: "Jesus acreditava que a história de Israel chegara ao seu ponto focal [e que] ele próprio, naquele ponto crítico, era o portador do destino da nação. Jesus via a si mesmo como o Messias que tomaria sobre si esse destino e o levaria ao seu ponto culminante".[6] Recentemente, na introdução de seu best-seller sobre a vida e as virtudes cristãs,[7] Wright restabelece essas afirmações em termos mais populares.[8]

Vocação, risco e obediência fiel

Jesus, afirma Wright, entendia a si mesmo em termos *vocacionais* — ou seja, ele se autoconhecia como alguém com uma tarefa particular a ser realizada, um trabalho a ser feito em nome de Deus: "Jesus se acreditava chamado para fazer e ser o que, nas Escrituras, só o Deus de Israel fez e foi".[9] Em vez de pensar de si mesmo em termos abstratos, Jesus via a si mesmo como portador de um chamado, encarregado de realizar a tarefa messiânica em nome de Deus. Na explicação de Wright, Jesus *não* se conhecia como Deus Filho, não "da mesma forma que alguém sabe ser homem ou mulher, estar com fome ou com sede". Antes, seu conhecimento era

---

[5]N. T. Wright, *Jesus and the victory of God* (Minneapolis: Fortress Press, 1996), p. 538, 651. Citado, de agora em diante, como *JVG*. Cf. tb. N. T. Wright, "Jesus", in: David F. Wright et al., orgs., *New dictionary of theology* (Downers Grove: IVP, 1988), p. 348-51.

[6]N. T. Wright, *The challenge of Jesus: rediscovering who Jesus was and is* (Downers Grove: IVP, 1999), p. 89. Cf. tb. N. T. Wright, "Jesus and the identity of God", *Ex Auditu* 14 (1998): 42-56; N. T. Wright, "Jesus' self-understanding", p. 47-61.

[7]N. T. Wright, *Simply Christian: why Christianity makes sense* (San Francisco: Harper Collins, 2006), p. 108-20 [edição em português: *Simplesmente cristão: por que o cristianismo faz sentido* (Viçosa: Ultimato, 2008)].

[8]N. T. Wright, *After you believe: why Christian character matters* (San Francisco: Harper Collins, 2010), p. 109 [edição em português: *Eu creio, e agora? Por que o caráter cristão é importante* (Viçosa: Ultimato, 2012)].

[9]Wright, "Jesus and the identity of God", p. 53.

"QUEM EU DIGO QUE SOU?"

"de um tipo mais arriscado, porém talvez mais significativo: seu conhecimento se equiparava ao de alguém que sabe que é amado".[10]

Esse senso de risco é essencial para a visão de Wright sobre Jesus e sua autocompreensão. Mesmo que Cristo vivesse com uma consciência vívida de sua singularidade e da excepcionalidade de sua missão, Wright está convencido de que seu senso de chamado era apenas isso — um *senso* de chamado, uma "consciência de fé".[11] A vocação de Cristo foi "compreendida pela fé, sustentada em oração, testada em conflitos, agonizada ainda mais em orações e nos momentos de dúvida, e implementada em ação".[12] Vez após vez, Wright chama a atenção para o que considera ser a estranheza da autocompreensão de Jesus, para o que ele chama de uma "grande aposta da fé" de Jesus.[13] Ao agir e falar como o Messias de Israel, Jesus estava assumindo um "enorme risco",[14] entregando a si mesmo com fé a uma "vocação insana e totalmente arriscada".[15] Enquanto permanecia inabalavelmente fiel ao seu chamado, Cristo o fez com o conhecimento de que poderia estar cometendo um "erro terrível e lunático".[16]

O Jesus de Wright foi um homem que viveu humanamente, pela fé. Não fugiu de lutas ou de confrontos, não escolheu viver fora do alcance dos perigos, antes, colocou-se em risco, de maneira voluntária e confiante, por amor a Deus, permanecendo fiel à sua vocação e realizando o "cumprimento definitivo do propósito da própria criação".[17] Deus conquista sua vitória sobre o pecado e a morte por meio da fidelidade messiânica de Jesus — por sua fidelidade sempre arriscada, severamente provada, mas definitivamente infalível ao seu *Aba*.

Na perspectiva de Wright, Jesus amadureceu na consciência de sua vocação por sua "própria leitura renovada das Escrituras de Israel, uma

---

[10]Wright, *JVG*, p. 652-3.

[11]Wright, *JVG*, p. 651.

[12]Wright, *JVG*, p. 653.

[13]N. T. Wright, *The Lord and his prayer* (Grand Rapids: Eerdmans, 1997), p. 17.

[14]Wright, *The Lord and his prayer*, p. 17.

[15]Wright, *The Lord and his prayer*, p. 29.

[16]Wright, "Jesus' self-understanding", p. 59.

[17]Wright, *Simply Christian*, p. 118.

leitura regada pela oração".[18] Para viver com fidelidade, teve de aprender a fidelidade e a obediência que possibilitariam a conclusão de sua tarefa como Messias de Deus. Com seu amadurecimento, Cristo se tornou um "ser humano plenamente desenvolvido",[19] preparado para se entregar ao que Deus prometera fazer em prol de Israel e do mundo. Em sua leitura de Salmos,[20] em particular, bem como de Daniel, Zacarias e Isaías,[21] Jesus passou a acreditar estar "levando a narrativa bíblica ao seu ponto culminante".[22] Com o tempo, reconheceu que, no seu modo de falar e agir, tinha de fazer um trabalho semelhante ao encontrado nas Escrituras.[23] Essa convicção o levou adiante, sustentando-o e energizando-o, especialmente durante os acontecimentos culminantes de seus últimos dias em Jerusalém, os quais levaram à sua morte.

Jesus e cristologia, história e doutrina

Pelo fato de tantas coisas dependerem da *fidelidade* e da confiança de Jesus, da dimensão totalmente humana de sua obediência, Wright acha impossível aceitar que Jesus se autoconhecia como Deus, pelo menos em qualquer sentido direto, rejeitando, em termos inequívocos, "tentativas de fazermos de Jesus de Nazaré alguém consciente de ser a segunda pessoa da Trindade", rotulando-as como "mal elaboradas" e "pseudo-ortodoxas".[24] Wright afirma isso, segundo ele, "não para diminuir a encarnação plena de Jesus, mas para explorar suas dimensões mais profundas".[25] Em sua avaliação, se Jesus conhecesse a si mesmo como Deus, não poderia ter experimentado os acontecimentos de sua

---

[18]Wright, *After you believe*, p. 109-10. Cf. tb. N. T. Wright, *The crown and the fire: meditations on the cross and the life of the Spirit* (Grand Rapids: Eerdmans, 1995), p. 122-3; N. T. Wright, *The last Word: Scripture and the authority of God: getting beyond the Bible wars* (São Francisco: Harper Collins, 2005), p. 43.

[19]Wright, *After you believe*, p. 131.

[20]Wright, *JVG*, p. 600.

[21]Cf. Wright, *JVG*, p. 597-604.

[22]Wright, *The last Word*, p. 42.

[23]Wright, *The last Word*, p. 43.

[24]Wright, *JVG*, p. 653.

[25]Wright, *Simply Christian*, p. 118.

"QUEM EU DIGO QUE SOU?"

vida de forma reconhecidamente humana,[26] algo que subverteria o propósito da encarnação, tornando-a, então, inexplicável e inaplicável a nós, aqui e agora.

Que Jesus acreditava ser, em certo sentido, a "encarnação do Deus de Israel", alguém destinado a "morrer pelos pecados do mundo", disso Wright não tem qualquer dúvida. Jesus "sabia" estar realizando aquilo que, segundo as Escrituras, apenas Yhwh poderia fazer. Wright apenas repensa o significado de "saber" nesse contexto. Questiona a noção de que Jesus *se considerava* a "segunda pessoa da Trindade" ou o "Deus encarnado" da maneira que a maioria dos teólogos cristãos supõe.[27] Wright deseja conhecer Jesus "da perspectiva do próprio Jesus", e não compreendê-lo pelas lentes do testemunho dogmático da igreja. Wright está confiante de que uma teologia bíblica desse tipo lança nova luz sobre a tradição litúrgico-dogmática, chegando até mesmo a corrigi-la de vez em quando.[28] Wright acredita que, a partir do século 2 d.C., a igreja cometeu o erro de tentar encaixar Jesus em uma noção filosófica e já formulada a respeito de Deus.[29] Isso resultou, argumenta ele, do fato de a igreja ter perdido o contato com seu judaísmo, assumindo a linguagem e a estrutura conceitual da antiga filosofia helenística. Lendo as Escrituras sob a ótica dessa estranha gramática, o pensamento cristão foi paulatinamente se descolando da "realidade de Jesus, de seu judaísmo, de seus alvos e objetivos". A leitura tradicional do título messiânico "Filho de Deus" como "cristologia claramente nicena" serve para Wright como um exemplo dessa perda de contato com o judaísmo de Jesus.[30]

> A Grande Tradição distorceu de forma séria e comprovada os Evangelhos. Ansiosa por explicar quem "Deus" realmente era, a igreja destacou a cristologia; desejando mostrar que Jesus era divino, leu os Evangelhos

---

[26]Wright, *Simply Christian*, p. 118.

[27]Cf. Wright, "Jesus and the identity of God", p. 51.

[28]Cf. N. T. Wright, "Reading Paul, thinking Scripture", in: Markus Bockmuehl; Alan J. Torrance, orgs., *Scripture's doctrine and theology's Bible: how the New Testament shapes Christian dogmatics* (Grand Rapids: Eerdmans, 2008), p. 71.

[29]Wright, "Jesus and the identity of God", p. 54.

[30]Wright, "Jesus and the identity of God", p. 48.

| Chris Green |

apenas através dessas lentes; procurando pela divindade de Jesus, a igreja ignorou outros temas centrais, como, por exemplo, o reino de Deus.[31]

Contrariando essa tradição, Wright urge por uma abordagem que penetre o mundo do antigo pensamento judaico, um mundo no qual Jesus contextualizou sua autopercepção e seu ministério.[32] De acordo com Wright, se alguém deseja saber, aqui e agora, o que significa dizer que "Jesus salva", deve descobrir o que Jesus estava fazendo em seu tempo, ou seja, o que ele e seus contemporâneos entendiam por seu chamado: "É lá que devemos procurá-lo, e não em outro lugar". A cristologia deve permanecer fundamentada nos significados do primeiro século sobre noções como "Reino de Deus" e "Filho do Homem".[33] Em outras palavras, Wright, o estudioso de Jesus, não quer negociar na linguagem e nos conceitos da tradição nicena,[34] e sim na moeda do antigo judaísmo palestino.[35]

Wright critica os credos principalmente por não darem atenção *suficiente* à história de Jesus e de Israel.[36] Ele sente que, ao pular de "nascido de uma virgem" para "sofreu sob Pôncio Pilatos", os credos "não fazem justiça ao lugar da carreira pública de Jesus, especialmente à sua proclamação do Reino de Deus".[37] Wright também critica os credos por assumirem uma linguagem e uma estrutura conceitual diferentes das utilizadas pelos autores bíblicos:

> Se é na vida humana de Jesus de Nazaré que o Deus vivo e salvador é revelado, isso significa que João e Paulo nos exortariam a considerar o

---

[31]N. T. Wright, "Response to Richard Hays", in: Nicholas Perrin; Richard B. Hays, orgs., *Jesus, Paul, and the people of God: a theological dialogue with N. T. Wright* (Downers Grove: IVP, 2011), p. 63.

[32]Wright, "Jesus' self-understanding", p. 53.

[33]Wright, "Jesus and the identity of God', p. 50

[34]Cf. Richard B. Hays, "Knowing Jesus: story, history, and the question of truth", in: *Jesus, Paul, and the people of God*, p. 42-3.

[35]Wright, "Jesus and the identity of God", p. 55.

[36]Cf. Matthew Levering, *Scripture and metaphysics: Aquinas and the renewal of Trinitarian theology* (Malden: Blackwell, 2004), p. 112.

[37]Wright, *For all the saints? Remembering the Christian departed* (Harrisburg: Morehouse, 2003), p. 57.

"QUEM EU DIGO QUE SOU?"

> próprio Jesus — e não a levantar questionamentos sobre "união hipos-
> tática" e coisas do tipo (é certo que Jesus de Nazaré teria achado isso
> tudo confuso!), nem a estudar as categorias estabelecidas por Tomás de
> Aquino, Calvino ou qualquer outro, mas a indagar, reitero, quanto à cos-
> movisão e à mentalidade do povo judeu do primeiro século, possuidor
> de uma vocação particular.[38]

Recentemente, Wright resumiu sua posição de forma concisa e vigorosa: "Creio nos credos. Contudo, creio muito mais no Jesus dos Evangelhos".[39]

Devemos ser honestos ao enfatizar que Wright não sugere que os dogmas da igreja devem ser prontamente rejeitados. Wright celebra o uso dos credos nos cultos cristãos,[40] entendendo sua confissão como básica para seu estilo de vida. Às vezes, ele aponta para a estrutura narrativa dos credos e a celebra, chegando a ponto de descrevê-los como "histórias portáteis" que, de fato, trazem uma marca de "profunda fidelidade à tradição evangélica".[41] Ele vê os credos em particular e a doutrina cristã em geral como ferramentas que possibilitam à igreja lidar com o "quadro geral" da Escritura. Além disso, algumas das descrições de Wright sobre Jesus não apenas estão em consonância com a tradição do credo, mas também servem de suporte à veracidade e à legitimidade contemporâneas dos credos.[42] Wright encontra no Novo Testamento uma "teologia trinitária incipiente", funcionando sem "nenhum dos termos técnicos que os séculos posteriores adotariam para o mesmo propósito". De fato, uma vez que a pesquisa histórico-crítica mostrou como esse trinitarianismo incipiente funciona, "descobrimos que [o Novo Testamento] faz um trabalho consideravelmente melhor do que o encontrado nas formulações pós-apostólicas".[43] Em contrapartida,

---

[38]Wright, "Jesus' self-understanding", p. 52.

[39]Wright, "Response to Richard Hays", p. 64.

[40]Cf., p. ex., Wright, *For all God's worth: true worship and the calling of the church* (Grand Rapids: Eerdmans, 1997), p. 31; cf. tb. Wright, *Simply Christian*, p. 209.

[41]Wright, "Reading Paul, thinking Scripture", p. 59-71.

[42]Cf. Carey C. Newman, *Jesus and the restoration of Israel: a critical assessment of N. T. Wright's Jesus and the victory of God* (Downers Grove: IVP, 1999), p. 59.

[43]Wright, "Jesus and the identity of God", p. 46.

Calcedônia cheira "um pouco a um ato de má-fé". A cristologia patrística teve de se esforçar muito para expressar a verdade porque os pais trabalharam com "uma mão, aquela que segurava a Bíblia, amarrada nas costas", tentando expressar a verdade cristã em "formulações patrísticas não bíblicas".[44] Wright espera reverter essa tendência, livrando as Escrituras das estranhas formulações filosóficas.

A forma metodológica de Wright

Wright chega às suas conclusões por meio de uma metodologia particular, que ele defende de forma relativamente extensa.[45] Com base em seu sólido conhecimento do judaísmo do Segundo Templo e das Escrituras hebraicas, aliado a uma leitura sintética dos Evangelhos sinóticos,[46] Wright constrói um modelo hipotético do ministério de Jesus, desvendando em detalhes como os judeus do primeiro século teriam interpretado as palavras e as ações simbólicas de Cristo. A partir disso, faz o caminho reverso para descobrir, nos textos dos Evangelhos, pistas para a mentalidade ou a cosmovisão de Jesus — ou seja, crenças, objetivos e intenções subjacentes e motivadores que energizam e dirigem o ministério de Jesus.[47] Em sua opinião, o projeto em si não é complicado, embora exija pesquisa meticulosa, discernimento aguçado e pensamento inovador ao longo do caminho; para Wright, a reconstrução de uma representação realista do Jesus histórico, o desenho de um "quadro"[48] criticamente verificável e, portanto, crível, está longe de ser impossível. A intenção de Wright é tornar central esse quadro para a leitura dos Evangelhos e para a pregação da boa-nova: "Todo leitor dos Evangelhos tem uma imagem mental de quem Jesus era e do que

---

[44]Wright, "Jesus and the identity of God", p. 46.

[45]N. T. Wright, *The New Testament and the people of God* (Minneapolis: Fortress Press, 1992), p. 29-144 [edição em português: *O Novo Testamento e o povo de Deus* (Rio de Janeiro: Thomas Nelson, 2022)]. Cf. tb. Wright, *JVG*, p. 137-44.

[46]Wright, *Reflecting the glory: meditations for living Christ's life in the world* (Minneapolis: Augsburg Fortress, 1998), p. 138.

[47]Cf. Stewart, *The quest of the hermeneutical Jesus*, p. 88-9.

[48]Wright, *JVG*, p. 653.

"QUEM EU DIGO QUE SOU?"

pensava a respeito de si".[49] Seu plano é fazer com que essa imagem mental corresponda, da forma mais próxima possível, à verdade histórica:

> O objetivo de posicionarmos Jesus no centro é termos *Jesus*; não uma caricatura, a silhueta de um Cristo estranho ou um ícone, mas aquele Jesus que os escritores do Novo Testamento conheceram, nascido na Palestina durante o reinado de César Augusto e crucificado do lado de fora de Jerusalém.[50]

Wright não demonstra incertezas quanto ao "valor histórico da vida de Jesus em relação à tarefa teológica e hermenêutica",[51] insistindo em que "a pesquisa histórica faz parte do mandato cultural que nos foi dado por Deus".[52] De fato, a boa investigação histórica é a única maneira de "limpar os emaranhados de mal-entendidos, leituras equivocadas, práticas históricas ruins e, às vezes, ofuscação intencional" que distorcem a leitura dos Evangelhos e mantêm obscurecidas algumas questões realmente importantes.[53] Portanto, o estudo histórico não é apenas uma "fonte útil para a teologia", mas um "recurso vital e inegociável"; "não apenas parte do *bene esse*, mas o próprio *esse*". Segundo Wright sustenta, sem o trabalho histórico, "estamos fadados a falar de abstrações, talvez transformando o próprio Jesus em uma abstração".[54]

Conclusões

Em resumo, podemos dizer que Wright está convencido de que Jesus de Nazaré viveu e trabalhou a partir de uma *consciência messiânica*, de uma percepção vocacional. A própria cristologia de Wright enfatiza o risco da vida de Jesus, sua fé radical e sua prontidão quase inimaginável de arriscar tudo por amor àquele a quem chamava de "Pai".

---

[49]Wright, "Response to Richard Hays", p. 63.

[50]Wright, *JVG*, p. 10-1.

[51]Wright, *JVG*, p. 15-6.

[52]Wright, "Jesus and the identity of God", p. 50.

[53]Wright, "Jesus' resurrection and Christian origins". Disponível em: http://www.ntwrightpage.com/Wright_Jesus_Resurrection.html, 2002.

[54]Wright, "Jesus' self-understanding", p. 59.

Embora realmente *fosse* o Filho coigual e coeterno, Jesus não pensava de si e de sua missão em termos abstratos — e não *podia* fazê-lo. Em vez disso, Jesus dava sentido ao seu chamado e à sua identidade pessoal na linguagem teológica do templo de sua época, que, se bem compreendida, está em consonância com a alta cristologia da tradição teológica cristã, mesmo sem aderir a ela em termos precisos. Cristo é conhecido de forma mais verdadeira quando os Evangelhos são lidos e entendidos na linguagem e nos conceitos do judaísmo palestino, não pelas categorias helenísticas adotadas pela tradição nicena.

O QUE FAZER COM O JESUS DE WRIGHT? UMA RESPOSTA DA TEOLOGIA PENTECOSTAL

Lidando com a autopercepção de Jesus

Como nós, pentecostais, devemos abordar as propostas de Wright sobre a autopercepção de Jesus? Não devemos descartá-las, ainda que não concordemos irrestritamente com essas propostas. Devemos, antes, lidar com elas, permitindo que nos magoem, se necessário, para que possamos receber a bênção prometida. As propostas de Wright são válidas porque expressam de maneira intensa o que significou para Jesus viver de fé em fé, o que significou para ele abrir o caminho para a obediência perfeita, além de darem imenso significado à *história* de Jesus. Essas coisas devem apelar a nós como pentecostais, não apenas porque nossa existência no mundo é percebida como uma *história*, mas também porque nosso estar no mundo é uma forma de *imitatio Christi* — um estilo de vida que simplesmente não faz sentido se Jesus não fosse o *modelo* da salvação e seu *executor*. Temos de concordar com Wright no sentido de que a integridade narrativa da história dos Evangelhos deve ser mantida. Tal integridade não pode ser arruinada por pensamentos de que Jesus viveu em uma espécie de piloto automático, como se não tivesse sido realmente *tentado*, como se não tivesse *agonizado* no Monte das Oliveiras e sentido o abandono no Gólgota. Ao contrário de Wright, porém, devemos tentar fazê-lo de maneiras que sejam conscientemente fiéis à tradição teológica cristã. De um lado, temos de tentar entender a autocompreensão de Jesus e sua fé com a espiritualidade pentecostal e, do outro, com as descrições da identidade de Jesus de Niceia e Calcedônia.

"QUEM EU DIGO QUE SOU?"

Jesus, autopercepção e risco divino

Não precisamos acreditar que Jesus pensava a respeito de si em termos filosóficos, mas apenas manter clara a diferença entre formas divinas e humanas de conhecimento. Herbert McCabe expõe isso de forma sucinta: Deus não aprova "*nenhuma* proposição"![55] O fato é que a liberdade de Deus não limita a liberdade humana, mas a *possibilita*. Da mesma forma, o autoconhecimento de Jesus como Filho divino — qualquer que tenha sido esse conhecimento — não teria de forma alguma limitado a plenitude de sua humanidade. Sob essa ótica, podemos afirmar a sugestão de Wright de que a autopercepção de Jesus pertence a uma ordem radicalmente diferente daquilo que conheceríamos, por exemplo, como teoremas matemáticos.

E quanto às afirmações de Wright sobre a *fé* de Jesus e o terrível *risco* de sua missão? É possível encontrarmos um meio confiável de concordar com Wright de que Jesus realmente *corria* riscos? Como já mencionado, essa perspectiva intensifica o drama histórico de Jesus, e os pentecostais certamente acolherão um ensino que vá nessa direção. No entanto, a maneira de alinhar essa perspectiva com a tradição teológica cristã é algo que permanece obscuro. Alguém ainda pode encontrar um modo de fazê-lo, mas só será "válida" caso consiga fazer justiça à tradição do credo — algo que Wright sequer tentou.

Reimaginando a obediência e a fé/fidelidade de Jesus

Embora a tradição cristã afirme que Jesus viveu uma vida de *obediência*, nenhum dogma foi estabelecido quanto a Jesus ter vivido ou não pela *fé*. As Escrituras dizem comparativamente pouco sobre a fé de Jesus, embora Hebreus 12:2, passagem em que Jesus é chamado de "autor e consumador da fé", pareça clara o bastante;[56] e o teor geral da carta aos Hebreus e dos Evangelhos sinóticos testificam a esse respeito. Na história da doutrina, alguns insistem em que Jesus *não*

---

[55]Herbert McCabe, *God matters* (London: Continuum, 1987), p. 59 (grifo no original).

[56]Cf. Gerald O'Collins, *Christology: a biblical, historical, and systematic study of Jesus* (Oxford: University Press, 2009), p. 263.

poderia ter vivido pela fé por ter usufruído comunhão ininterrupta e inquebrável com o Pai.[57] Tomás de Aquino, por exemplo, sustentava que Jesus desfrutou a visão beatífica ao longo de sua vida humana,[58] e grande parte da tradição católica romana seguiu essa mesma linha, pelo menos até recentemente.[59] Tal alegação significa, conforme reconhece Gerald O' Collins, que Jesus viveu pela *visão*, e não pela fé,[60] tornando absurdo falar de Jesus como alguém capaz de experimentar qualquer tipo de risco. Outros, seguindo uma linha contrária, sustentam que Jesus de fato viveu pela fé, mesmo que nunca tenha realmente corrido o risco de fracassar em sua vocação.[61]A teologia pentecostal primitiva, moldada pelas cristologias de Hebreus e João, enfatiza a fé e a obediência fiel de Jesus. Mary Boddy, esposa de Alexander A. Boddy, ministro anglicano e pentecostal proeminente, fornece-nos um bom exemplo. Em um artigo para a revista *Confidence*, Boddy reflete sobre Hebreus 5:8, procurando explicar como Cristo, que "se sujeitou sempre e absolutamente à vontade de seu Pai", pôde, no entanto, "aprender a obediência". Ela explica que ser obediente não se resume à obediência de ordens, e sim que, em suas formas mais elevadas, refere-se a realizar tarefas cada vez mais difíceis, com um *prazer* cada vez maior de agradar a Deus. Jesus, conclui ela, moveu-se de fé em fé, elevando-se de uma esfera de obediência perfeita para outra, até que sua fé culminou no "ato supremo de obediência", com sua morte na cruz.[62] No decorrer de tudo isso, a fonte da obediência de Jesus foi sua "fé implícita e perfeita em seu Pai, uma fé que nunca vacilou".[63] Sua fé irradiava em "amor e compreensão infinitos", que existiam entre ele e seu Pai.[64]

---

[57]Ian G. Wallis, *The faith of Jesus Christ in early Christian traditions* (New York: Cambridge University Press, 1995), p. 208-10.

[58]Cf. O'Collins, *Christology*, p. 266-8.

[59]Para uma defesa dessas posições, cf. F. Ocariz; L. F. Mateo Seco; J. A. Riestra, *The mystery of Jesus Christ* (Portland: Four Courts Press, 1994).

[60]Gerald O'Collins; Daniel Kendall, *Focus on Jesus: essays in Christology and soteriology* (Herefordshire: Fowler Wright Books, 1996), p. 13; Jean Galot, *Who is Christ?* (Chicago: Franciscan Herald Press, 1989), p. 354.

[61]Cf. Wallis, *The faith of Jesus Christ in early Christian traditions*, p. 215.

[62]Mary Boddy, "Obedience", *Confidence* 7.9 (jun. 1915): 110.

[63]Boddy, "Obedience", p. 111.

[64]Boddy, "Obedience", p. 111.

"QUEM EU DIGO QUE SOU?"

Como Wright, Boddy é enfatiza a integridade da história de Jesus sem nunca falar como se sua fé fosse mecânica ou supra-humana. Todavia, sua descrição da fé de Jesus difere da descrição de Wright em pelo menos dois aspectos. Em primeiro lugar, Boddy parte do pressuposto de que Jesus *conhecia a si mesmo* como o Deus Filho. Em segundo lugar, ela acredita que Jesus nunca correu genuinamente o perigo de falhar em sua missão: embora tenha sofrido e sido verdadeiramente tentado, Jesus nunca poderia ter pecado. Na interpretação de Boddy, a fé do Filho é sua resposta humana ao conhecimento divino de sua unidade com o Pai, ao passo que sua intimidade com o Pai constituía a fonte e o conteúdo de sua fé. Para ela, fé é visão, embora não o tipo de visão que alguém só adquire no final. Na minha opinião, sua descrição da fé de Jesus, quaisquer que sejam suas deficiências, faz mais sentido para a "alta cristologia" do quarto evangelho que aquela proposta por Wright, e Boddy a expõe sem rejeitar a tradição teológica da igreja ou a história da interpretação.

AVALIANDO A METODOLOGIA DE WRIGHT

Verdade evangélica e método evangélico

Wright é um teólogo *bíblico*. O que R. R. Reno afirma a respeito de Ireneu se aplica fundamentalmente a Wright: "organizar os detalhes" das Escrituras não é um mero pré-requisito para a teologia, nem um primeiro passo necessário, mas o próprio ato teológico: teologia é o nome dado ao trabalho de "traçar elementos difusos das Escrituras em interconexões cada vez mais próximas e íntimas", na tentativa de expor "o quadro todo".[65] Wright se afasta de Ireneu por não ler as Escrituras em harmonia com a *regula fidei*. Em vez disso, lê as Escrituras em consonância com (uma versão das) descobertas da pesquisa histórico-crítica. Parece-me, porém, que Hans Frei estava certo: se esperamos permanecer fiéis ao evangelho, não devemos procurar a identidade

---

[65]R. R. Reno, "Biblical theology and theological exegesis", in: Craig Bartholomew et al., orgs., *Out of Egypt: biblical theology and biblical interpretation* (Grand Rapids: Zondervan, 2004), p. 403-4.

de Jesus "no fundo da história", muito menos interpretá-la a partir de "esquemas analíticos".[66] Deus não *intenciona* que o encontremos dessa maneira. Frei exagera seu argumento contra a confiabilidade da pesquisa histórica sobre Jesus, mas insiste, corretamente, que os Evangelhos são o acesso dado por Deus ao Jesus ressuscitado. A tradição cristã sustentou ao longo de sua existência que Cristo só pode ser conhecido quando o Espírito de Deus o torna conhecido na "loucura da pregação" e no "partir do pão". É precisamente pela leitura e pela pregação fiel das Escrituras, bem como pela celebração dos sacramentos, que "vemos" e "ouvimos" Jesus como ele realmente é (e era); do contrário, não podemos vê-lo nem ouvi-lo de nenhuma outra maneira confiável.[67] A "identidade" de Cristo é revelada não para aquele que domina o registro histórico, mas para aquele que é disciplinado no testemunho vívido do evangelho pregado pela igreja. Não podemos separar Jesus do testemunho apostólico a seu respeito, assim como não podemos separar a cabeça do corpo: "O testemunho apostólico, por mais interpretativo que seja, forma uma peça única com o acontecimento em si".[68] Somos chamados a confiar que, quando lermos os quatro Evangelhos sintonizados com a glória literária e teológica de cada um deles, estaremos em condições de encontrar o Senhor ressuscitado.[69] Segundo explicado por Hauerwas, cada evangelista "nos disse o que precisamos saber para sermos transformados em seguidores de Jesus". A pesquisa histórico-crítica pode nos ajudar a esclarecer o que os Evangelhos dizem, mas *não* deve estabelecer-se como "uma explicação histórica mais determinante para o que deve ter 'realmente acontecido'". Agir dessa forma é diminuir o evangelho.[70]

---

[66]Hans W. Frei, *The identity of Jesus Christ: the hermeneutical bases of dogmatic theology* (Philadelphia: Fortress Press, 1975), p. 138.

[67]Cf. Brevard S. Childs, "The nature of the Christian Bible: one book, two Testaments", in: Ephraim Radner; George Sumner, orgs., *The rule of faith: Scripture, canon, and creed in a critical age* (Harrisburg: Morehouse Publishing, 1998), p. 121.

[68]Christopher A. Brown, "More than affirmation: the incarnation as judgment", in: *The rule of faith*, p. 85.

[69]Hays, "Knowing Jesus", p. 55.

[70]Stanley Hauerwas, *Matthew* (Grand Rapids: Brazos, 2006), p. 20-1.

"QUEM EU DIGO QUE SOU?"

EM QUE NAZARÉ SE RELACIONA COM NICEIA? A NORMATIVIDADE DA TRADIÇÃO DO CREDO

Wright, corretamente, insiste que as Escrituras podem e devem moldar a dogmática cristã em todos os pontos. Também está correto ao sustentar que, "sem uma investigação histórica da factualidade dos Evangelhos, a história é vazia".[71] Os credos não podem ser confessados com fidelidade sem o testemunho bíblico, e a investigação histórica faz parte desse processo.[72] Dito isso, como pentecostais, podemos e devemos permitir que a tradição dogmática e do credo também informe e direcione nossas leituras dos textos canônicos. Assim como é impossível identificar corretamente o "Senhor" dos credos sem as Escrituras, é *impossível* identificar o Jesus dos Evangelhos sem os credos. A exegese histórico-crítica ajuda a detalhar o que significa a promessa do Reino nos dias de Jesus, mas apenas a confissão da igreja, segundo a qual Jesus Cristo é o Filho batizado pelo Espírito do Pai, pode revelar a *identidade* do rei, cujo governo significa salvação e paz para toda a criação. Portanto, apesar do que Wright por vezes sugere, a tradição confessional da igreja não é nem supérflua nem uma imposição estranha e obscura. Nesse sentido, muitos pentecostais — se não todos — concordariam com a regra de Robert Jenson: "Quando perguntamos sobre a identidade de Jesus, as questões históricas e sistemáticas não podem ser isoladas umas das outras". Qualquer reconstrução de um Jesus histórico que não faça sentido diante do Credo Niceno deve ser rejeitada.

Isso não significa de forma alguma agir como se os assuntos relativos à história estivessem totalmente fora de questão.[73] Antes, trata-se de uma confissão de que a única maneira de chegarmos à verdade histórica é trabalhando *com* o ensino cristológico e trinitário da igreja.[74] Conforme expresso por Hays: "A figura histórica de Jesus não pode ser corretamente conhecida ou compreendida sem uma visão epistemológica articulada precisamente com a confissão de que Jesus é

---

[71]Hays, "Knowing Jesus", p. 61.

[72]Robert Jenson, *Canon and creed* (Louisville: Westminster John Knox, 2010), p. 50.

[73]Wolfhart Pannenberg, *Systematic theology* (Grand Rapids: Eerdmans, 1991), I, p. 232.

[74]Jenson, "Identity, Jesus, and exegesis", p. 48.

Senhor — Jesus é *Kyrios*".[75] As confissões da igreja não são nada menos que um "princípio hermenêutico necessário da leitura histórica", visto que, sem a tradição confessional, apesar de suas limitações, não podemos chegar à "verdadeira ontologia do ser histórico".[76] Se a igreja estiver certa em identificar Cristo como o Verbo eterno, então até mesmo a verdade histórica de Jesus pertencerá a uma categoria própria.[77] A carreira terrena de Jesus, sua "vida na carne", simplesmente *excede* a historiografia, embora não a descarte por completo.[78] Consequentemente, a história, mesmo em sua interpretação mais fiel e produtiva, não pode realizar muita coisa, e somente com a ajuda dos dogmas da igreja podemos começar a entender corretamente quem Jesus foi e é.

Um contraexemplo pentecostal

Como seria uma metodologia satisfatoriamente pentecostal e nicena? Considere as reflexões de Elisabeth Sisson, uma das primeiras evangelistas pentecostais e teóloga leiga. Com base em sua leitura de João 5:30, "por mim mesmo, nada posso fazer", Sisson argumenta que, na encarnação, em sua *kenosis*, Jesus "renunciou ao poder de seu ser [divino]", submetendo-se internamente à vontade do Pai. Com base em Isaías 18:19-21 e Hebreus 1:3, Sisson retrata Jesus como "o vazio que deixa entrar a plenitude da marca ou do selo" da natureza de Deus:[79]

> Assim, Cristo, em sua vida mortal, deu lugar, em seu vazio, à plenitude do Pai. Renunciou a todo pensamento ou ação independente, e apenas deixou, por assim dizer, Deus, a Chave, abrir Cristo, a Fechadura. É como se Deus testificasse a respeito de Jesus com prazer, vendo sua completa abnegação: "Quem é cego senão o Meu Servo? Ou surdo como o Mensageiro que enviei"?[80]

---

[75]Hays, "Knowing Jesus", p. 60.

[76]Jenson, "Identity, Jesus and exegesis", p. 50.

[77]Cf. Hays, "Knowing Jesus", p. 61.

[78]Jenson, "Identity, Jesus and exegesis", p. 49.

[79]Elisabeth Sisson, "Resurrection paper n. 7", *Latter Rain Evangel* 10.3 (Jul. 1911), p. 21.

[80]Sisson, "Resurrection paper n. 7", p. 21.

"QUEM EU DIGO QUE SOU?"

Sisson acredita que a "carne" de Cristo era carne *pecaminosa*, que ele participou da natureza humana *caída*. Explica que Jesus teve de viver a vida como "verdadeiro homem", mas também como "verdadeiro Deus"; afinal, somente dessa maneira ele poderia ter-se "posicionado no lugar do pecador, sentindo a pressão de uma natureza quebrada pelo pecado e obtendo a vitória do pecador, a qual é pela graça, e não por uma força inerente a essa natureza". Como Cristo poderia viver sem pecado se estava sujeito à "natureza do pecador"? Vivendo como um vazio, não fazendo nada de sua vontade. Jesus viveu uma vida totalmente humana, mas "nunca viveu em sua humanidade ou agiu a partir dela, nem por um instante sequer".[81] Jesus foi o "pleno vencedor" pelo fato de, apesar de ser "Deus onipotente",[82] viver "na carne, contra a carne e acima da carne". Por estar disposto a "não fazer nada" por sua vontade — nem mesmo a obra redentora de Deus —, Jesus "viveu a vida divina na natureza humana".[83] Em um *insight* impressionante, Sisson interpreta a agonia no jardim como um pedido para ser libertado não da cruz, mas de uma "morte prematura, antes do lugar e da hora de sua devida oferta sacrifical".[84] Jesus tinha de estar disposto, acredita Sisson, a desistir até mesmo de seu "santo chamado [...] de morrer por um mundo arruinado", não permitindo sequer que sua compaixão determinasse seu curso de ação: "Apesar de seu conhecimento certeiro de que sua morte sacrificial era a única esperança de um mundo perdido, [Cristo tinha de estar disposto até mesmo a] abrir mão desse sacrifício [...] se essa fosse a vontade de Deus".[85] Para verdadeiramente alcançar o "esvaziamento" para o qual fora chamado, o Senhor tinha de estar disposto a "abandonar a vida humana", sem "nada realizado". Só assim estaria realmente preparado para cumprir a obra de morrer pelo mundo.[86]

---

[81] Sisson, "Resurrection paper n. 7", p. 18.
[82] Sisson, "Resurrection paper n. 7", p. 18.
[83] Sisson, "Resurrection paper n. 7", p. 20.
[84] Sisson, "Resurrection paper n. 7", p. 19.
[85] Sisson, "Resurrection paper n. 7", p. 19.
[86] Sisson, "Resurrection paper n. 7", p. 21.

| Chris Green |

Embora se verifiquem algumas falhas em suas formulações teológicas, Sisson nos dá um bom exemplo de como podemos pensar teologicamente sobre o problema da fé e da autopercepção de Jesus; nesse aspecto, sua metodologia é exemplar. Em primeiro lugar, ela lê as Escrituras *de forma canônica*, permitindo que Bíblia sirva de intérprete da Bíblia — levando Isaías, por exemplo, a falar *diretamente* da autopercepção de Jesus. Em segundo lugar, insiste na autenticidade narrativa das decisões de Jesus em seguir a vontade do Pai, trabalhando (de forma criativa!) nos moldes da cristologia nicena e calcedonense. Por fim, Sisson não deixa de pensar nas aplicações de suas reflexões. É assim que, na minha opinião, as coisas devem ser feitas.

3

UM COMPLEMENTO PNEUMATOLÓGICO À HERMENÊUTICA DE N. T. WRIGHT À LUZ DA TRADIÇÃO PENTECOSTAL

| TIMOTHY SENAPATIRATNE[1] |

INTRODUÇÃO

Este ensaio sugere que a hermenêutica de Wright, mais claramente explicada nos primeiros cinco capítulos de *sua obra The New Testament and the people of God*,[2] poderia ser aprimorada com a adição de um componente pneumatológico. Esse componente pneumatológico ajudaria a resolver o problema histórico que Wright aborda na seção intitulada "Critical realism and the threat of the disappearing object" [Realismo crítico e a ameaça do desaparecimento do objeto]. Wright

---

[1]Timothy Senapatiratne (PhD, Marquette University) é bibliotecário especializado do Bethel Seminary, localizado em St. Paul, Minnesota. Crescer nas Assembleias de Deus no Sri Lanka o motivou a se questionar quanto às estruturas hermenêuticas na formulação de estudos bíblicos em um contexto não ocidental.

[2]Edição em português: *O Novo Testamento e o povo de Deus* (Rio de Janeiro: Thomas Nelson Brasil, 2021).

| *Timothy Senapatiratne* |

diz que esse problema surge quando tentamos ler a Bíblia de uma forma que é, em certo sentido, normativamente cristã e, ao mesmo tempo, "fiel à história".[3] O presente ensaio argumenta que os estudos bíblicos a partir da tradição teológica pentecostal podem ajudar a resolver o problema histórico, oferecendo uma hermenêutica bíblica trinitária mais robusta e, em última análise, melhor.

DEFINIÇÃO DO PROBLEMA

Embora Wright descarte a ideia de que "'acontecimentos reais' [da história] desaparecerão sob a confusão das percepções particulares das pessoas",[4] rejeitando-a como infundada,[5] também luta para superar a preocupação de que, sem um fundamento histórico, o texto bíblico (e, por conseguinte, a fé cristã) possa tornar-se tão subjetivo quanto a "mera observação", levando à "conclusão de que 'fatos', portanto, não existem".[6] Com o termo "fatos", ele parece se referir a dados epistemologicamente verificáveis.[7] Wright argumenta que as comunidades cristãs que optaram por ignorar os componentes históricos da fé cristã estão erradas, pois os próprios evangelistas "acreditam falar de assuntos que realmente aconteceram".[8] O ex-bispo de Durham sugere que a forma pela qual reconciliamos diferentes leituras (históricas e teológicas) é encontrando uma *via media* entre "a ênfase pré-moderna no texto como, em algum sentido, revestido de autoridade; a ênfase moderna no texto (e no próprio cristianismo) como irredutivelmente integrado à história e irredutivelmente envolvido com a teologia; e a

---

[3]N. T. Wright, *The New Testament and the people of God* (Minneapolis: Fortress, 1992), p. 9 [edição em português: *O Novo Testamento e o povo de Deus* (Rio de Janeiro: Thomas Nelson, 2022)]. Citado a partir de agora como *NTPD*.

[4]Wright, *NTPD*, p. 89.

[5]Wright, *NTPD*, p. 89.

[6]Wright, *NTPD*, p. 88.

[7]Cf. sua definição de "verdade" e "fato" em Wright, *The last Word: beyond the Bible wars to a new understanding of the authority of Scripture* (São Francisco: Harper-SanFrancisco, 2005), p. 8.

[8]Wright, "N. T. Wright talks about history and belief: resurrection faith", *Christian Century* 119.26 (Dec. 18, 2002): 28.

ênfase pós-moderna na leitura do texto".[9] A solução de Wright é a adoção do método filosófico do realismo crítico, método que, segundo ele, possibilita uma diversidade de perspectivas (históricas e teológicas) sem anular a alegação objetiva da história de que "algo aconteceu".[10]

REALISMO CRÍTICO

Wright detalha o que quer dizer por realismo crítico (doravante RC) nos capítulos 3 e 4 de *New Testament and the people of God*. Para ele, o RC é um meio-termo entre os positivistas — cuja ideia é que existem pelos menos algumas coisas "sobre as quais podemos ter um conhecimento definido" — e aqueles que rejeitam o positivismo, concluindo que "tudo o que resta é a subjetividade ou a relatividade".[11] O RC nos oferece uma epistemologia, defende Wright, que reconhece *a realidade da coisa conhecida, diferenciando-a do conhecedor*".[12] Wright descreve o método *crítico* nos seguintes termos: "O único acesso que temos a essa realidade jaz, ao longo de um caminho em espiral, no *devido diálogo entre o conhecedor e a coisa conhecida*".[13] Assim, o conhecimento nunca é independente do conhecedor (o sujeito), o que, porém, não nega o fato de que há algo real e objetivo a ser observado e compreendido.[14]

Wright argumenta que a cosmovisão (composta por histórias e narrativas) é o que forma a base para o "modo de ser do observador em relação ao mundo".[15] Com isso, ele quer dizer que o fundamento epistemológico da maioria das pessoas é formado por histórias que as auxiliam a encontrar "*coisas que se encaixam* em sua história em particular,

---

[9]Wright, *NTPD*, 27. Thorsten Moritz, "Reflecting on N. T. Wright's tools for the task", em Craig Bartholomew et al., orgs., *Renewing biblical interpretation* (Grand Rapids: Zondervan, 2000), p. 179. Wright afirma que não está defendendo uma forma de modernismo, nem "um retorno ao pré-modernismo", tampouco uma "capitulação ao pós-modernismo", mas sua esperança é encontrar um "caminho por entre toda a bagunça e confusão" (Wright, *Last Word*, p. 10)

[10] Wright, *NTPD*, p. 90

[11]Wright, *NTPD*, p. 32-3.

[12]Wright, *NTPD*, p. 35.

[13]Wright, *NTPD*, p. 35.

[14]Wright, *NTPD*, p. 35.

[15]Wright, *NTPD*, p. 37.

| *Timothy Senapatiratne* |

ou (mais provavelmente) em histórias para as quais estão acostumadas a devotar sua lealdade".[16] Wright alega que histórias "constituem um dos elementos mais fundamentais da vida humana", de modo que a universalidade no uso de histórias fornece um antídoto para o relativismo com o qual os modernistas estão preocupados.[17] Wright distingue entre histórias que ilustram algum ponto da vida (que não fazem parte da cosmovisão do indivíduo) e histórias que são epistemologicamente mais fundamentais "do que crenças explicitamente formuladas, incluindo as crenças teológicas".[18] São essas histórias que criam "a estrutura vital segundo a qual experimentamos o mundo".[19] Também "fornecem um meio pelo qual as visões de mundo podem ser desafiadas".[20]

O importante para a hermenêutica pentecostal é como Wright entende que as histórias moldam a epistemologia de uma pessoa e, em última análise, modelam sua cosmovisão. Segundo Wright, a cosmovisão faz quatro coisas. Em primeiro lugar, a cosmovisão fornece histórias "pelas quais o ser humano enxerga a realidade".[21] Isso significa que as histórias se tornam lentes através das quais as pessoas compreendem o mundo. Em segundo lugar, é por essas histórias que as pessoas conseguem responder a perguntas básicas da vida.[22] Tais perguntas incluem: "Quem somos? Onde estamos? O que há de errado? Qual é a solução?".[23] Em terceiro lugar, essas histórias são expressas em símbolos culturais e, em quarto lugar, esses símbolos sugerem certa práxis, "uma forma de ser no mundo".[24] Posteriormente, demonstramos como essa definição de cosmovisão se assemelha, em grande medida, ao modelo hermenêutico de muitos pentecostais.

A implicação desse modelo é que as histórias teológicas e bíblicas oferecem ao leitor da Bíblia respostas às questões básicas da vida, bem

---

[16]Wright, *NTPD*, p. 37.
[17]Wright, *NTPD*, p. 38.
[18]Wright, *NTPD*, p. 38.
[19]Wright, *NTPD*, p. 39.
[20]Wright, *NTPD*, p. 39.
[21]Wright, *NTPD*, p. 123.
[22]Wright, *NTPD*, p. 123.
[23]Wright, *NTPD*, p. 123.
[24]Wright, *NTPD*, p. 123-4.

UM COMPLEMENTO PNEUMATOLÓGICO À HERMENÊUTICA DE N. T. WRIGHT

como conselhos e *insights* sobre como podemos criar um sistema de práxis pelo qual viver. Ademais, postula Wright, essas histórias teológicas não se reduzem "à análise materialista", podendo formar, portanto, a base para uma cosmovisão.[25] Moritz descreve essa abordagem como uma "recalibração" que tenta "explicar a intencionalidade textualmente corporificada do autor" — ao contrário do método tipicamente evangélico (e, embora Moritz não declare explicitamente, do método pentecostal) de começar "de baixo para cima (privilegiando dicionários e gramáticas)".[26] Entretanto, Wright reconhece que isso não resolve o problema histórico, uma vez que a teologia poderia simplesmente ser "uma forma fantasiosa de tentar atribuir à realidade um significado nem sempre percebido" em vez de descrever "entidades reais, além da realidade espaçotemporal".[27]

Para Wright, a razão pela qual faz sentido acreditarmos que a linguagem teológica se refere a entidades reais é que, embora a natureza de tal linguagem seja "fundamentalmente metafórica, isso não significa que ela não tenha um referente".[28] Em vez de polemizar a questão, Wright acredita que as próprias metáforas podem ser consideradas narrativas, ajudando, assim, a resolver o problema em vez de complicá-lo.[29] Apesar de aceitar a possibilidade de a linguagem teológica ter um referente — nesse caso, Deus —, Wright enfatiza que isso não torna verdadeira toda a linguagem sobre Deus, mas, sim, que a linguagem teológica se encontra, em tese, na "mesma posição que a linguagem acerca de qualquer outra coisa".[30]

Dessa forma, na perspectiva de Wright, a maneira pela qual evitamos os extremos entre o positivismo (e a crítica pós-moderna do positivismo) e o relativismo (que põe em dúvida as reivindicações históricas do cristianismo) é compreendendo que as histórias (e sua natureza subjetiva) são a forma pela qual interpretamos o mundo, a teologia e a Bíblia como

---

[25]Wright, *NTPD*, p. 127.

[26]Thorsten Moritz, "Critical realism", in: Kevin J. Vanhoozer et al., orgs., *Dictionary for theological interpretation of the Bible* (Grand Rapids: Baker Academic, 2005), p. 149.

[27]Wright, *NTPD*, p. 128.

[28]Wright, *NTPD*, p. 129.

[29]Wright, *NTPD*, p. 130.

[30]Wright, *NTPD*, p. 130.

"coisas" reais. Obviamente, a questão é saber se Wright foi bem-sucedido em sua proposta, pois mesmo aqueles que simpatizam com essa proposta de solução questionam se Wright não passa de um "positivista histórico".[31] Moritz se pergunta se "Wright, o historiador", ainda trabalha de maneira positivista, já que "permanece muito interessado no que aconteceu, por que aconteceu e o que deveria ter acontecido".[32]

O PROBLEMA HISTÓRICO DE WRIGHT

O problema histórico de Wright torna-se claro quando ele examina o texto bíblico. Wright escreve:

> A descoberta, portanto, de que alguém tem um "ponto de vista", que selecionou e organizou determinado material, ou que tem um estilo característico não nos diz absolutamente se aquilo do que o escritor está falando (caso ele considere que está descrevendo acontecimentos) realmente aconteceu.[33]

É nesse ponto que desafiamos o argumento de Wright: com a metodologia que ele propõe, o problema é realmente resolvido? Embora a compreensão de Wright sobre a cosmovisão e o papel desempenhado pelas histórias esteja correto, será que ele realmente resolveu o problema histórico ou simplesmente postergou a questão, empurrando-a dois passos para trás? Sim, incorporar histórias em uma cosmovisão (uma ideia correta) alivia o problema epistemológico da certeza em relação ao texto bíblico; afinal, as cosmovisões aceitam as histórias como verdadeiras, independentemente de sua correspondência com acontecimentos reais. Contudo, continuamos com o problema da historicidade das narrativas contadas. Em outras palavras, simplesmente porque confesso que Jesus ressuscitou dos mortos (afirmação feita pelos Evangelhos), isso não significa que a ressurreição tenha realmente acontecido, mesmo que um grupo de pessoas concorde comigo (por meio das histórias simbolizadas pela Ceia, pela celebração da Páscoa etc.). Minha confissão da

---

[31]Moritz, "Tools", p. 179.
[32]Moritz, "Tools", p. 180.
[33]Wright, *NTPD*, p. 90.

ressurreição se torna potencialmente uma confissão sobre uma história, uma narrativa, e não sobre o acontecimento em si.

A resposta proposta por Wright ao problema é o uso da "metáfora visual" de um telescópio. Wright descreve alguém que nunca viu nem operou um telescópio e a necessidade do indivíduo de aprender a usá--lo por tentativa e erro. Esse processo, que gera muitas imagens distorcidas da realidade, não muda o fato, diz Wright, de que "existem objetos lá fora, no mundo real (como todos, exceto o solipsista mais ferrenho, deverão admitir), de modo que estou realmente olhando para eles, embora, claro, (a) do meu próprio ponto de vista e (b) por meio de determinado conjunto de lentes".[34] Para Wright, a solução para esse problema de perspectiva é o RC, e não o "abandono do conhecimento do mundo extralinguístico", visto que estar ciente dos vieses dos Evangelhos não anula o fato de que eles estavam descrevendo algo que aconteceu na história.[35] Assim, Wright tenta combinar a preocupação com relação à objetividade histórica, defendendo que o preconceito dos Evangelhos, por exemplo, é, na verdade, parte do registro histórico e, como tal, não deve ser rejeitado apenas com base nessa premissa.

Ademais, Wright insiste em que isso não significa que todas as interpretações históricas sejam "igualmente válidas ou apropriadas".[36] Ele argumenta que um novo conjunto de critérios históricos se faz necessário, pois "as ferramentas epistemológicas do nosso tempo parecem inadequadas diante dos dados que nos estão acessíveis".[37] Wright sugere que os estudos bíblicos, longe de se revelarem problemáticos, podem ser a solução para a criação de "uma reavaliação da própria teoria do conhecimento".[38] O que seria essa reavaliação? Wright responde que as pessoas deveriam ouvir "histórias além daquelas segundo as quais habitualmente organizam suas vidas, questionando se deveriam ter a permissão de subverter as histórias atuais".[39]

---

[34] Wright, *NTPD*, p. 90.

[35] Wright, *NTPD*, p. 90-1.

[36] Wright, *NTPD*, p. 90-1. Ele observa que o *Evangelho segundo Tomé* é um exemplo de reconstituição inexata da história, visto ser menos preciso que o Evangelho de Marcos.

[37] Wright, *NTPD*, p. 96.

[38] Wright, *NTPD*, p. 96.

[39] Wright, *NTPD*, p. 97.

A SOLUÇÃO PROBLEMÁTICA DE WRIGHT

Neste ponto, o problema fica claro. O que uma pessoa aceitará como "fato" variará de acordo com as histórias que ela já aceitou como refletindo a "verdade" de determinado acontecimento. Usando um exemplo histórico, concluir se os Estados Unidos venceram ou não a guerra do Vietnã (ou se a guerra do Vietnã se caracterizou como tal) depende, em grande medida, da cosmovisão de alguém (e das histórias que a acompanharam), e pouco se relaciona à sua teoria epistêmica da história. Ainda que o indivíduo falasse filosoficamente da história (e poucos fora do universo acadêmico o fariam), como poderia existir um julgamento entre histórias de diferentes pessoas? Outro exemplo se manifesta no atual debate evangélico em torno das mulheres no ministério. Boas pessoas, bons estudiosos e pessoas sinceras em sua fé se alinham a ambos os lados do debate, argumentando sua posição com base nos mesmos versículos. É certo que Paulo quis dizer algo quando escreveu; em nossa situação atual, porém, o que conta como verdade (mesmo em metodologia hermenêutica) não pode ser julgado pela simples (ou complexa) exegese de um texto.

Onde Wright situa a subjetividade? Ele a situa no processo de interpretação — ponto no qual, a propósito, ela deve estar. Contudo, fazer isso não resolve o problema. Isso porque, para ele, o texto, junto com o viés de seus autores, é estático. Por estático, Wright não quer dizer que o texto não seja a Palavra de Deus, e sim que o texto, conforme o temos, não muda. Por consequência, o trabalho do intérprete é descobrir as histórias do texto e deixá-las interagir com (ou se mesclar às) histórias de nossa vida (nossa cosmovisão). O problema dessa abordagem é o fato de a subjetividade ser simplesmente retirada do texto (o que é bom) e reposicionada na interpretação (o que é verdade, mas não resolve o problema). O problema, no entanto, pode ser resolvido se empregarmos uma hermenêutica trinitária, moldada pela tradição teológico-pentecostal.

UMA ABORDAGEM PENTECOSTAL À HERMENÊUTICA

Uma vez que, hoje, não há consenso no movimento pentecostal sobre o que exatamente constitui uma hermenêutica pentecostal, espero que este ensaio sirva não apenas de sugestão para o aprimoramento da

UM COMPLEMENTO PNEUMATOLÓGICO À HERMENÊUTICA DE N. T. WRIGHT

hermenêutica de Wright, mas também como sugestão para uma exploração mais ampla daquilo que caracteriza uma hermenêutica pentecostal.[40]

Uma distinção importante deve ser feita antes de iniciarmos esta análise. Tradicionalmente, os pentecostais, embora não sejam filhos da tradição teológica evangélica, recorrem a métodos hermenêuticos formulados nessa tradição, ainda que essas abordagens não façam parte da sua herança histórica.[41] Também é da tradição evangélica que os pentecostais herdaram, algumas vezes de forma acrítica, boa parte de sua teologia sistemática, incluindo sua doutrina bíblica. Um desses legados é a doutrina da inerrância das Escrituras.[42] Embora poucas denominações pentecostais tenham uma doutrina teológica declarada com respeito à inerrância, a maioria dos pentecostais a pressupõe em sua hermenêutica. Pode parecer um desvio da questão do problema histórico de Wright, mas é, na verdade, um ponto bastante pertinente.

A maioria das tradições evangélicas começa suas declarações de fé com uma afirmação sobre a Bíblia e, em seguida, move-se, secundariamente, às doutrinas de Deus e da igreja.[43] Isso, claro, é necessário em sistemas filosóficos fundamentais, pois, para que cada afirmação doutrinária seja verdadeira, a proposição precedente também deve ser.[44] Muitas tradições evangélicas, então, para o bem ou para o mal, afirmam *a priori* que a Bíblia é inerrante. Paul Merritt Bassett observa que "tais confissões parecem defender que é preciso aceitar a autoridade da Bíblia para chegar a um relacionamento vívido com Deus".[45] Essa afirmação resolve um problema ao conferir às declarações doutrinárias

---

[40]Para um resumo do que poderia ser *Pentecostal hermeneutics* (mais teológico que bíblico), veja os primeiros quatro capítulos de Kenneth J. Archer, *A Pentecostal hermeneutic for the twenty-first century* (JPTSup 28; New York: T&T Clark, 2004).

[41]Archer, *Hermeneutic*, p. 2.

[42]Não significa sugerir que todos os evangélicos afirmam a inerrância.

[43]Os parágrafos a seguir são amplamente baseados em um artigo de Paul Merritt Bassett, "The theological identity of the north american holiness movement: its understanding of the nature and role of the Bible", in: Donald W. Dayton; Robert K. Johnston, orgs., *The variety of American evangelicalism* (Knoxville: University of Tennessee Press, 1991), p. 72-108.

[44]Cf. Bassett, "Theological identity", p. 81. É claro que ele não está interagindo com Wright.

[45]Bassett, "Theological identity", p. 77.

| *Timothy Senapatiratne* |

a base e o fundamento filosófico do qual precisam, mas o fazem à custa de levar os cristãos a uma abordagem histórico-positivista da Bíblia. Desse modo, acabam sendo vítimas do mesmo problema que Wright procura evitar. É esse tipo de erudição bíblica que tem caracterizado muitos estudiosos evangélicos, em especial nas últimas duas décadas.

Por outro lado, as tradições anglicana (da qual Wright faz parte), wesleyana e pentecostal clássica começam, em geral, com o Deus Triúno, movendo-se apenas secundariamente para a Bíblia.[46] A relevância dessa abordagem é que a Bíblia pode ser considerada a autorrevelação de Deus e não precisa ser afirmada, *a priori*, como inerrante. Entre outras coisas, isso põe a Bíblia em seu devido lugar, qual seja, subserviente a Deus. Se a Bíblia é autorrevelação divina, então o objetivo dos estudos bíblicos (na perspectiva cristã) é entender o que a Bíblia revela sobre Deus. Isso elimina a necessidade do apologeta bíblico. Em vez disso, a Bíblia se torna uma explicação humana (e divina) de quem Deus é.[47] O que apresentei pode parecer redundante, mas, na verdade, é de extrema relevância. Em vez de depositar minha fé na transmissão precisa da história bíblica, vejo-me livre para ler a Bíblia pelo que ela é: um relato subjetivo da interação de Deus com o mundo. Bassett, ao descrever a forma como Wesley entendia a Bíblia, escreve: "A autoridade pertence à Escritura como meio atestado pelo Espírito, e a atestação do Espírito é que a Escritura é suficiente para a salvação".[48] Essa subjetividade pneumatológica não ameaça nossa fé; ao contrário, fortalece-a no Espírito que inicia essa fé, possibilitando uma epistemologia que pode começar com a autorrevelação de Jesus ao afirmar ser "o caminho, a verdade e a vida". A declaração de Jesus é uma "pista" epistemológica para nossa própria compreensão pós-moderna da hermenêutica. Se Jesus é a "base" sobre a qual toda a verdade é aferida, então um relacionamento com ele é o que "fornece" a verdade.

---

[46]Bassett, "Theological identity", p. 77-9. Bassett não menciona "pentecostais" nesse artigo, mas escreve sobre as igrejas de santidade. Por causa das semelhanças nessa questão entre santidade e igrejas pentecostais, tomei a liberdade de inserir "pentecostais" na análise de Bassett.

[47]Bassett, "Theological identity", p. 77-9.

[48]Bassett, "Theological identity", p. 79.

UM COMPLEMENTO PNEUMATOLÓGICO À HERMENÊUTICA DE N. T. WRIGHT

Com base nessa ideia de epistemologia relacional, se considerarmos um modelo relacional da Trindade, conceberemos um Espírito que continuamente nos atrai para um relacionamento com o Deus Triúno, cuja intenção é a autorrevelação.[49] Wesleyanos e pentecostais chamam esse relacionamento facilitado pelo Espírito entre Deus e o ser humano de "graça preveniente". (Os católicos entendem esse processo como a doação de graça por meio dos sacramentos.)[50] Dessa maneira, é pela mitigação, ou atração, do Espírito que nos achegamos a Cristo.

Para a hermenêutica, o Espírito é o ponto em que o texto objetivo (a Bíblia antes de qualquer interpretação) intersecta com o subjetivo (a Palavra de Deus). A expressão "Palavra de Deus" não se refere às palavras nas páginas da Bíblia, mas à Bíblia ao ser vivificada pelo Espírito.[51] É assim que o texto bíblico pode transformar indivíduos nas pessoas que Deus deseja que sejam. Isso acontece por meio da inspiração do Espírito Santo, que opera na vida do ouvinte ou do leitor. O Espírito que inspirou os autores bíblicos a escrever é o mesmo que inspira o leitor hoje. Somente quando o texto se torna vivo para o leitor (intérprete), por meio da inspiração do Espírito, é que suas palavras realmente se tornam a Palavra de Deus.

O que protege esse processo de interpretações equivocadas? O Espírito e a igreja. O Espírito mantém o intérprete piedoso fiel ao texto

---

[49]Não é necessário defender tal afirmação neste ensaio; no entanto, dois exemplos dessa formulação são Karl Barth e Wolfhart Pannenberg. Cf. Pannenberg, *Systematic theology* (Grand Rapids: Eerdmans, 1991), I, cap. 5; e Barth, *Church dogmatics*, ed. G. W. Bromiley; T. F. Torrance; trad. para o inglês A. T. Mackay; T. H. L. Parker, reimpr. (Peabody: Hendrickson, 2010), I:1, cap. 2. Para uma articulação pentecostal da relacionalidade da Trindade, cf. Amos Yong, *Spirit-Word-community: theological hermeneutics in Trinitarian perspective* (Eugene: Wipf & Stock, 2002), cap. 2. Para um argumento de que o Espírito atrai todas as pessoas, cf. a formulação cuidadosamente defendida em *The Spirit poured out on all flesh: Pentecostalism and the possibility of global theology* (Grand Rapids: Baker Academic, 2005), cap. 2.

[50]David M. Coffey, *Grace: the gift of the Holy Spirit* (Milwaukee: Marquette University Press, 2011), cf. espec. cap. 9.

[51]O primeiro volume de *Church dogmatics*, de Barth, é célebre por essa reivindicação, mas não precisamos concordar com todas as interpretações de Barth sobre a revelação (especialmente sua rejeição quanto à revelação natural) para reivindicar que é apenas pela obra do Espírito que as palavras da Bíblia se tornam Palavra de Deus.

(o que não pressupõe que o intérprete não deve ter instrução ou conhecimento, e sim que qualquer intérprete é chamado a estudar cuidadosamente o texto). A igreja (em seu aspecto universal) impede o intérprete de espalhar noções falsas para ganho egoísta, tanto por sua autoridade divinamente concebida como por suas tradições. Isso protege a Palavra de Deus de interpretações equivocadas e, ao mesmo tempo, eleva a leitura humana subjetiva do texto para se tornar a Palavra de Deus. Sem dúvida, não se trata de uma leitura teológica que minimiza os métodos histórico-críticos defendidos por Daniel Trier e outros.[52] Trier não falha por sua preocupação com o texto, mas por privilegiar a tradição em detrimento da intepretação bíblica.

Por essa razão é que o trabalho de Wright tem grande importância. Os argumentos de Wright sobre a cosmovisão e a reconstrução histórica são precisos, mas devem ser aplicados em combinação com a história da erudição, a tradição da igreja e a fé pessoal, para que possa haver um julgamento entre variadas interpretações e, em última análise, variadas aplicações. A seção final deste ensaio sugere que infundir uma teologia pneumatológica na hermenêutica bíblica de Wright oferece uma solução para o problema histórico que tanto o incomoda. A razão pela qual o trabalho de Wright é mais útil do que muitas outras formulações é que o método hermenêutico por ele desenvolvido presta-se facilmente à inserção de uma linguagem pneumatológica.

SOLUÇÃO PNEUMATOLÓGICA

É surpreendente que Wright não aborde mais a pneumatologia em sua hermenêutica. Por exemplo: em seu conhecido ensaio sobre a autoridade das Escrituras, Wright responde à pergunta retórica de como Deus exerce autoridade com a Bíblia explicando que, "na própria história bíblica, vemos o que ele fez por meio de agentes humanos ungidos e equipados pelo Espírito Santo".[53] Wright reitera: "Os autores do Novo Testamento acreditavam que haviam sido chamados para exercer sua vocação como

---

[52]Daniel J. Treier, *Introducing theological interpretation of Scripture: recovering a Christian practice* (Grand Rapids: Baker Academic, 2008).

[53]Wright, "How can the Bible be authoritative?", *Vox Evangelica* 21 (1991), p. 16.

UM COMPLEMENTO PNEUMATOLÓGICO À HERMENÊUTICA DE N. T. WRIGHT

mestres 'autorizados', pela orientação e pelo poder do Espírito".[54] Infelizmente, Wright não explica o que quer dizer com esse comentário.

Uma forma de ilustrarmos uma hermenêutica pentecostal rudimentar é pelo uso do "quadrilátero" wesleyano.[55] O quadrilátero, com seus quatro vértices — Escritura, tradição, razão e experiência (com a Escritura tendo primazia) —, ilustra a maneira pela qual o conhecimento para a vida cristã é desenvolvido. A razão pela qual ele serve como um modelo hermenêutico pentecostal útil é que inclui, com a tríade tradicional de Escritura, tradição e razão, a afirmação de que a experiência também desempenha papel relevante na formação da vida cristã. É por meio da experiência do Espírito que a Escritura (mitigada pela tradição e pela razão) tem fôlego. Não é exagero sugerir que o mesmo Espírito que inspirou os autores originais da Bíblia continue a inspirar, não a composição do texto, mas, sim, sua leitura, transformando-a em mais do que uma prática meramente intelectual. Ademais, a leitura do texto não se resume à afirmação da tradição cristã. Ler, afirmar e praticar são aspectos existenciais da interpretação bíblica que não podem ser removidos do processo. Embora pouco articulada, essa é a maneira pela qual, historicamente, os pentecostais se engajaram nos estudos bíblicos (ora com bons resultados, ora com resultados desastrosos).

De forma explícita, para os pentecostais, a justificativa para a integração hermenêutica entre as experiências humanas e o Espírito reside simplesmente na crença de que o Espírito Santo tanto inspira o texto como habita o cristão que o lê. O Espírito continua sua obra no mundo. O pentecostal reconhece essa atividade do Espírito no mundo e busca — e até mesmo espera — o testemunho do Espírito na vida cotidiana. Infundir o Espírito na hermenêutica torna o processo de interpretação não apenas um exercício de história (recuperando a tríade de Escritura,

---

[54]Wright, *Last word*, p. 51.

[55]Desde que Albert Outler cunhou a expressão "quadrilátero wesleyano" (para ajudar a ilustrar a teologia de Wesley), ela foi usada de muitas maneiras distintas, e algumas delas o próprio Outler considerou problemáticas. Para essa decisão em particular, no entanto, o termo é completamente pertinente, uma vez que essa discussão se relaciona com o papel segundo o qual as Escrituras moldaram o resto da vida cristã. Cf. o ensaio de Outler: "The wesleyan quadrilateral in John Wesley", in: Thomas C. Oden; Leicester R. Longden, orgs., *The Wesleyan theological heritage* (Grand Rapids: Zondervan, 1991), p. 21-38.

razão e tradição), mas também um exercício espiritual prático. Por fim, esse movimento também atenua o problema da subjetividade histórica. A subjetividade da interpretação histórica pode ser evitada, não por ignorarmos ou negarmos o fosso de Lessing,[56] mas por colocarmos a subjetividade envolvida na interpretação em seu devido lugar. E seu "devido lugar" é com o próprio Espírito. Afinal, seria correto dizer que o Espírito é, por definição, pura subjetividade. O Espírito faz o que quer. A experiência do Espírito também é subjetiva, mas isso não deve ser motivo de preocupação, visto que, embora a experiência do Espírito seja subjetiva, a experiência em si não é. Então, quando alguém lê as Escrituras, a experiência subjetiva do Espírito se integra à Palavra objetiva.

Ninguém, à exceção do fundamentalista mais estridente, negaria a influência da tradição e da razão na interpretação da Bíblia. É a reivindicação existencial, porém, que muitas vezes é negada, o mesmo elemento que, ao que tudo indica, resolve o problema histórico de Wright. Mas como isso acontece? A hermenêutica de Wright desmoronará se não existir uma maneira de recapturarmos a história. Embora ele não exija que a história seja comprovada, a existência de uma história objetiva é imprescindível, uma história que, de alguma forma, seja passível de comprovação. No entanto, uma pneumatologia forte mitiga esse problema, preenchendo a lacuna da história com uma experiência contemporânea do mesmo Espírito que inspirou o texto. Embora Wright não use a linguagem do Espírito em sua definição de revelação, aproxima-se muito disso ao escrever sobre "uma noção muito mais antiga de 'revelação', segundo a qual Deus está continuamente se revelando para o mundo que criou".[57]

O fascinante é que a maneira pela qual Wright desenvolve sua hermenêutica se presta a esse tipo de sugestão. Em sua análise sobre cosmovisões, ele oferece seu quadrilátero, que, semelhante ao modelo wesleyano, conecta cada vértice aos demais, com setas indicando a interpretação de cada elemento em relação ao outro.[58] Seus quatro pontos são história,

---

[56]"Fosso de Lessing" é uma expressão usada para descrever a perspectiva de Gotthold Lessing (1729-1781), segundo a qual há um enorme "fosso" entre a história e as verdades eternas que não pode ser cruzado. (N. T.)

[57]Wright, *Last word*, p. 31.

[58]Wright, *NTPD*, p. 31.

UM COMPLEMENTO PNEUMATOLÓGICO À HERMENÊUTICA DE N. T. WRIGHT

pergunta, símbolo e práxis. Para Wright, esses quatro elementos formam a cosmovisão. De modo semelhante, os pontos do quadrilátero wesleyano constituem aquilo que molda e define a vida cristã, desenvolvendo, assim, uma espécie de cosmovisão. Os quatro pontos de Wright coincidem com aqueles apresentados no quadrilátero wesleyano, embora ele não os identifique como tal. Obviamente, o vértice histórico ou narrativo de Wright é análogo às Escrituras, uma vez que todo cristão obtém da Bíblia pelo menos algumas de suas histórias. Em última análise, o vértice das perguntas que Wright descreve reflete a mesma ideia que o vértice da razão no modelo quadrilátero wesleyano. Questões relacionadas a histórias ou narrativas propostas segundo o modelo de Wright são geradas pela razão. O vértice dos símbolos é complementar à tradição do modelo wesleyano, pois ambos são maneiras de descrever o passado de forma representativa. Por último, o vértice da práxis de Wright é, sem dúvida, o mesmo que a experiência no quadrilátero wesleyano.

Na obra *Last word* [Última palavra], Wright menciona o quadrilátero wesleyano e a adição da experiência ao "tripé" da autoridade bíblica.[59] Evidentemente, ele não é favorável à adição da experiência ao "tripé", pois argumenta, de maneira correta, que, para Wesley, "a Bíblia continuava a ser a autoridade primária", de modo que experiência se referia apenas à "experiência vívida do amor de Deus e do poder do Espírito Santo, por meio dos quais o que a Bíblia diz se prova verdadeiro na vida do cristão".[60] Wright está errado, porém, ao declarar:

> É um uso um tanto ilegítimo do modelo wesleyano ver a "experiência" como fonte separada de autoridade, uma fonte a ser usada de forma independente da própria Escritura, embora esse movimento seja frequente, quase rotineiro, em muitos círculos teológicos.[61]

Se o ponto de vista de Wright é que a experiência não deve superar as Escrituras, a maioria dos pentecostais, pelo menos em tese, concordaria.

---

[59]Wright, *Last word*, p. 100-1.
[60]Wright, *Last word*, p. 100-1.
[61]Wright, *Last word*, p. 101.

Se, contudo, o argumento de Wright é que a experiência não tem lugar na interpretação, parece que ele falha em sua tentativa de oferecer uma hermenêutica que não seja totalmente modernista em sua abordagem da história. A experiência pode desempenhar (e acaba desempenhando) papel relevante na interpretação, de modo que uma hermenêutica capaz de incorporar a experiência pneumatológica pode resolver o problema histórico, que parece atrapalhar o método exegético de Wright.

Vale a pena antecipar três possíveis críticas à inclusão de um componente experiencial conduzido em termos pneumatológicos em sua hermenêutica. A primeira é que a confiança em interpretações experienciais poderia resultar em leituras particulares da Bíblia, apoiadas na própria exegese questionável do indivíduo e defendidas pela alegação de uma espiritualidade especial. Não precisamos ir muito longe para ver a natureza destrutiva que algumas interpretações bíblicas podem ter. É aqui que uma pneumatologia mais robusta, mais uma vez, resolve o problema. O Espírito não tem domínio exclusivo em uma denominação ou em um líder eclesiástico particular; antes, o Espírito está disponível a todos e testificará de forma constante à comunidade cristã. Da mesma forma, a tradição histórica da igreja também serve de meio corretivo. Embora muitos no movimento pentecostal sejam justificadamente cautelosos em incorporar a tradição em sua hermenêutica, a noção de que a igreja de hoje é Atos 29 (uma declaração popular entre os pentecostais) e não tem necessidade de conhecer a própria história é equivocada. A hermenêutica nunca é feita no vácuo e, embora a experiência ilumine o texto, será constantemente verificada pela tradição da igreja e pela orientação do Espírito na comunidade cristã.

Uma segunda crítica possível é que uma hermenêutica infundida pelo Espírito implicaria a desqualificação do trabalho histórico-crítico, tratado como desnecessário ou inútil na interpretação da Bíblia. Isso também não é verdade. Os métodos acadêmicos de interpretação bíblica continuam a oferecer *insights* sobre as formas pelas quais a Escritura pode ser entendida. Muitas vezes, esses métodos nos dizem menos sobre o que a Bíblia fala e mais sobre o que a Bíblia não fala. Destacam o que Paulo não teria em mente ao fazer uma declaração ou ilustram maneiras pelas quais Gênesis 1 não pode ser lido. Assim, os estudos bíblicos formais, do tipo feito por Wright e outros acadêmicos, servem como guardiões para as opções interpretativas bíblicas e mantêm a igreja no rumo certo. Ademais, esses métodos críticos de estudo afirmam a necessidade mencionada no quadrilátero wesleyano com respeito à necessidade de abordarmos as Escrituras de maneira racional.

Por fim, alguns argumentarão que esse tipo de hermenêutica guiada pelo Espírito poderia excluir os não cristãos, ou seja, aqueles que, pelo menos em nível teológico, não foram regenerados pelo Espírito e, portanto, não têm acesso à ajuda do Espírito no processo de interpretação. Essa, porém, é uma interpretação equivocada da regeneração. Conforme já demonstrei, o Espírito é acessível a todos, independentemente de seu estado espiritual, de modo que pode usar o estudo das Escrituras como meio para atrair alguém à graça de Deus.

CONCLUSÃO

Qual impacto a inclusão de um elemento experiencial conduzido em nível pneumatológico tem na hermenêutica de Wright? Pode ser uma pequena contribuição, mas "ajusta" sua compreensão do subjetivo. O elemento subjetivo não se encontra mais no processo de tentativa do intérprete de compreender a história, mas na experiência do Espírito, o qual é o inspirador do escritor bíblico e do leitor do texto. Isso alivia a angústia da história, embora não atenue o trabalho árduo do historiador, cuja tarefa, agora, torna-se ainda mais importante. É a subjetividade do Espírito que carrega o peso da crítica pós-moderna. Todavia, este é o lugar mais adequado para atribuir a subjetividade, pois a fé cristã sempre deve ser subjetiva. Uma fé objetiva, por definição, não é fé.

Quando o Espírito "retorna para nossa hermenêutica", temos a oportunidade de ler novamente o sopro de Deus no texto. O texto não é mais um documento estático, disponível para o estudo enfadonho de gramáticas e palavras, mas o documento confessional dos cristãos da antiguidade e que continua a inspirar os cristãos de hoje com a Palavra de Deus. Longe de ser árida, a obra de Wright oferece novas perspectivas da Bíblia e, quando infundida pelo Espírito, oferece-nos não apenas avanço intelectual, mas também verdadeira transformação da alma.

4

A "JUSTIFICAÇÃO" EM N. T. WRIGHT E O CLAMOR DO ESPÍRITO

| RICK WADHOLM JR.[1] |

INTRODUÇÃO

Por vezes, o Espírito desempenhou papel secundário em relação ao Pai e ao Filho em parte da teologia cristã, especialmente no que diz respeito à doutrina da justificação — especialmente, talvez, entre os protestantes.[2] Embora se atribua ao Espírito o direcionamento dos cristãos para a justificação e a santificação — esta concebida tipicamente como fenômeno que flui da justificação —, simplesmente damos pouca atenção ao papel do Espírito na obra da justificação em si. Essa situação quase nos leva a perguntar o que Paulo quis dizer com a pergunta que fez aos gálatas: "Tendo começado pelo Espírito, querem agora se aperfeiçoar pelo esforço próprio?" [cf. Gálatas 3:3]. Isso não quer dizer que a teologia cristã não tenha considerado que o Espírito opera de alguma forma na justificação do cristão, mas que a justificação tem sido considerada obra principalmente do Pai e do Filho. No protestantismo, o foco no Espírito tem se voltado às obras consideradas antecedentes e posteriores à justificação.

---

[1]Rick Wadholm, Jr. (candidato a doutorado, Bangor University, País de Gales) é professor assistente de Estudos Bíblicos e Teológicos no Trinity Bible College, localizado em Ellendale, Dakota do Norte.

[2]Frank D. Macchia, *Justified in the Spirit: Creation, redemption, and the Triune God* (Grand Rapids: Eerdmans, 2010).

A "JUSTIFICAÇÃO" EM N. T. WRIGHT E O CLAMOR DO ESPÍRITO

A advertência de Wright nos parece apropriada: "Qualquer tentativa de dar conta de uma doutrina que exclua o chamado de Israel, o dom do Espírito e a redenção de toda a criação não é totalmente bíblica".[3]

Alguém poderia indagar: como podemos formular uma doutrina da Trindade que leve mais em conta a doutrina da justificação? Haveria espaço para uma recalibragem da discussão com o objetivo de facilitar uma abordagem pneumatológica mais completa da doutrina da justificação? Alguns estão voltando seu foco para os elementos pneumatológicos da teologia, por muito tempo negligenciados, mas a doutrina da justificação ainda se encontra em seu estágio inicial nesse ponto.[4] O que o debate atual sobre a justificação pode oferecer para essa pneumatologia mais robusta, levando a uma doutrina trinitária enriquecida pela justificação? O objetivo deste artigo será demonstrar que a pessoa e a obra do Espírito que habita o cristão operam a vida do Filho em meio à comunidade de fé, assegurando, assim, sua justificação diante do Pai.[5]

Procurarei argumentar que N. T. Wright nos lembra corretamente que "o Espírito é o meio pelo qual Paulo traça a rota da justificação pela fé no presente para a justificação a ser consumada no futuro".[6] O que se segue é uma breve análise a respeito da perspectiva de Wright sobre a justificação, com atenção específica à sua orientação pneumatológica. A abordagem será acompanhada de uma pequena análise e de uma exposição bíblica do "clamor do Espírito" associado à justificação, conforme encontramos em Romanos 8:15 e Gálatas 4:6, usando alguns dos *insights* pneumatológicos de Wright. As considerações finais vão sugerir uma teologia da

---

[3]N. T. Wright, *Justification: God's plan & Paul's vision* (Downers Grove: IVP Academic, 2009), p. 222 [edição em português: *Justificação: o plano de Deus e a visão de Paulo* (Maceió: Sal Cultural, 2019)]. Não há distinção intencional pelo uso de Wright de "espírito" em caixa baixa em contraste com "Espírito". É simplesmente característico de seu modo de expressão em certos volumes em comparação a outros. Ao longo deste artigo, todas as referências que não são citações de Wright usam a caixa alta.

[4]Para um bom resumo de vários teólogos que trabalham no campo da pneumatologia em sua relação com a justificação, cf. Macchia, *Justified*, p. 85, n. 38.

[5]John Piper, *The future of justification: a response to N. T. Wright* (Wheaton Crossway Books, 2007), p. 181-8 [edição em português: *O futuro da justificação: uma resposta a N. T. Wright* (Niterói: Tempo de Colheita, 2011)].

[6]Wright, *Paul: in fresh perspective* (Minneapolis: Fortress, 2005), p. 148. Citado a partir de agora como *Paul*.

| *Rick Wadholm Jr.* |

justificação mais pragmática e robustamente pneumatológica, a qual, espero, será também mais trinitária do que outros modelos já postulados.

A JUSTIFICAÇÃO EM WRIGHT E SUA ORIENTAÇÃO PNEUMATOLÓGICA

A perspectiva de N. T. Wright a respeito da justificação está firmemente enraizada no *"plano único de Deus de abençoar o mundo inteiro por meio de Abraão e sua família"*.[7] Ele articula ainda mais a justificação como a justiça que alguém recebe por decisão do juiz, e não por retidão ou justiça imputada.[8] "Não é que Deus quisesse condenar e, então, encontrasse uma maneira de resgatar alguns desse desastre, e sim que anseia abençoar, abençoar prodigamente e, dessa maneira, resgatar e abençoar aqueles que se encontram em risco de uma tragédia. Deus, portanto, *deve* amaldiçoar tudo o que frustra e destrói a bênção de seu mundo e do seu povo".

O principal ponto de Wright é contra a direção errada que, segundo ele, a doutrina da justificação tomou; seu desejo, então, é trazê-la de volta a uma perspectiva mais paulina (e, portanto, mais bíblica). Wright cita Alister McGrath ao declarar:

> A *doutrina* da justificação veio a desenvolver um significado bastante independente de suas origens bíblicas, apesar de abordar os *meios pelos quais o relacionamento do homem com Deus é estabelecido*. A igreja optou por posicionar seu debate sobre a reconciliação do homem com Deus debaixo da égide da justificação, provendo-lhe, assim, uma ênfase diferente daquela encontrada no Novo Testamento. A "doutrina da justificação" passou a ter um significado na teologia dogmática que difere, em grande medida, de suas origens paulinas.[9]

Segundo Wright, "o verbo *dikaioō*, 'justificar' [...] não denota uma *ação que transforma o indivíduo*, mas corresponde a uma *declaração que lhe confere status*".[10] Wright prossegue:

---

[7] Wright, *Justification*, p. 48.
[8] Wright, *Justification*, p. 50.
[9] Wright, *Justification*, p. 60.
[10] Wright, *Justification*, p. 70.

De fato, a igreja partiu de um ângulo oblíquo ao de Paulo, de modo que, desde o tempo de Agostinho, as discussões sobre *o que foi chamado de* "justificação" têm tido uma relação confusa e, em última análise, apenas tangencial ao que o apóstolo estava falando.

Para Wright, os primeiros cristãos estavam fazendo a seguinte pergunta: "Como podemos dizer, no presente, quem está incluído na morte e na ressurreição de Jesus?".[11] A pergunta posiciona a ideia originalmente judaica de justificação da forma encontrada no Antigo Testamento, em um novo contexto.

A JUSTIFICAÇÃO COMO ALIANÇA

Wright lê a justificação da perspectiva da aliança, no contexto de seu uso do Antigo Testamento e do judaísmo do Segundo Templo, fazendo-o, porém, com uma reorientação decididamente cristológica. Citando Richard Hays, ele escreve:

> A compreensão de Paulo quanto à justificação deve ser interpretada resolutamente nos termos das afirmações do AT em relação à fidelidade de Deus à aliança, uma fidelidade surpreendente, mas confirmada, de forma definitiva, pela morte e a ressurreição de Cristo.

"O *tsedeqah elohim*, a *dikaiosynē theou*, é uma preocupação divina voltada para além de si, atrelada, claro, à preocupação com a glória de Deus, mas essencialmente se movendo, por assim dizer, na direção oposta: a de seu amor criativo, curador e restaurativo". Wright argumenta:

> Paulo acreditava, em suma, que aquilo que Israel ansiava que Deus fizesse pela nação e pelo mundo, Deus realizou por meio de Jesus, ressuscitando-o dos mortos para a vida da era vindoura. Escatologia: o novo mundo foi inaugurado! Aliança: as promessas de Deus a Abraão foram

---

[11]Wright, *The New Testament and the people of God* (Minneapolis: Fortress, 1992), p. 458 [edição em português: *O Novo Testamento e o povo de Deus*, Origens Cristãs e a Questão de Deus - Vol. 1 (Rio de Janeiro: Thomas Nelson, 2022)]. Citado a partir de agora como *NTPD*.

cumpridas! Veredicto judicial: Jesus foi vindicado — assim como todos aqueles que pertencem a Jesus! E esses três elementos, para Paulo, não eram três, mas apenas um. Bem-vindo à doutrina paulina da justificação, enraizada na narrativa única das escrituras conforme ele a entendia e anunciava ao mundo.[12]

A aliança servia para "lidar com o pecado e resgatar as pessoas, mas também para reunir judeus e gentios em uma única família. Ambas as ideias sempre estiveram juntas na mente de Paulo". Deus finalmente revelou seu juízo ao mundo e à história:

> ... precisamente na obra realizada por Jesus Cristo, pautada na aliança, lidando com o pecado por meio de sua morte e inaugurando o novo mundo em sua ressurreição, enviando seu espírito para capacitar os seres humanos, por meio do arrependimento e da fé, a fim de se tornarem pequenos sinalizadores da nova criação, a qual se consumará no futuro.[13]

Essa aliança criou "uma única família, uma família multiétnica, edificada no Messias e habitada por seu espírito [...] concebida como o poderoso sinal de Deus para o mundo pagão de que o Deus de Israel, o Deus de Abraão, é seu criador, senhor e juiz".[14] Para Wright, então, a justificação está intimamente relacionada à adoção na família de Abraão, e não no foco míope do paradigma forense protestante. O paradigma forense tradicional utilizado pelo protestantismo não está ausente da interpretação de Wright, sendo apenas parte de sua visão mais ampla sobre a justificação.

A JUSTIFICAÇÃO EM RELAÇÃO À ADOÇÃO

Conforme a interpretação de Wright, "para Paulo, 'justificação', a despeito do que o termo incluísse, sempre abrangeria a declaração de alguém como parte do povo de Deus, e essa declaração, por sua vez,

---

[12]Wright, *Justification*, p. 80.

[13]Wright, *Justification*, p. 106.

[14]Wright, *Justification*, p. 106.

A "JUSTIFICAÇÃO" EM N. T. WRIGHT E O CLAMOR DO ESPÍRITO

sempre se referiria especificamente à união de judeus e gentios como membros fiéis da família cristã".[15] Essa é uma linguagem explicitamente pactual, não moralista, e é por isso que Wright pode afirmar que a justificação "denota um *status*, não uma qualidade moral".[16] Ser justificado significa "pertencer à verdadeira família de Deus".[17]

O paradigma familiar como indicativo de um relacionamento pactual é crucial:

> *Há uma única família,* pois o ponto é justamente este: o único Deus, o Deus criador, sempre intencionou chamar à existência uma só família a Abraão. O plano singular de Deus, o qual seria realizado por meio de Israel e em prol do mundo, acabou se manifestando como o plano singular de Deus por meio do *representante de Israel, o Messias* — cuja obra não foi apenas em favor do mundo, mas também do *próprio Israel*. Agora, todos aqueles que pertencem ao Messias fazem parte de uma única família, ou seja, a família prometida.[18]

A família única em que gentios e judeus são todos um no Messias surgiu por meio do plano singular de Deus. Este é o trabalho da justificação:

> Agora, Deus está criando uma família mundial, na qual a origem étnica, a classe social e o gênero são irrelevantes, na qual cada membro recebe a afirmação: "você é o meu filho amado", já que é isso que Deus declara ao seu Filho, o Messias; pois "todos os que foram batizados no Messias se revestiram do Messias".[19]

Wright concebe que o veredicto futuro já foi dado para aquele que crê: "justo", "meu filho".[20] Essas declarações — "justo" e "meu filho" — são interpretadas como os próprios termos da justificação e estão mais bem relacionadas por meio do testemunho interior do Espírito.

---

[15]Wright, *Justification*, p. 96.
[16]Wright, *Justification*, p. 100.
[17]Wright, *Justification*, p. 97.
[18]Wright, *Justification*, p. 109.
[19]Wright, *Justification*, p. 112.
[20]Wright, *Justification*, p. 117.

Assim, Wright considera que "somos, agora e para sempre, parte da família. A cada membro dessa família, Deus declara a mesma coisa que declarou a Jesus em seu batismo: você é meu filho amado, e em você eu me alegro".[21] Da mesma forma que Cristo recebeu evidência do Espírito em seu batismo, testificando que ele era o Filho em quem o Pai se deleitava, também os cristãos dotados do Espírito dão testemunho espiritual de serem filhos que agradam ao Pai.

A JUSTIFICAÇÃO EM RELAÇÃO AO ESPÍRITO

O "Espírito do Filho" que recebemos necessita de uma doutrina pneumatológica de justificação, nos termos propostos por Wright. Segundo ele, "o Espírito é o meio pelo qual Paulo traça a rota da justificação pela fé no presente para a justificação a ser consumada no futuro".[22] Segundo o autor:

> O "Espírito do Filho" (Gálatas 4:6), o "Espírito de Cristo" (Romanos 8:9), é derramado sobre o povo do Messias, de modo que ele se torna de fato aquilo que já é pela declaração de Deus: verdadeiro povo de Deus, seus "filhos" (Romanos 8:12-17; Gálatas 4:4-7), e isso em um contexto repleto de conotações extraídas da imagem de Israel como "filho de Deus" na época do Êxodo. A interconexão próxima de Romanos 8 e Gálatas 4 com o discurso da justificação nos capítulos anteriores de ambas as cartas nos serve de advertência contra a tentativa de construção de uma "doutrina da justificação" completa, sem fazer referência ao Espírito. Na verdade, eu e outros há muito insistimos que a doutrina é trinitária em sua forma. A esse respeito, é inútil reivindicar que eu esteja, ou que outros que porventura assumam posição semelhante estejam, encorajando as pessoas a "confiarem em qualquer um ou em qualquer coisa que não seja o Salvador crucificado e ressurreto". Acaso seria errado, ou herético, declarar que, *assim como* ou *por causa de* nossa fé absoluta no

---

[21]Wright, "New perspectives on Paul", in: Bruce L. McCormack, org., *Justification in perspective: historical developments and contemporary challenges* (Grand Rapids: Baker Academic, 2006), p. 261.

[22]Wright, *Paul*, p. 148.

Salvador crucificado e ressurreto, *também* confiamos no Espírito doador da vida, aquele que nos leva a clamar "Aba, pai" (Romanos 8:12-16) e "Jesus é Senhor" (1Coríntios 12:3)? É claro que não! Para Paulo, a fé em Jesus Cristo *inclui* a fé no Espírito, uma confiança segura de que "aquele que começou a boa obra em vocês, vai completá-la até o dia de Cristo Jesus" (Filipenses 1:6).[23]

A relação do Espírito com a obra da justificação presente e final é deixada para sua exegese, embora ele diga muito menos do que gostaríamos sobre o assunto.

Wright propõe que, no entendimento de Paulo, a razão pela qual Cristo foi feito maldição por nós (justificação *negativa*) foi para que "a bênção de Abraão recaísse sobre os gentios, para que nós (supõe-se que Paulo se refira aos judeus que creem em Jesus) pudéssemos receber a promessa do Espírito, pela fé" (justificação *positiva*). Assim, o ungido prometido de Deus se fez maldição, de acordo com Deuteronômio, com o fim de vencer essa maldição "para o tempo da renovação, quando os gentios finalmente entrariam na família de Abraão, enquanto os judeus experimentariam a renovação da aliança, recebendo, pela fé, o Espírito prometido".[24]

Quando alguém confia no Espírito Santo:

dentro de uma teologia trinitária, o significado é o mesmo de confiar em Jesus, o Messias, já que se trata de seu próprio Espírito; o Pai, que enviou Jesus, agora envia "o Espírito do Filho" (Gálatas 4:4-7). Contudo, o ponto sobre o Espírito Santo, pelo menos na teologia de Paulo, é que, quando ele está presente, o resultado é a liberdade e não a escravidão humana.

O "Espírito do Filho" é o Espírito da liberdade, da libertação do pecado e de todas as suas consequências. Logo, a recepção do Espírito significa a justificação do cristão, que passa a usufruir uma nova vida:

---

[23]Wright, *Justification*, p. 85-6.
[24]Wright, *Justification*, p. 103-4.

A liberdade verdadeira é dom do Espírito, fruto da graça. Todavia, por se tratar de uma liberdade *para* algo, assim como uma liberdade *de* algo, não condiz apenas com sermos forçados a fazer o bem contra a nossa vontade e sem a nossa cooperação, mas com sermos libertados da escravidão precisamente para adquirirmos responsabilidade e, assim, sermos capazes de nos tornar no que escolhemos, exercendo musculatura moral, sabendo que não somente nós trabalhamos, mas que também o Espírito trabalha em nosso interior; em outras palavras, o próprio Deus trabalha naquilo que eu mesmo estou trabalhando. Se não cremos nisso, não cremos no Espírito e não cremos no ensino de Paulo.

Não é como se esse clamor do Espírito, essa nova vida no Espírito, fosse de alguma forma diferente da vida do cristão vindicado: "[O] Espírito é aquele por cuja ação o povo de Deus é renovado e reconstituído *como tal*. É pelo poder do Espírito, atuando naqueles que pertencem ao Messias, que surge o novo paradoxo, segundo o qual o cristão realmente exerce sua livre vontade moral e se esforça, embora, ao mesmo tempo, também atribua essa atividade livre ao espírito".

Como isso se concretiza no sistema de Wright? Parece concretizar-se principalmente pela pregação da Palavra (elemento visivelmente central para toda a teologia reformada):

> A concepção paulina de como as pessoas são atraídas para a salvação tem início com a pregação do evangelho, continua com a obra do Espírito nessa pregação, e culmina com a obra do Espírito no coração dos ouvintes, levando-os ao nascimento da fé e à entrada para a família de Deus pelo batismo.[25]

Wright esboça certo *continuum* na obra da salvação, embora sua ênfase esteja na proclamação das boas-novas em Cristo, pregadas no poder do Espírito:

---

[25]Wright, *What Saint Paul really said: was Paul of Tarsus the real founder of Christianity?* (Grand Rapids: Eerdmans, 1997), p. 125. Citado a partir de agora como *WSPRS*.

A "JUSTIFICAÇÃO" EM N. T. WRIGHT E O CLAMOR DO ESPÍRITO

[A] pregação do evangelho, no poder do Espírito, é o meio pelo qual, como ato de pura graça, Deus evoca fé nas pessoas, de Abraão até os dias atuais. É um mistério contido em um mistério ainda maior: o da imensidão da graça divina. "Ninguém pode dizer 'Jesus é Senhor' (confissão básica da fé cristã) senão pelo Espírito Santo". Quando a palavra e o evangelho são proclamados, o Espírito faz sua obra nos ouvintes de maneiras que o pregador não consegue prever ou controlar; assim, não só o pregador, mas os próprios ouvintes e os que recebem o evangelho são surpreendidos.[26]

Como poderíamos concebê-lo como algo diferente do clamor "Aba, Pai", cuja origem é o Espírito do Filho? Não é essa a pregação do evangelho pelo Espírito, que fala pela boca da comunidade de fé, a comunidade vindicada por Jesus? Não se trata de um clamor afirmativo para a Palavra e pela Palavra?

Em que sentido devemos compreender esse clamor pelo Espírito como uma vindicação presente (ou futura)? Seria o clamor pelo Espírito um clamor apenas de esperança ou um clamor certeiro de segurança? Segundo Wright: "não se pode... ter uma doutrina paulina de segurança (e a glória da doutrina da justificação, segundo pregada durante a Reforma, reside precisamente na ideia de segurança) sem a doutrina paulina do Espírito". "'Justificação pela fé' diz respeito ao *presente*, a como já podemos dizer quem será vindicado no último dia". Wright, no entanto, faz um comentário claro sobre o que quer dizer com justificação futura, a qual vai "refletir verdadeiramente o que as pessoas fizeram". Wright imediatamente explica que isso de forma alguma significa que os vindicados terão merecido o veredicto final ou que suas obras serão perfeitas e completas, mas que eles "buscam essas coisas por meio de uma vida cristã paciente e guiada pelo Espírito", uma vida que, em certo sentido, é inteiramente obra do Espírito e, em outro, é humanidade recriada e renovada, oferecendo-se livremente em obediência ao Senhor.[27] Neste ponto, a conclusão de Wright sobre a recepção e a justificação do Espírito é relevante: "O que Paulo diz sobre os

---

[26] Wright, *WSPRS*, p. 184.
[27] Wright, *Justification*, p. 167.

cristãos poderia ser dito sobre a própria doutrina da justificação: se você não tem o Espírito, então não pertence ao povo de Deus".[28]

O CLAMOR DO ESPÍRITO EM ROMANOS 8:15 E GÁLATAS 4:6

Pois vocês não receberam um espírito que os escravize para novamente temerem, mas receberam o Espírito que os adota como filhos por adoção, por meio do qual clamamos: "*Aba*, Pai" (Romanos 8:15).

E, porque vocês são filhos, Deus enviou o Espírito de seu Filho ao coração de vocês, e ele clama: "Aba, Pai" (Gálatas 4:6).

Ao nos voltarmos para examinar o "clamor do Espírito" (Romanos 8:15; Gálatas 4:6), seremos capazes de aprofundar nossa compreensão da análise de Wright sobre a declaração de justificação pactual e familiar em consonância com o Espírito. "O Espírito capacita os cristãos a compartilharem a relação única do Filho; entretanto, não são as boas obras do cristão que o tornam filho de Deus, nem sua descendência física".[29] Isso fica mais claro quando reconhecemos a justificação como relacionada ao "clamor do Espírito" descrito nessas passagens: "O clamor ao *Aba* é uma confirmação de filiação, não apenas na recepção do 'Espírito que gera a filiação', mas no status real de filhos e filhas de Deus".[30] De fato, devemos argumentar que "Paulo acredita que é o Espírito que dá vida aos cristãos e lhes concede a base para o seu parentesco espiritual com Deus". Portanto, qualquer doutrina de justificação sem ênfase pneumatológica é uma doutrina incompleta.[31]

Há tempos, a divisão entre o dom da filiação e a recepção do Espírito em Gálatas 4:6 tem sido impulsionada por "categorias dogmáticas

---

[28]Wright, *Justification*, p. 165.

[29]E.A. Obeng, "Aba Father: the prayer of the sons of God", *The Expository Times* 99 (1987-1988): 364.

[30]Robert Jewett, *Romans: a commentary* (Hermeneia; Minneapolis: Fortress, 2007), p. 500.

[31]Ben Witherington III; Darlene Hyatt, *Paul's letter to the Romans: a socio-rhetorical commentary* (Grand Rapids: Eerdmans, 2004), p. 217.

A "JUSTIFICAÇÃO" EM N. T. WRIGHT E O CLAMOR DO ESPÍRITO

e filosóficas".[32] "Para Paulo, ao que parece, a filiação e a recepção do Espírito se encontram tão intimamente ligadas que podem ser usadas em qualquer ordem".[33] "Paulo não está aqui estabelecendo etapas na vida cristã, sejam lógicas, sejam cronológicas. Em vez disso, sua ênfase está na relação recíproca ou na natureza correlacional da filiação e da recepção do Espírito." De fato, para Longenecker, o Espírito pode ser justamente chamado de "o Espírito do Filho"[34] por causa das "duas características mutuamente dependentes e entrelaçadas na experiência subjetiva da salvação".[35] Isso porque não há duas experiências de salvação, mas apenas uma. A recepção do Espírito e a filiação são mencionadas separadamente, mas identificadas em conjunto, como dois aspectos que enfatizam a relação entre Filho e Espírito. No entanto, mesmo aqui, trata-se do "Espírito do Filho", e não apenas do "Espírito". É impossível conceber o Espírito como separado do Filho nos escritos de Paulo; o apóstolo dá ênfase especial à relação entre o Filho e o Espírito. Gordon Fee argumenta que, embora o Espírito não aja *sozinho* na filiação, o Espírito *concretiza* a adoção de filhos.[36] O Filho foi enviado pelo Pai e nos torna filhos de Deus; contudo, o Espírito do Filho também nos foi enviado pelo Pai (ao nosso "coração" [cf. Gálatas 4:6]), e ele mesmo clama "Aba, Pai"! "Paulo, então, trata das dimensões objetivas e subjetivas da conversão e, em cada caso, ela diz respeito ao cristão ser conformado à imagem e ao *status* do Filho".[37]

Essa adoção foi promulgada e declarada pela recepção do Espírito, de modo que Paulo às vezes enfatiza a recepção do Espírito (como em Gálatas 4:6), outras a filiação ou a adoção do Espírito (como em Romanos 8:15). Esses dois aspectos não devem ser considerados de

---

[32]Hans Dieter Betz, *Galatians: a commentary* (Hermeneia; Philadelphia: Fortress, 1979), p. 209.

[33]Richard N. Longenecker, *Galatians* (Word Biblical Commentary 41; Dallas: Word, 1990), p. 173.

[34]Embora τοῦ υἱοῦ seja omitido em P[46], Marcião e Agostinho.

[35]Longenecker, *Galatians*, p. 174.

[36]Gordon Fee, *God's empowering presence: the Holy Spirit in the letters of Paul* (Peabody: Hendrickson, 1994), p. 408.

[37]Witherington, *Grace in Galatia: a commentary on Paul's letter to the Galatians* (Grand Rapids: Eerdmans, 1998), p. 291.

| *Rick Wadholm Jr.* |

modo absoluto, mas precisam ser vistos de forma pragmática, com o fim de enfatizar a complexa relação entre o Espírito e o Filho na justificação do cristão. Embora exista certa ambiguidade gramatical no texto de Gálatas 4:6 (dado o conjuntivo ὅτι) quanto à existência de algo além do Espírito capaz de marcar a filiação, Paulo desfaz a dúvida com a explicação em Romanos 8. "Os cristãos guiados pelo Espírito são filhos de Deus. O dom do Espírito marca a filiação e é, portanto, a base da *huiothesia*".[38] Entretanto, Fee aponta corretamente que, embora Paulo esclareça em Gálatas 4:6 que a "adoção nos foi assegurada por Cristo [...], aqui [em Romanos 8:15] a salvação é efetivada na vida do cristão pela obra do Espírito".[39] Dessa forma, para Paulo, a filiação é uma obra completamente trinitária, atribuível ora especialmente ao Filho e, em outras ocasiões, ao Espírito; em ambos os casos, porém, o Filho e o Espírito estão intimamente envolvidos.

Gordon Fee argumenta que a "presença do Filho por meio do Espírito do Filho concretiza nossa própria 'filiação', a qual nos foi 'assegurada' pela morte, ressurreição e ascensão de Jesus".[40] A adoção como filhos é algo que, apesar de *já ter acontecido*, ainda terá "consequências escatológicas".[41] A dimensão escatológica da justificação e o clamor do Espírito no presente são fatores que reconhecem um trabalho contínuo, ainda que firmemente estabelecido, do próprio Deus, que habita a criação redimida. "O clamor cristão também é o clamor do Espírito. O inspirado clamor '*Aba*' revela que os cristãos são filhos de Deus e destinados à glória."[42] "A filiação divina continua a ser uma realidade escatológica."[43] Para Paulo, "a articulação confiante de que Deus é o Pai de alguém deriva de uma certeza no coração que transcende a

---

[38] Joseph A. Fitzmyer, *Romans: a new translation with introduction and commentary* (Anchor Bible 33; New York: Doubleday, 1993), p. 498.

[39] Fee, *God's empowering presence*, p. 566.

[40] Fee, *Pauline Christology: an exegetical-theological study* (Peabody: Hendrickson, 2007), p. 590.

[41] Fitzmyer, *Romans*, p. 497.

[42] Fitzmyer, *Romans*, p. 501.

[43] Ernst Käsemann, *Commentary on Romans*, trad. para o inglês G. W. Bromiley (Grand Rapids: Eerdmans, 1980), p. 227.

compreensão humana".[44] Esse clamor do Espírito também é oferecido nos feitos do corpo. Cranfield escreve:

> É isso que significa viver segundo o Espírito, mortificar os feitos do corpo pelo Espírito e ser guiado pelo Espírito de Deus — simplesmente ser capacitado pelo mesmo Espírito a clamar: "Aba, Pai". Nesse contexto, o clamor não é expresso como um imperativo, mas como um indicativo: o cristão simplesmente o faz. O imperativo implícito é para que os cristãos continuem a clamar, e isso de forma cada vez mais constante e sincera, de maneira sóbria e responsável. Isso é tudo o que lhes é exigido... Nada mais nos é exigido além de clamarmos "Aba, Pai" ao único e verdadeiro Deus, em sinceridade e seriedade plenas.[45]

Cranfield prossegue, dizendo: "No cumprimento de sua obra de obediência, o δικαίωμα του νόμου é cumprido (Romanos 8:4)": filiação, justificação e o clamor do Espírito estão atrelados à obra consumada do Filho.[46]

RUMO A UMA TEOLOGIA DA JUSTIFICAÇÃO DA PERSPECTIVA DO ESPÍRITO — TRINITÁRIA

Essa orientação pneumatológica — que, por ser pneumatológica, é, em última análise, trinitária — para a compreensão da justificação é a direção apontada por Paulo. N. T. Wright claramente pensa ser esse o caminho para o qual a igreja deve ser reorientada. Partindo desse ponto, para onde ela deve ir? Seria o "clamor do Espírito" nada além de um fundamento subjetivo pelo qual se reconhece a comunidade dos que estão sendo declarados justificados? Acaso há algum sentido em que o "clamor do Espírito" também seja uma declaração objetiva do Pai de que nós somos, de fato, filhos? Há algum movimento positivo rumo a

---

[44]Thomas R. Schreiner, *Romans* (Baker exegetical commentary on the New Testament 6; Grand Rapids: Baker, 1998), p. 427.

[45]C. E. B. Cranfield, *A critical and exegetical commentary on the Epistle to the Romans*, International Critical Commentary (Edimburgo: T&T Clark, 1975), I, p. 401.

[46]Cranfield, *Romans*, p. 401-2.

| Rick Wadholm Jr. |

uma doutrina mais pneumatológica de justificação, pela qual o Espírito é reconhecido como operando em nossa justificação?

O tema familiar/pactual de Wright nos abre muito mais espaço para uma teologia da justificação do Espírito do que o tema mais tradicional usado para ilustrar a justificação, a saber, o tema forense. Como não descartar o tema forense, e sim complementá-lo a fim de encaixar o Espírito? Em que sentido a pessoa de Deus, que vem até nós por seu Espírito, se relaciona com o tema?[47] Como devemos fazer justiça à doutrina da justificação, conforme compreendida e articulada a partir das Escrituras, sem cometermos injustiça à pessoa e à obra do Espírito?

Dois teólogos em particular podem nos oferecer orientações úteis, em complemento à nossa exegese anterior de Romanos e Gálatas e ao trabalho teológico de Wright: Karl Barth e Dietrich Bonhoeffer. Suas reflexões sobre as Escrituras e a teologia nos são de grande valia no que diz respeito à exegese cuidadosa e à plenitude trinitária; assim, recorreremos a eles para uma teologia trinitária mais completa sobre a justificação. Barth sugere a necessidade e o privilégio de nossa oração justificada no "Espírito do Filho" ao Pai. Bonhoeffer, por sua vez, escreve sobre nossa fala cristológica e comunal (inspirada pelo Espírito?) como nossa justificação diante do Pai. Creio que ambos ofereçam, cada qual à sua maneira, ideias adicionais de afirmação à igreja sobre a necessidade do clamor justificado e justificador do Espírito.

Em seu livro *Church dogmatics,* Karl Barth escreve o seguinte sobre a relação entre oração, o Espírito e Cristo:

> Não se trata de fato duplo, porém único, que os títulos de "Mediador" e "Intercessor" devam ser aplicados tanto a Jesus Cristo e à sua oração como ao Espírito Santo e aos seus "gemidos inexprimíveis". Isso pode e deve ser dito tanto de Jesus Cristo como do Espírito Santo, pois, em ambos os casos, trata-se do único fundamento sólido que temos para a oração, ou seja, para nosso clamor: "Aba, Pai". É Ele — Jesus Cristo, por meio do seu Espírito — que santifica o que não podemos santificar, que leva nossa oração a Deus e, portanto, a possibilita; é ele quem torna

---

[47] Macchia, *Justified,* p. 121-7, 131-85.

A "JUSTIFICAÇÃO" EM N. T. WRIGHT E O CLAMOR DO ESPÍRITO

> nossa oração necessária. No entanto, Jesus também o faz por meio do Espírito que nos habita, conduzindo-nos em oração, capacitando-nos a invocar a Deus como nosso Pai. E o Espírito nos liberta para a oração, concretizando em nós o poder segundo o qual, com Jesus, somos realmente filhos de Deus e tratados como filhos, independentemente do que possamos fazer ou realizar. Pelo Espírito, podemos chamar a Deus de Pai e nos achegar a ele com nossos pedidos.[48]

Em outras palavras, Barth propõe que nossa oração — incluindo nosso clamor "Aba, Pai" — nos é permitida, capacitada e incitada pelo "Espírito do Filho" que nos habita. Há um imperativo divino segundo o qual somos compelidos por nossa justificação a clamar ao nosso Pai, mas também somos livres para clamar e capacitados para fazê-lo. Essa é a glória de nossa filiação, por meio da qual o Espírito nos declara, em nosso interior, filhos de Deus Pai. É por isso que Paulo pode dizer que o "clamor do Espírito" é tanto nosso clamor como o clamor da Terceira Pessoa da trindade. Uma declaração não contradiz a outra, pois, como habitação divina, o Espírito nos compele e impulsiona até a concretização final de nossa redenção, quando, então, toda a criação será redimida no Filho. Essas palavras também servem para lembrar à igreja que Paulo chama o testemunho interior do Espírito, o testemunho de que realmente somos filhos, de "clamor". Barth reconhece esse "clamor" como oração e confissão exteriores.[49] O Espírito sempre dará evidência dessa filiação. Pela habitação do "Espírito do Filho", nossas orações são necessárias, embora concedidas a nós gratuitamente. Clamamos "Pai!" porque podemos e devemos.

Em sua pequena obra intitulada *Life together*, Dietrich Bonhoeffer escreve sobre a perspectiva de "justiça exterior", visto que a doutrina da justificação de Lutero ocorre "fora de nós".[50] Bonhoeffer explica a necessidade, baseada nessa doutrina de "justiça exterior", da comunidade e da Palavra falada de Cristo:

---

[48]Karl Barth, *Church dogmatics*; ed. G. W. Bromiley; T. F. Torrance; trad. para o inglês A. T. Mackay; T.H.L. Parker, reimp. (Peabody: Hendrickson, 2010), III, n. 4, p. 94.

[49]Fee, *God's empowering presence*, p. 569.

[50]Dietrich Bonhoeffer, *Life together, prayerbook of the Bible*, ed. Geoffrey B. Kelly; trad. para o inglês Daniel W. Bloesch; James H. Burtness (Minneapolis: Fortress, 1996), p. 31, n. 10 [edição em português: *Vida em comunhão* (São Paulo: Mundo Cristão, 2022)].

| Rick Wadholm Jr. |

Se alguém perguntar ao cristão: "Qual é a base de sua salvação, de sua felicidade e de sua justiça?", ele nunca poderá apontar para si mesmo. Pelo contrário: o cristão apontará para a Palavra de Deus em Jesus Cristo, a Palavra que lhe promete salvação, felicidade e justiça. O cristão se volta o tempo todo para essa Palavra. Uma vez que tem fome e sede diárias de justiça, ele as busca, vez após vez, nessa Palavra redentora. E essa palavra só pode vir de fora. Em si mesmo, o cristão é pobre e está morto. Sua ajuda precisa vir de fora — e ela já veio e continua a vir, dia após dia, na Palavra de Jesus Cristo, a qual traz redenção, justiça, inocência e felicidade.

Entretanto, Deus colocou essa Palavra na boca de seres humanos, para que, então, seja retransmitida e anunciada entre as pessoas. Quando alguém é afetado por essa Palavra, logo a retransmite. A vontade de Deus é que busquemos e encontremos sua Palavra viva no testemunho de outros cristãos [...] Necessitamos dos irmãos, sempre e repetidamente, para não desanimarmos e não nos sentirmos inseguros [...] Precisamos de outros cristãos como portadores e proclamadores da palavra divina da salvação.[51]

A "justiça exterior" de Lutero, expandida por Bonhoeffer, parece não fazer jus à justificação do cristão no Espírito e em meio à comunidade cristã professa. Acredito que, em alguns aspectos, Bonhoeffer tenha redimido Lutero, lembrando à igreja que falamos a Palavra de Deus como justiça... uns aos outros. Confessamos o perdão dos pecados como fato consumado. Somos uma comunidade tanto redimida como redentora, justificada pelo Espírito, que, em alta voz, clama: "Aba, Pai!", para que os outros ouçam, creiam e se regozijem. Que esse seja o clamor da comunidade adoradora, cheia do Espírito do Filho, confessando a Deus como o nosso Pai![52] Que possamos, juntos, confessar, ouvir, crer e nos alegrar, uma vez que fomos justificados, para que também possamos ser glorificados juntamente com o nosso Senhor Jesus Cristo.

---

[51]Bonhoeffer, *Life together*, p. 32.
[52]Fee, *God's empowering presence*, p. 409-10.

5

A JUSTIFICAÇÃO E O ESPÍRITO:

uma interação apreciativa com N. T. Wright

FRANK D. MACCHIA[1]

A justificação pela fé tem sido chamada de "doutrina de muitos debates".[2] Entre esses muitos debates, temos aqueles que se agrupam livremente sob as chamadas "novas perspectivas sobre Paulo". Começando com o artigo histórico de Krister Stendhal intitulado "Paul and the introspective conscience of the west" [Paulo e a consciência introspectiva do ocidente],[3] as novas perspectivas tentaram, em parte, liberar Paulo dos debates medievais sobre a salvação pessoal, com o fim de situar a justificação em uma estrutura teológica maior, mais alinhada com as preocupações pactuais antigas dos judeus. Stendhal propôs a tese perspicaz de que a mensagem de justificação pela fé pregada por Paulo tendeu a diminuir em importância após o primeiro século, devido, em parte, ao declínio da visão teológica que originalmente teceu a doutrina, a saber, a visão da nova *ekklesia*, que consistia na união de judeus

---

[1] Frank D. Macchia (doutor em Teologia, Universidade da Basileia; doutor em Divindade, Pentecostal Theological Seminary) é professor de Teologia da Vanguard University, localizada em Costa Mesa, na Califórnia, e diretor adjunto do Centro para Estudos Pentecostais e Carismáticos na Bangor University, em Bangor, País de Gales. Serviu como presidente da Society for Pentecostal Studies e, por mais de uma década, como editor sênior de seu jornal, *Pneuma*. Também serviu na Faith and Order Commission da National Council of Churches.

[2] Peter Segwick, "Justification by faith: one doctrine, many debates?", *Theology* 93.751 (1990): 5-13.

[3] Krister Stendahl, "Paul and the introspective conscience of the West", *Harvard Theological Review* 56 (1963): 199-215.

| *Frank D. Macchia* |

e gentios em Cristo. No século 5 d.C., quando a doutrina é reavivada por Agostinho, é usada a serviço de sua polêmica antipelagiana, concentrada na salvação pessoal.[4]

Depois de Stendhal, a chamada nova perspectiva sobre Paulo assume novas ramificações, fragmentando-se em várias abordagens diferentes e em uma variedade de questões (embora com certos aspectos de continuidade). Sem dúvida, N. T. Wright assumiu seu lugar como uma das vozes mais inovadoras e desafiadoras nessa tendência mais ampla. A característica mais convincente da abordagem de Wright a respeito da justificação foi sua insistência em que Paulo, fiel à sua influência judaica, via a justificação no contexto de uma narrativa maior, a qual estava centrada na promessa da aliança de Deus com Abraão de abençoar as nações. Em termos resumidos, Israel era o eixo desse plano. A aliança, porém, não envolvia apenas promessas, mas também maldições, conforme indicado em Deuteronômio 28—30. Sob a maldição de desobediência à lei, Israel viu-se incapaz de cumprir a Torá e de desempenhar seu papel como meio pelo qual as promessas da aliança feitas a Abraão alcançariam as nações. Confrontado com a ocupação romana, Israel estava sendo amaldiçoada pelas demais nações, não abençoando as nações, como Deus pretendia. Em meio a essa crise, Paulo traz a proposta de que Jesus, o Messias, levou a maldição de Israel na cruz, uma maldição que não pertencia apenas a Israel, mas a toda a humanidade, em virtude da desobediência de Adão. Ao levar a maldição na cruz, Jesus, em sua ressurreição, ofereceu um caminho além dela para que a bênção prometida às nações, por meio de Israel, pudesse ser cumprida. O resultado dessa bênção é a formação de um corpo constituído por judeus e gentios, os quais, em Cristo, compartilham a mesma aliança e o mesmo *status*. O fato surpreendente destacado por Paulo é que Deus sempre pretendera que o plano de abençoar o mundo por meio de Abraão e de Israel fosse cumprido no Messias, e isso exatamente da maneira que aconteceu.

---

[4]A doutrina da justificação de Agostinho era mais ampla que isso, visto que também envolvia a ressurreição dos mortos. Todavia, Stendhal defende de forma correta que a natureza eclesial e social da doutrina não estava desenvolvida, até então, na tradição.

A JUSTIFICAÇÃO E O ESPÍRITO:

A conclusão de Wright é que a justificação consiste precisamente no ato de Deus corrigir o mundo pela formação da comunidade pactual em Cristo. A justificação é o dom que alguém recebe por ser membro da aliança e, como tal, tem natureza social, histórica e escatológica. Embora, para Wright, justificação seja social, ela também é forense e declarativa. A justificação corrige o ser humano ao declará-lo como membro da comunidade pactual. A justificação é o *status* da aliança concedida por Deus e recebida pela fé em Cristo. Não é o recebimento da justiça divina, visto que, embora ela esteja *por trás* do dom da justificação, não é, em si, esse dom. Da mesma forma, a justificação não é receber a justiça de Cristo, visto que a justiça de Cristo é a fidelidade do Filho em carregar a maldição e abrir as portas para o cumprimento da promessa de abençoar as nações. Não: a bênção da justificação em si nada mais é do que o dom de ser membro da aliança, de compartilhar o *status* da aliança concedida por Deus por intermédio de Cristo.

Assim, Wright deseja tanto *expandir* como *restringir* a doutrina da justificação. De modo mais expansivo, Wright concede vastas fronteiras históricas e globais à doutrina, além da busca por salvação pessoal, situando-a em uma estrutura pactual e social. Contudo, de forma restritiva, Wright deseja manter a justificação focada na declaração de adesão à aliança, e não em toda a extensão de salvação pessoal. Se compararmos a salvação a um carro, a justificação se equipara ao volante, de vital importância para o restante do veículo, mas, ainda assim, apenas um componente de uma realidade maior. Enquanto participação na aliança, a justificação não está separada da salvação pessoal, uma vez que serve para distinguir aqueles que um dia serão vindicados como "justos" pela ressurreição. Wright expande a justificação por meio de uma história mais ampla de promessa, maldição e cumprimento, mas também restringe a doutrina a adesão à aliança ou à condição declarada de alguém ao receber Cristo pela fé.

Permitam-me trazer algumas observações gerais sobre esses dois movimentos de expansão e restrição. Em primeiro lugar, considero o movimento expansivo de Wright muito convincente. Creio que Wright defendeu de forma persuasiva seu argumento quanto à estrutura pactual mais ampla das observações de Paulo sobre a justificação. Embora

| *Frank D. Macchia* |

o termo "aliança" nem sempre esteja presente nos textos que falam da "justiça" da humanidade no Antigo Testamento ou da justificação da humanidade no Novo, o contexto teológico dessas passagens é, pelo menos de forma implícita, de natureza pactual. Sem dúvida, Paulo não "menciona" Abraão em Romanos 4 ou Gálatas 3 apenas para dar um "exemplo" de justificação pela fé, mas também para indicar a estrutura narrativa mais ampla na qual a realidade da justificação pela fé deve ser compreendida.[5] Como suporte adicional a esse *insight*, Romanos 9—11 é, obviamente, o lugar no qual Paulo repassa a história de como Jesus cumpriu o chamado de Israel de abençoar as nações, constituindo a "oliveira" na qual os gentios foram incorporados. Como podemos deixar de conectar a conclusão desses capítulos ao tema maior da justificação, abordado anteriormente na carta? A conclusão dos capítulos 9—11, encontrada em Romanos 11:32, é a chave: "Porque Deus colocou todos sob a desobediência, para exercer misericórdia para com todos". Esse versículo simplesmente reafirma o texto-chave sobre justificação encontrado em Romanos 3:23-24: "pois todos pecaram e estão destituídos da glória de Deus, sendo justificados gratuitamente por sua graça, por meio da redenção que há em Cristo Jesus". Fica evidente, então, que a justificação não deve ser entendida apenas no âmbito da busca pessoal por perdão, mas em meio à narrativa mais ampla do plano de Deus de abrir as bênçãos da aliança desfrutadas por Israel às nações. Ser retificado, ou ser feito justo, é ser reunido à comunidade da aliança, em Cristo, para desfrutar o cumprimento das promessas feitas a Abraão.

Em segundo lugar, me parece legítimo ver a justificação como um dom profundamente pactual e eclesial, e não apenas pessoal. Em outras palavras, a justificação não apenas sinaliza a aceitação divina daquele que se encontra em Cristo pela fé, mas também a aceitação pactual de todos os povos, judeus e gentios, em Cristo pela fé. Esse contexto social, ou eclesiástico, para a compreensão da justificação tem o potencial de desenvolver a estrutura pneumatológica, escatológica e trinitária mais ampla da doutrina. Aqui, temos espaço para superar a lacuna entre as

---

[5]N. T. Wright, *Justification: God's plan & Paul's vision* (Downers Grove: IVP Academic, 2009), p. 55-7.

A JUSTIFICAÇÃO E O ESPÍRITO:

interpretações forense e participacionista da justificação, bem como para revelar as implicações éticas da justificação para nossa vida humana coletiva. Sob a influência de Wright, tentei desenvolver essas implicações em meu trabalho recente, intitulado *Justified in the Spirit: creation, redemption and the Triune God* [Justificado no espírito: criação, redenção e o Deus Triúno].[6] Mais recentemente, a nova interpretação pactual da expiação feita por Michael Gorman é promissora, desenvolvendo os *insights* básicos de Wright. Seguindo a própria interpretação de Jesus sobre sua morte (Mateus 26:28; Marcos 14:24; Lucas 22:20), Gorman argumenta que a expiação foi feita para o estabelecimento da nova aliança com o povo de Deus, uma aliança que reconcilia, perdoa e abre a nova comunidade para a vida do Espírito.[7] O suporte para a compreensão de Gorman sobre a expiação pode ser encontrado na maneira de João vincular, de forma implícita, a expiação à entrega do Espírito, assim como a abertura da comunidade da aliança a diversos povos, observando que a semente não pode proliferar sem que antes morra (João 12:24).

A doutrina pneumatológica de Gorman, no entanto, sugere que a justificação, no contexto da nova aliança, pode ser mais do que um mero "*status* correto", conceito que, creio, soaria estranho ao apóstolo Paulo. Curiosamente, Paulo escreve sobre a justificação como o cumprimento da promessa da aliança dada a Abraão precisamente no contexto do dom do Espírito. A justificação é pela fé; assim, a recepção do Espírito também é pela fé (Gálatas 2:17; 3:1-5). A bênção de Abraão é a justificação (Gálatas 3:8), mas também é a recepção do Espírito (Gálatas 3:14). Aqui, temos a impressão, segundo observa James Dunn, que Paulo, de alguma forma, está igualando a justificação ao dom do Espírito.[8] A aceitação na comunidade reconciliada e reconciliadora implica mais do que um *status* abstrato, correspondendo, de forma mais profunda, à entrada na vida da comunidade pela recepção do Espírito.[9] Assim, minha

---

[6]Frank D. Macchia, *Justified in the Spirit: Creation, redemption, and the Triune God* (Grand Rapids: Eerdmans, 2010).

[7]Michael Gorman, "Effecting the covenant: a (not so) New Testament model for the atonement", *Ex Auditu* 26 (2010): 60-74.

[8]James Dunn, *Baptism in the Holy Spirit* (London: SCM Press, 1970), p. 108.

[9]Cf. meu desenvolvimento dessa ideia em *Justified in the Spirit*.

| *Frank D. Macchia* |

pesquisa nessa área me levou a considerar o movimento de Wright restritivo demais. Não estou inteiramente certo do porquê de Wright insistir, de forma tão inflexível, que a justificação é limitada à recepção pela fé do *status* de membro na comunidade da aliança; afinal, não há escrito de Wright que demonstre, de maneira convincente, que Paulo sempre tenha algo tão estreito ou abstrato em mente ao escrever sobre a incorporação, por meio da justificação, à comunidade da nova aliança.[10] Penso que, nesse aspecto, a conclusão de E. P. Sanders é muito mais plausível. Segundo ele, a linguagem de Paulo sobre a justificação se mistura indiscriminadamente com a linguagem participacionista, impossibilitando, portanto, a restrição sistemática da linguagem a uma única metáfora forense.[11]

Parece-me que os textos relativos à justificação são mais robustamente pneumatológicos do que a outorga de um mero *status*. Por exemplo: em Gálatas 2:17-20, Paulo descreve a justificação pela fé como nada menos que um renascimento espiritual. No capítulo seguinte, conforme já observado, o apóstolo parece igualar a existência justificada à existência pneumática, ou seja, à vida no Espírito (Gálatas 3:8,14). Suponho que alguém poderia argumentar que a justificação é a concessão de um novo *status*, que, então, conduz à sua participação, pela morte e pelo novo nascimento, nas bênçãos de estar em Cristo e no Espírito; mas não acho que Paulo preserve sistematicamente uma distinção assim tão sutil. O simples fato de observar, como faz Wright, que Paulo tem a cena do tribunal em mente ao falar de justificação não é suficiente para limitar a justificação a um *status* forense. A metáfora do tribunal que Paulo adota ao escrever sobre justificação tem em vista o tribunal mundial de Yahweh, o qual de modo algum é forense, pelo menos não da maneira que nós, ocidentais, reconheceríamos. O veredicto divino transmite mais do que uma mera mudança de *status* forense. Nesse tribunal, a vontade declarada de Yahweh é ricamente cumprida na vitória concreta contra toda a resistência imposta pela oposição. A justiça

---

[10]Wright, *Justification*, p. 102.

[11]E. P. Sanders, *Paul and Palestinian Judaism: a comparison of patterns of religion* (Philadelphia: Fortress, 1977), p. 506-7.

A JUSTIFICAÇÃO E O ESPÍRITO:

conferida nesse tribunal flui como uma torrente poderosa, ou cai como torrentes de chuva (Oseias 10:12; Isaías 32:14-16). Ademais, confere não apenas um novo *status*, mas também um novo estilo de vida. Tal cumprimento, a meu ver, não pode ser limitado de forma constante e persuasiva a algo tão estreito quanto um novo *status*.

De fato, é exatamente isso que Wright sugere ao afirmar por vezes que a justificação conduz à correção de toda a criação.[12] Wright parece sugerir que a justificação envolve mais do que uma mudança de *status*. Em Romanos e Gálatas, Deus corrige as coisas para a criação, não apenas concedendo-lhe um novo *status* (seja lá o que isso signifique), mas também levando-a a um novo modo de existência, cuja essência é composta pelo Espírito e pela realidade da *koinōnia*. Uma compreensão mais holística da justificação também está implícita na compreensão de Wright de que a fé justificadora envolve uma *incorporação* do evangelho. Embora ele diga que a justificação é um *status*, e não uma mudança de caráter,[13] ele também fala do veredicto futuro como algo trazido para o presente, um "elemento visível e formador de comunidades".[14] O que é esse *status* senão um modo de existência na aceitação de Cristo, do Espírito e da comunidade da aliança? Como podemos concebê-lo sem uma mudança fundamental nas próprias condições e direcionamentos de nossa existência? Sem dúvida, o veredicto da justificação não traz apenas uma mudança de *status*, mas também um novo modo de existência que envolve o Espírito e a verdadeira *koinōnia*. A referência esporádica de Wright ao Espírito ou à Trindade com as novas fronteiras da justificação pela fé[15] permanecerão pouco desenvolvidas por ele enquanto a justificação se relacionar diretamente apenas ao *status* forense. Em outras palavras, no Novo Testamento, a justificação prova ser mais essencialmente relacional, participativa e transformadora do que Wright parece estar disposto a admitir com sua definição mais restrita, embora ele sugira, aqui e ali, um conceito mais rico. Usando a metáfora do carro

---

[12]Para Wright, a justificação envolve a "fidelidade de Deus e seu poderoso comprometimento com o resgate da própria criação" (Wright, *Justification*, p. 65, 164).

[13]Wright, *Justification*, p. 91.

[14]Wright, *Justification*, p. 147.

[15]Wright, *Justification*, p. 107, 189.

| *Frank D. Macchia* |

empregada por Wright, a justificação não é apenas o volante do carro, mas também uma forma de enxergarmos todas as funções do carro a partir de determinado ângulo. É uma maneira de olharmos para toda a vida cristã à luz de uma compreensão da justiça divina que subverte a sabedoria convencional, uma noção que envolve, por meio de Cristo e do Espírito, a concessão de uma nova vida, de uma nova existência pactual, para aqueles que outrora se encontravam alienados e condenados.

Pode-se detectar parte do problema envolvido no entendimento constritivo de justificação proposto por Wright examinando a maneira como ele lida com a questão do fracasso de Israel no cumprimento da lei. A questão da lei não é apenas a posição correta (culpado ou inocente), mas a qualidade da existência (morte ou vida). Do lado positivo, Wright mostra de maneira útil que a obediência à lei no antigo judaísmo servia para demonstrar quem pertencia à aliança e seria escatologicamente justificado. Wright mostra como a fé viva no Messias cumpre, hoje, essa função. No entanto, ele segue a linha tradicional de argumentação de que Israel não reivindicou o cumprimento das promessas por simplesmente não demostrar, de forma adequada, a obediência à lei, fator que levaria a esse cumprimento. Embora sua análise seja precisa, é preciso ir além. Mais promissora é a sugestão de Wright de que a lei não justifica, uma vez que Deus reconstituiu seu povo em torno do Messias e de seu cumprimento.[16] No entanto, essa sugestão requer um desenvolvimento pneumatológico. Paulo não apenas aponta para o fracasso da carne pecaminosa ao explicar a razão pela qual a justificação é cumprida pelo Messias, não pela lei; *a lei também é limitada por precisar do Espírito*. Paulo também observa que é o Espírito, e não a letra, que dá vida (2Coríntios 3:6), "pois, se tivesse sido dada uma lei que pudesse conceder vida, certamente a justiça viria da lei" (Gálatas 3:21). *O problema, portanto, não é apenas o fracasso de Israel, mas a limitação da lei*. Assim, a própria lei deu testemunho do cumprimento da justiça que viria *independentemente* da lei (Romanos 3:21)! A lei testifica quanto às próprias limitações.

---

[16]Wright, *Justification*, p. 118.

A JUSTIFICAÇÃO E O ESPÍRITO:

Quando se trata da lei, portanto, a questão-chave é a *promessa da vida*. A lei que promete vida não pode concedê-la, já que é letra, não Espírito. Apenas o Espírito concede vida. Assim, o Messias cumpre a lei não apenas por meio da expiação, mas também por levar e transmitir o Espírito (o objetivo da expiação e da ressurreição). Por isso, vejo Romanos 1:4 como programático: Cristo foi declarado Filho, por meio da ressurreição, "pelo Espírito de santidade". Somos declarados justos ao participarmos da nova vida, a vida desencadeada pela ressurreição do Messias, e no estabelecimento de sua comunidade pactual. O versículo de Habacuque citado em Romanos 1:17, segundo o qual "o justo viverá pela *fé*", teria, à luz desse versículo programático, melhor tradução como: "por causa da fé, o justo viverá". A nova justiça recebida pela fé ocorre no recebimento de uma nova vida. De fato, Jesus foi oferecido pelas nossas transgressões e *ressuscitou para nossa justificação* (Romanos 4:25). Pela fé, os justificados são considerados não apenas como tendo um *status* correto, mas como tendo, por meio do Espírito da ressurreição, um antegozo da vida futura em meio à condenação e à morte: o próprio Abraão creu no "Deus que dá vida aos mortos" (Romanos 1:17), no mesmo Deus que "creditará justiça a nós, que cremos naquele que ressuscitou dos mortos a Jesus, nosso Senhor" (Romanos 4:23). O pecado leva à morte, mas a justiça, à vida; o ato justo de Jesus nos traz "justificação e vida" (Romanos 5:18,21). O que é creditado a nós, os que cremos, é a vida em meio à morte. Essa é a promessa da lei. Conforme observa Deuteronômio 30:16: "andem nos seus caminhos e guardem os seus mandamentos, decretos e ordenanças; então vocês terão *vida* e *aumentarão* em número".

Na verdade, encontrei ajuda para desenvolver a dimensão pneumatológica da justificação trabalhada por Wright em algumas partes de sua análise cuja relação não é direta com o tema da justificação. Refiro-me especialmente aos seus *insights* sobre como Jesus, o Messias, substituiu o Templo judaico como o novo lócus da presença e do favor de Deus.[17] Já tinha sido profundamente influenciado pelo comentário marcante de Ireneu de que o Espírito Santo havia repousado sobre Jesus para "se acostumar a habitar na raça humana, a repousar sobre os

---

[17]Wright, *Jesus and the victory of God* (Minneapolis: Fortress, 1996), p. 333-428.

| *Frank D. Macchia* |

homens, a residir na obra que Deus modelou, operando neles a vontade do Pai e renovando-os para a nova vida em Cristo".[18] O Espírito deu ao Filho um corpo ungido na encarnação para, por meio dele, ungir todos os corpos! Logo, passei a enxergar Jesus como o templo do Espírito, que, por meio da cruz, desceu ao abandono de Deus, para, por meio da ressurreição, trazer os abandonados por Deus para o reino do Espírito, o reino da participação na filiação e na comunidade da aliança. A essência da justificação é, portanto, não apenas um novo status, mas um novo modo de existência pneumático, "cristoformista", arrebatado na justiça da *koinonia* trinitária. Isso é justificação em sua essência, justificação no Espírito.

Aprecio grandemente os diversos *insights* que obtive de Wright. Mesmo nos pontos em que o considero essencialmente restritivo, descubro nuances e recursos para expandir as fronteiras dessas restrições. Wright tem uma mente brilhante e inovadora, que me ajudou a pensar sobre a justificação em seu contexto narrativo e convincentemente expansivo. Sou profundamente grato por sua contribuição para o meu trabalho.

---

[18]Irenaeus, "Against heresies, in: *The apostolic fathers: Justin Martyr and Irenaeus*, Ante-Nicene Fathers I, ed. Alexander Roberts; James Donaldson; trad. para o inglês A. Cleveland Coxe (Peabody: Hendrickson, 1994), p. 3.17.1.

6

ANALISANDO A LEITURA PAULINA DE N. T. WRIGHT PELAS LENTES DO DISPENSACIONALISMO

| GLEN W. MENZIES[1] |

INTRODUÇÃO

Cresci frequentando a igreja três vezes por semana — aos domingos de manhã, aos domingos à noite e às quartas-feiras à noite —, exceto quando a congregação estava envolvida em cultos de reavivamento. Nesse caso, eu ia à igreja todas as noites da semana. Em minha infância, as mensagens nas igrejas pentecostais eram mais longas do que hoje, e também organizadas de uma forma diferente. A maioria era uma longa

---

[1]Glen W. Menzies (PhD, University of Minnesota) é reitor do Institute for Biblical and Theological Studies e professor de Novo Testamento e Literatura Cristã Primitiva da North Central University, em Minneapolis, Minnesota. Seu escritório fica a poucos quarteirões da Bethlehem Baptist Church, onde John Piper serve como pastor pregador. Como muitos sabem, Piper não se agrada da teologia bíblica de Wright e se autoafirma como defensor da ortodoxia reformada em seu livro *The future of justification: a response to N. T. Wright* (Wheaton: Crossway Books, 2007) [edição em português: *O futuro da justificação* (Niterói: Tempo de Colheita, 2011)]. Originalmente, este ensaio tomou forma em resposta à essa controvérsia e à publicação do livro de Wright: *Justification: God's plan & Paul's vision* (Downers Grove: IVP Academic, 2009) [edição em português: *Justificação: o plano de Deus e a visão de Paulo* (Maceió: Sal Cultural, 2019)].

mensagem construída a partir de pelo menos duas mensagens. Creio que mais da maioria das mensagens que escutei dizia respeito à segunda vinda de Cristo ou ao arrebatamento da igreja (ou a ambos os acontecimentos), todas, praticamente, com pesadas conotações dispensacionalistas. Éramos constantemente lembrados: "Jesus está voltando!". Nunca li nenhum dos livros da série *Deixados para trás*, nem assisti a qualquer dos filmes da franquia, pois experimentei sua mensagem "em primeira mão". Na verdade, é como se eu mesmo pudesse ter escrito tais livros.

Parece haver pouca dúvida de que N. T. Wright é o mais proeminente especialista do Novo Testamento no mundo de hoje. A julgar por seus comentários sarcásticos sobre a ideia de "cristãos voando no ar, nas nuvens",[2] também há poucas chances de que ele gostasse das muitas mensagens sobre o arrebatamento e a segunda vinda que escutei nas igrejas pentecostais durante a minha juventude.

Este ensaio se debruça sobre a leitura paulina de Wright em relação às questões atreladas ao dispensacionalismo. Leciono em uma universidade pentecostal, na qual descubro que muitos dos meus alunos são cativados pela erudição de Wright. Sem dúvida, isso lustra a mudança de caráter do pentecostalismo e a diminuição do impacto do Dispensacionalismo na teologia atual, mas também levanta questões sobre o que a Bíblia de fato ensina e o que os pentecostais deveriam proclamar. Para deixar tudo às claras, devo salientar que não me considero um dispensacionalista. No entanto, tentarei ser justo com essa tradição hermenêutica.

POR QUE A ANÁLISE DO DISPENSACIONALISMO É IMPORTANTE PARA OS PENTECOSTAIS?

Desde o início, o pentecostalismo foi apanhado no fervor da expectativa pré-milenarista. Não só se acreditava que a igreja atravessava os "últimos dias", com a segunda vinda de Cristo prestes a acontecer, mas também que a restauração das línguas para a igreja era vista como um sinal

---

[2]N. T. Wright, *The resurrection of the Son of God* (Minneapolis: Fortress, 2003), p. 215 [edição em português: *A ressurreição do Filho de Deus* (São Paulo: Paulus, 2020)]. Citado a partir de agora como *RSG*.

da "chuva serôdia" que, em breve, inauguraria um último reavivamento final e o fim desta era. Uma vez que o tempo era curto, o evangelismo e o trabalho missionário eram da mais alta prioridade. Muitos entendiam o falar em línguas como um dom sobrenatural, destinado a apagar as barreiras linguísticas que impediam a evangelização global. Outros entendiam as línguas como um sinal de capacitação carismática, equipando o indivíduo para a proclamação do evangelho com poder.

Embora os dispensacionalistas sejam uniformemente pré-milenaristas, é possível ser pré-milenarista sem ser dispensacionalista. De fato, a maioria dos primeiros pentecostais, aparentemente, não partilhava a rígida distinção dispensacionalista entre os dois povos de Deus: Israel e a igreja. Todavia, o impacto da *Scofield reference Bible* — publicada pela primeira vez em 1909, quando o Reavivamento da rua Azusa começava a diminuir a expectativa escatológica, característica do dispensacionalismo — logo levou à sua ampla aceitação nos círculos pentecostais americanos. Alguns alegavam que o dispensacionalismo é incompatível com o pentecostalismo, uma vez que os dispensacionalistas relegam as línguas, a profecia e outros dons orais e de poder do Espírito à "era apostólica". Entretanto, muitos certamente não viam incompatibilidade entre uma coisa e outra, de modo que não demorou para que o dispensacionalismo começasse a ser amplamente ensinado nas escolas pentecostais. Conforme o estudioso dispensacionalista e progressista Craig Blaising certa vez me disse, de maneira enfática, em uma conversa particular, os dispensacionalistas nunca consideraram a era apostólica uma dispensação única. Em vez disso, tanto a era apostólica como a era pós-apostólica fazem parte da era da igreja. Além disso, aqueles que aceitam a teologia pactual de Calvino, cuja sustentação é que a igreja substituiu Israel como povo de Deus, têm tanta tendência a ser cessacionistas quanto os dispensacionalistas.

DISSECANDO O DISPENSACIONALISMO

Uma das dificuldades em explorarmos as semelhanças e diferenças entre a perspectiva de Wright e o dispensacionalismo reside na elaboração de uma descrição adequada do movimento dispensacionalista. Parte do problema é que os contornos gerais do movimento mudaram ao longo do tempo. A partir da década de 1950, o dispensacionalismo revisado de Charles Ryrie, John Walvoord e Dwight Pentecost modificou de forma significativa o dispensacionalismo clássico de J. Nelson Darby, C. I. Scofield e Lewis Sperry Chafer. Nos últimos 25 anos, o dispensacionalismo progressivo de Craig Blaising, Darrell Bock, Robert Saucy e Gerry Breshears levou a novas modificações.

O quadro se complica ainda mais com o surgimento, nos principais círculos protestantes, de um esquema semelhante conhecido como teologia da "dupla aliança". Uma das principais vozes defendendo essa abordagem foi a de Krister Stendhal. Colocar Stendhal e Walvoord em campos semelhantes parece um tanto audacioso; certamente, eles são companheiros um tanto distantes.

Embora o nome "dispensacionalismo" tenha levado muitos a concluir que uma divisão da história da salvação em eras diferentes constitui a característica mais fundamental do movimento, tal ideia é um pouco enganosa. É provável que a divisão de épocas, em alguma medida, seja inevitável em qualquer esboço histórico da salvação. Certamente, a teologia pactual de João Calvino supõe algumas dispensações, mesmo que Calvino não as chamasse por esse nome.

Em vez de dispensações, o *sine qua non* do dispensacionalismo é a separação de dois povos diferentes de Deus — Israel e a igreja — e a rejeição da noção de que a igreja, de alguma forma, substitui Israel como povo de Deus. Tradicionalmente, a linguagem de 2Timóteo 2:15 na versão King James, "dividindo corretamente a palavra da verdade", serviu como *slogan* resumido do dispensacionalista, o qual divide as Escrituras em passagens que tratam do plano e do propósito de Deus para Israel, e passagens que abordam o plano e o propósito de Deus para a igreja.

A área em que a maior parte do desenvolvimento ocorreu no pensamento dispensacionalista diz respeito aos termos sob os quais Israel será salvo. Enquanto Darby e Scofield acreditam que a aliança mosaica obrigava Israel a guardar a Lei — e que, por consequência, o povo de Israel seria julgado por seu sucesso nesse aspecto, independentemente da obra expiatória de Cristo —, os pensadores dispensacionalistas posteriores concluíram que, pelo menos desde o primeiro advento de Cristo, o povo de Israel só poderia ser salvo pela fé em Jesus. Assim, embora ainda haja dois povos de Deus, não há diferenças fundamentais na maneira como cada um deles será salvo.

ANALISANDO A LEITURA PAULINA DE N. T. WRIGHT

A seguir, temos uma lista parcial das características associadas, em geral, ao dispensacionalismo de hoje:

1. Identificação de dois povos de Deus diferentes: Israel e a Igreja;
2. Insistência de que as profecias do Antigo Testamento sobre um Reino eterno prometido a Davi e sua posteridade (2Samuel 7, por exemplo) não foram cumpridas pela inauguração da igreja (e, de fato, em nada correspondem à igreja);
3. Crença de que as profecias do Antigo Testamento sobre esse "Reino eterno" serão cumpridas literalmente durante o milênio (Apocalipse 20:1-6), com Jesus sentado em um trono físico em Jerusalém e governando sobre todas as nações da terra;
4. A ideia de que, uma vez que Israel como um todo se recusou a reconhecer Jesus como o Messias prometido e, em vez disso, o rejeitou, Deus, a fim de "enciumar" seu povo de Israel (Romanos 11:11) e levá-lo ao arrependimento, constituiu outro povo (a igreja) dentre os gentios, a quem é oferecida a salvação pela fé em Jesus Cristo, "até que chegue a plenitude dos gentios" (Romanos 11:25);
5. Uma expectativa escatológica que atrela o fim de Jerusalém, "pisada pelos gentios", até que "os tempos deles se cumpram" (Lucas 21:24), ao arrebatamento secreto e iminente da igreja e à grande tribulação, seguidos pela segunda vinda de Cristo e pela conversão da nação de Israel, com o aparecimento de seu Rei triunfante;
6. Expectativa de mil anos de paz, durante os quais o Reino de Deus será estabelecido (ou restabelecido) e o Rei Jesus reinará, a partir de um trono físico em Jerusalém, sobre todas as nações da terra;
7. Crença no juízo final de cada indivíduo, o qual muitas vezes é chamado de "o juízo do grande trono branco" (Apocalipse 20:11).

Algumas dessas características são partilhadas por outros sistemas não dispensacionalistas.

Embora o principal propulsor da teologia da "dupla aliança" se assemelhe ao do dispensacionalismo — na proposição de que Deus tem dois povos diferentes —, o ímpeto fundamental que norteia as duas teologias é bem diferente. Enquanto a motivação por trás do dispensacionalismo é salvaguardar a autoridade das Escrituras, recusando-se a "espiritualizar" a profecia bíblica, a teologia da dupla aliança tem, por sua vez, dois motores principais. O primeiro surgiu na esteira do Holocausto. Houve grande constrangimento em certos setores do protestantismo tradicional em relação à irresponsabilidade moral da igreja em face do nacional-socialismo alemão, assim como o receio de que a "teologia da substituição", com sua alegação de que a igreja substituiu Israel como povo de Deus, tivesse contribuído para a paralisia moral da igreja. O segundo impulso veio da crença cada vez mais difundida de que a tolerância é uma virtude cristã. Isso levou a um crescente interesse no diálogo inter-religioso e na aceitação do pluralismo teológico.

De particular interesse é o papel que Krister Stendhal teve na promoção dessa teoria da dupla aliança. Stendhal argumenta que, no Novo Testamento, o nome "Israel" nunca é aplicado à igreja. Ele traduziu o καὶ de Gálatas 6:16 como um adjunto ("também"), e não em termos epexegéticos ("isto é"). Assim, traduziu o versículo da seguinte forma: "Paz e misericórdia estejam com todos os que seguem esta regra, e também sobre o Israel de Deus", e não pelo tradicional: "Paz e misericórdia estejam sobre todos os que seguem essa regra, isto é, sobre o Israel de Deus".

Lembro-me de assistir a uma apresentação há alguns anos atrás sobre a exegese da polêmica passagem de Romanos 11:25,26, proferida na reunião anual da Society of Biblical Literature. Encontrava-me sentado bem na frente de Stendhal e Peter Schäfer, o notável especialista em judaísmo. O apresentador ecoou a exegese de Calvino em relação à passagem: quando Paulo declarou que "todo o Israel será salvo", quis dizer que um amálgama entre judeus e gentios se uniu na igreja, com o fim de se tornar o povo de Deus: esse povo é que "será salvo". Stendhal não engoliu esse argumento. Lutero acreditava que, na passagem em questão, "todo o Israel" se referia ao povo judeu, perspectiva mantida por Stendhal. No versículo anterior, Paulo fala que "Israel experimentou um endurecimento em parte (ἀπὸ μερους)". Stendhal entendia que ἀπὸ μερους estabelecia um contraste com o πας ("todo") do versículo 26. Assim, segundo Stendhal, o contraste nessa passagem não é entre o endurecimento parcial do Israel étnico (ao lado da exclusão completa dos gentios) e um "todo o Israel" unificado, o qual, em última análise, incluiria judeus e gentios de fé. Antes, o contraste é entre o Israel étnico,

ANALISANDO A LEITURA PAULINA DE N. T. WRIGHT

parcialmente endurecido no presente, e a salvação final de todo o Israel étnico no futuro. A conclusão era que Stendhal considerava arrogante a sugestão dos cristãos de que os judeus sem Cristo estavam separados de Deus e, portanto, não seriam salvos. Conforme veremos, Wright concorda com Calvino e se posiciona ao lado do pregador desprezado nesse ponto, e não com Stendhal.

RESUMINDO WRIGHT

É difícil resumir o trabalho de Wright, já que ele propôs tantos *insights* excelentes que nos vemos em um dilema quanto ao que excluir. No entanto, tentarei resumir suas contribuições, pelo menos no que se refere a Paulo e ao dispensacionalismo, a partir de sete pontos.

1. O Exílio contínuo de Israel

Um dos fundamentos do trabalho de Wright é a premissa de que a maioria dos judeus da época de Jesus e de Paulo acreditava estar no Exílio.[3] Sim, o Exílio geográfico da Babilônia havia terminado, e a profecia de Jeremias de um Exílio de setenta anos — talvez compreendida como um hiato histórico no serviço no templo — se cumprira, pelo menos do ponto de vista técnico. Mas havia outras vozes expressando uma avaliação mais negativa. Esdras descreve "muitos dos sacerdotes, dos levitas e dos chefes de famílias mais velhos que tinham visto o antigo templo" chorando ao ver os fundamentos do recém-formado segundo templo (Esdras 3:13). Ageu pergunta: "quem de vocês viu este templo em seu primeiro esplendor? Comparado a ele, não é como nada o que vocês veem agora?" (Ageu 2:3). E então Daniel reinterpreta os setenta anos de Jeremias como setenta anos vezes sete, ou seja, 490 anos — um claro veredicto de que a reconstrução do templo não significava o fim do Exílio.

O fato é que o povo permanecia no cativeiro. Como Esdras afirma de maneira categórica: "Somos escravos, mas o nosso Deus não nos abandonou na escravidão" (Esdras 9:9). Wright explica:

---

[3]Isto é tratado em inúmeros lugares e de diversas maneiras nos livros de Wright. Uma discussão particularmente contundente é encontrada em Wright, *Justification*, p. 57-63.

> Declarações semelhantes podem ser encontradas em diversas obras literárias da época, de Qumran a Tobias, do livro de Baruque a 2Macabeus, chegando à literatura rabínica [...]. O Exílio (o verdadeiro Exílio, em oposição ao Exílio meramente geográfico da Babilônia) ainda continua. Esse Exílio, por sua vez, deve ser entendido, de forma relativamente direta, como o resultado da "maldição da aliança" articulada de forma tão impressionante em Deuteronômio 27—29. As Escrituras dizem que YHWH traria maldição ao seu povo se Israel desobedecesse, e que a maldição culminaria em Exílio sob dominadores estrangeiros; essa é uma boa descrição (pensavam muitos judeus do primeiro século) da situação em que ainda nos encontramos. Portanto, ainda estamos sob maldição, ainda no Exílio.[4]

A dura realidade era que Israel havia falhado em sua vocação. A visão profética de Isaías, cuja expressão era que Sião se encheria de "retidão e justiça" (Isaías 33:5), parecia uma esperança vazia. A expectativa de que Israel serviria de "luz para as nações" (Isaías 42:6; 49:6) resultou na profanação do nome de Deus (Romanos 2:24; Isaías 52:5; Ezequiel 36:22). A Torá, que supostamente marcava Israel como povo escolhido de Deus, acusava a nação e a condenava à maldição, segundo o que se encontra descrito em Deuteronômio 27—29.

2. O Messias como representante incorporado de Israel

Outro fundamento da obra de Wright é sua crença de que o Messias encapsulou todo o povo de Israel, de modo que aquilo que foi conquistado pelo Messias pode ser entendido como uma conquista de Israel. Em última análise, é dessa maneira, por meio da exaltação pessoal e do governo de Jesus, o Messias de Israel, que Paulo compreendeu que o "reino eterno", tão aguardado por Israel, se cumpriu.

Segundo a interpretação de Wright, há uma ligação em duas etapas. Na primeira, Israel é retratado como a verdadeira humanidade, o herdeiro legítimo da glória de Adão. Na segunda, o Messias é entendido

---

[4]Wright, *Justification*, p. 60.

ANALISANDO A LEITURA PAULINA DE N. T. WRIGHT

como o segundo Adão — ou, usando as palavras de Paulo (1Coríntios 15:45), o "último Adão". Evidentemente, a cristologia adâmica pode ser extraída de diversas outras passagens: Romanos 1:18-23; 5:12-21; Filipenses 2:5-11; Colossenses 1:15.

Limitações de espaço impedem uma apresentação exaustiva das provas apresentadas por Wright. Depois de citar Gênesis 1:28: "Deus os abençoou e lhes disse: 'Sejam férteis e multipliquem-se! Encham e subjuguem a terra!'", Wright cita diversas falas dos patriarcas que tratam de bênção, fecundidade e domínio sobre a terra. Conforme ele explica:

> Assim, em momentos-chave — no chamado de Abraão, em sua circuncisão, na oferta de Isaque, nas transições de Abraão para Isaque, de Isaque para Jacó e durante a estadia no Egito —, a narrativa silenciosamente mostra que Abraão e sua família herdam, em certa medida, o papel de Adão e Eva.[5]

Wright está ciente de que apresentar a visão messiânica de Paulo dessa forma é nadar contra a corrente da erudição convencional. Como ele mesmo expõe:

> [A] maioria dos eruditos paulinos não lê *Christos* como um título nos escritos de Paulo, retendo sua relevância judaica como "Messias", mas apenas como um nome próprio. Sugiro que esse consenso está errado; que, em Paulo, Χριστός deve ser lido regularmente como "Messias"; e que um dos aspectos mais importantes dessa palavra é seu sentido *incorporado*, isto é, uma referência ao Messias como aquele em quem o povo de Deus é reunido, de modo que pode ser dito que estão "nele", como advindos ou crescendo a partir "dele", e assim por diante.[6]

3. A "escatologia inaugurada" de Wright

Embora o impacto de C. H. Dodd seja evidente ao longo de todo o trabalho de Wright, seria impreciso dizer que ele partilha da "escatologia

---

[5]Wright, *The climax of the covenant: Christ and the law in Pauline theology* (Minneapolis: Fortress, 1992), p. 22.

[6]Wright, *Climax*, p. 41.

cumprida" de Dodd. "Escatologia inaugurada" seria um descritivo mais adequado, termo que ele parece disposto a aceitar.[7] O ministério de Jesus, particularmente sua purificação do templo e sua morte — resultante de seu desafio ao *establishment* religioso —, marca o início do retorno de YHWH para governar como rei. Os resultados dessa mudança são imediatos e concretos. Como afirma Paulo, os cristãos no tempo presente devem andar de forma digna do Deus que os chama "para o seu Reino e glória".[8]

Ainda assim, Wright também insiste em uma dimensão futura do Reino. Em 1Coríntios 4:8, Paulo zomba da escatologia superenfatizada de alguns da igreja de Corinto: "Vocês já têm tudo o que querem! Já se tornaram ricos! Chegaram a ser reis — e sem nós!".[9] As listas de pecados encontradas em 1Coríntios 6:9-11 e Gálatas 5:19-21 concluem com declarações de que aqueles que praticam tais coisas "não herdarão o Reino de Deus". Ademais, 1Coríntios 15:24 descreve o objetivo final, quando Cristo "entregar o Reino a Deus, o Pai, depois de ter destruído todo domínio, autoridade e poder".

4. A rejeição que Wright faz do céu como lugar de recompensa final

Wright deixa claro que a concepção de Paulo sobre a vida após a morte em nada se relaciona com a imortalidade platônica, segundo a qual "uma alma imortal preexistente passa a viver por um tempo em um corpo mortal do qual é alegremente liberta após a morte".[10] Em vez disso, Paulo retém o conceito de ressurreição corpórea que aprendera ainda na condição de fariseu, de modo que a recompensa final ocorre no corpo e na terra. Segundo Wright expressa: "Ressurreição [...] significava uma vida ainda *posterior* à 'vida após a morte': uma esperança futura em dois estágios, em oposição à expectativa de um único estágio daqueles que creem em uma vida futura não corpórea".[11]

---

[7] Cf., p. ex., Wright, *RSG*, p. 217.
[8] 1Tessalonicenses 2:12. Cf. tb. Wright, *RSG*, p. 214.
[9] Wright, *RSG*, p. 279.
[10] Wright, *RSG*, p. 164.
[11] Wright, *RSG*, p. 130.

ANALISANDO A LEITURA PAULINA DE N. T. WRIGHT

Concomitante com essa ideia, está a crença de um estado intermediário. Conforme Wright explica:

> Qualquer judeu que cresse na ressurreição, de Daniel aos fariseus da época de Jesus, naturalmente creria também em um estado intermediário, no qual certos aspectos da identidade pessoal são mantidos entre a morte física e a ressurreição física.[12]

Após a morte, o cristão parte para estar com o Messias, como Filipenses 1:23 diz; e esse estado intermediário é consciente.[13] Isso, no entanto, não corresponde à plenitude do que é prometido para aqueles que estão "no Messias". Como o Messias, aqueles que depositam sua esperança nele viverão novamente em um corpo, mas em um corpo que não pode morrer.

Repetidas vezes, Wright assinala sua oposição a uma perspectiva do *escathon* que envolve "o fim do universo espaçotemporal".[14] E explica:

> [Tal] "colapso cósmico" (expressão usada por Borg) tem sido regularmente entendido como o acontecimento previsto ou esperado pelos judeus do segundo templo e pelo próprio Jesus. Essa suposição foi feita por estudiosos de Schweitzer até os dias atuais, e igualmente por literalistas e/ou fundamentalistas.[15]

Embora Wright nunca empregue esse termo e não o aceite como um rótulo para si, eu me considero um "pré-milenarista histórico" em oposição a um a milenarista, precisamente porque acredito em algumas das mesmas coisas que Wright defende. O *escathon* retratado pelo Novo Testamento não é o fim do *continuum* espaço-tempo, e a recompensa final do cristão é uma vida em um corpo ressurreto em uma terra renovada, e não uma felicidade incorpórea no céu. Ser pré-milenarista não

---

[12] Wright, *RSG*, p. 164.

[13] Wright, *RSG*, p. 216, n. 14; 226.

[14] Wright, *Jesus and the victory of God*, Christian Origins and the Question of God 2 (Minneapolis: Fortress, 1996), p. 207. Citado a partir de agora como *JVG*.

[15] Wright, *JVG*, p. 207

| Glen W. Menzies |

diz respeito apenas a uma interpretação literal de Apocalipse 20, mas também a uma leitura sobre a natureza da recompensa escatológica prometida aos cristãos.

5. O "preterismo parcial" de Wright

Um dos aspectos mais controvertidos do programa de Wright é seu "preterismo parcial". "Preterismo pleno" implicaria que todas as previsões escatológicas feitas por Jesus e os apóstolos se cumpriram no primeiro século, especificamente ao fim da Primeira Guerra Judaica. O preterismo parcial de Wright abre espaço para uma futura segunda vinda de Cristo e uma futura ressurreição geral dos mortos, mas não para um milênio ou para um futuro reino terreno para Israel. A perspectiva considera que a totalidade do Sermão do Monte das Oliveiras, proferido por Jesus, foi cumprida no primeiro século.

Além disso, Wright rejeita a noção de que a crença de Paulo e de alguns cristãos do período apostólico se baseia no ensino de Jesus. Em particular, insiste em que a expressão "filho do homem vindo nas nuvens com poder e grande glória",[16] encontrada na tradição sinótica, retrata a vindicação de Jesus, que sobe *para* o céu para se assentar ao lado do Ancião de Dias, conforme descrito em Daniel 7, e não a descida de Cristo *do* céu para a terra como um guerreiro justo que julgará os ímpios e reunirá os santos.

Wright sustenta que a razão pela qual muitos comentaristas veem a situação de maneira diferente é por entenderem mal a forma como a linguagem apocalíptica funciona:

> Na Nova Busca pós-bultmanniana, supôs-se que o ato de falar de "reino de Deus" ou do "filho do homem vindo sobre as nuvens do céu" deveria ser tomado como previsão literal de acontecimentos que em breve aconteceriam, eventos que dariam fim à ordem do espaço-tempo. Não se trata apenas de que é desnecessário ler a linguagem apocalíptica dessa maneira: na verdade, como historiadores, somos obrigados a fazê-lo.

---

[16] Marcos 13:26/Mateus 24:30/Lucas 21:27.

ANALISANDO A LEITURA PAULINA DE N. T. WRIGHT

A linguagem apocalíptica era (entre outras coisas) um elaborado sistema de metáforas para conferir aos acontecimentos históricos um significado teológico. Essa compreensão da literatura tem, de qualquer forma, uma boa pretensão *prima facie* de estar historicamente no alvo, em contraste com o literalismo artificial no qual a escola de Bultmann se encontra, na desconfortável companhia do fundamentalismo dominante.[17]

Sem dúvida, alguns pentecostais considerarão insatisfatória essa explicação não literal, particularmente em uma passagem como Lucas 21:23,24. O dispensacionalista apontará para 1948 e para a fundação do atual Estado de Israel, ou talvez para a Guerra dos Seis Dias de 1967 — quando a Velha Jerusalém, incluindo o Monte do Templo, passaram para o controle de Israel — como o fim do "tempo dos gentios", ou seja, quando Jerusalém deixou de ser "pisada" pelas nações estrangeiras. Para permanecer coerente, Wright deve sustentar que apenas os eventos de 66-74 d.C. são descritos aqui. Dito de outra forma, Wright interpreta a expressão "pisada pelos gentios" em seu sentido máximo, ou seja, "ocupada por exércitos invasores, em grande escala", concluindo que o "tempo dos gentios" terminou quando as legiões romanas deixaram a Palestina, em 74 d.C.

Wright considera improvável que Jesus tenha ensinado a seus seguidores que ele voltaria:

Embora a ideia do retorno de Jesus (a chamada "segunda vinda") tenha seu lugar nos escritos de Lucas, não é nem central nem importante para ele; de qualquer maneira, ocorre no *corpus* do evangelista apenas em Atos [1:11]. Parece muito mais uma inovação pós-Páscoa do que uma característica do próprio ensinamento de Jesus. Mesmo admitindo que os ouvintes nem sempre entendiam o que Jesus dizia, é muito difícil imaginá-lo tentando explicar, a pessoas que sequer captaram o fato de sua morte iminente, que haveria um período intermediário, após o qual ele "retornaria" de uma forma espetacular — nada em sua tradição os havia preparado para tal ensinamento.[18]

---

[17]Wright, *JVG*, p. 96.
[18]Wright, *JVG*, p. 635.

De modo semelhante, muitos pentecostais acharão problemática a interpretação de Wright de Mateus 24:36-44. A passagem é amplamente citada pelos pentecostais como evidência para a doutrina do arrebatamento, com imagens vívidas da hora repentina e dos resultados da vinda do Filho do Homem. Wright, claro, tem um entendimento diferente. A chave para a interpretação de Wright em relação a essa passagem é a referência a Noé e à rapidez com que o dilúvio atingiu seus contemporâneos. Quando os versículos 40 e 41 repetem a frase "um será levado e o outro deixado", é a pessoa levada que experimenta o juízo, não aquela que fica. O ponto de Jesus é que o prudente fugirá; eles não devem tentar esperar a calamidade passar. Nem devem esperar um resgate milagroso. Segundo ele explica:

> Não há qualquer indício aqui de um "arrebatamento", um acontecimento súbito e "sobrenatural" que removerá os indivíduos da *terra firme*. Tal ideia pareceria tão estranha nessas passagens sinóticas quanto um Cadillac em caravana de camelos. Trata-se, antes, da polícia secreta chegando à noite, ou de inimigos fazendo a varredura de uma vila ou cidade, tomando tudo o que podem. Se os discípulos escapassem, se fossem "deixados", seria por um triz.[19]

Embora não se trate de uma leitura impossível, também não me parece a maneira mais óbvia de compreender a passagem. Mateus 24:31 descreve o Filho do Homem enviando seus anjos para reunir os eleitos dos quatro ventos. Parece-me plausível supor que esses "eleitos" sejam os "tomados" dos versículos 40 e 41, os quais foram para a segurança.

Se a crença de Paulo na *parousia* não se baseava no ensinamento de Jesus, já que Cristo nunca ensinou que retornaria, de onde surgiu essa expectativa? Não penso que Wright tenha deixado isso muito claro. Mesmo que sua tese esteja correta e que Paulo não tenha aprendido sobre a *parousia* na transmissão cuidadosa do que Jesus ensinara, como um judeu do primeiro século imerso no ambiente religioso de um povo que vivia "no Exílio", o apóstolo expressou sua escatologia usando

---

[19]Wright, *JVG*, p. 366.

uma linguagem apocalíptica, semelhante à linguagem apocalíptica de Jesus. De acordo com Wright, a linguagem de Paulo sobre a *parousia* não deve ser interpretada de forma literal, assim como os comentários de Jesus sobre a vinda do Filho do Homem. Quando o apóstolo escreve, em 1Tessalonicenses 4:16,17, que "os mortos em Cristo ressuscitarão primeiro. Depois nós, os que estivermos vivos, seremos arrebatados com eles nas nuvens, para o encontro com o Senhor nos ares", isso também é um eco de Daniel 7 e fala da vindicação dos que estão "no Messias". Assim como o próprio Messias foi vindicado, aqueles que estão "nele" também serão vindicados na ressurreição geral, e isso não envolverá "cristãos voando no ar, nas nuvens".[20] Uma vantagem do preterismo parcial de Wright é que ele resolve o problema associado à expressão "desta geração" empregada por Jesus, afirmando que tudo se cumpriu antes de 74 d.C. Soluções como o "judeu eternamente errante" ou a tradução de ἡ γενεὰ αὕτη como "esta raça" (os judeus) são falsas soluções. Por fim, entender "esta geração" como necessariamente "a geração final precedente à *parousia*" parece ser uma solução fabricada a partir do próprio problema.

6. A perspectiva de Wright sobre a justificação

Recentemente, Wright tornou-se mais conhecido — "notório", para ser mais preciso — por sua rejeição à compreensão protestante clássica de justificação como imputação da justiça de Cristo aos que creem. Talvez ainda mais relevante seja o fato de ele não posicionar a justificação no centro da teologia de Paulo, ao contrário de Lutero e seus seguidores. Em vez disso, a incorporação em Jesus, o triunfante Messias de Israel e cumpridor da vocação de Israel, é o foco central de Paulo.

O argumento de Wright contra a doutrina clássica da imputação pode ser resumido da seguinte forma:

---

[20]Wright, *RSG*, p. 215. Se Wright não deseja que a frase "arrebatado [...] nas nuvens para se encontrar com o Senhor nos ares" seja interpretado de forma literal, pelo menos não admitirá que os túmulos devem ser abertos para que a ressurreição seja mais do que uma metáfora?

1. O segmento de frase δικαιοσύνη θεοῦ ("justiça de Deus") não significa: "A justiça do próprio Deus é imputada ao que crê", conforme Lutero a interpretava. Antes, significa "o veredicto de absolvição que Deus declara como juiz".

2. O segmento de frase δικαιοσύνη θεοῦ está sempre relacionada ao veredicto divino sobre a humanidade. De acordo com Wright, Paulo nunca imagina Deus sendo julgado, ou que a própria justiça de Deus esteja em foco em seus escritos.

3. Embora Paulo diga que a fé de Abraão "lhe foi creditada como justiça" (Romanos 4:3,9), em nenhum lugar ele diz que a *justiça de Cristo* é imputada ou creditada àquele que crê. Que a justiça imputada deve vir de Cristo, é uma construção que os protestantes projetam quase inconscientemente nas palavras de Paulo, dada a influência esmagadora da exegese de Lutero e de sua narrativa de conversão cristã.

4. Embora Paulo argumente que ninguém jamais será justificado por "obras da lei" (Romanos 3:20),[21] o apóstolo tem coisas boas a dizer sobre obras. Romanos 2:6 afirma que Deus "retribuirá a cada um conforme o seu procedimento".[22] Suas "listas de pecados" (1Coríntios 6:9,10; Gálatas 5:19-21) também sugere a mesma coisa: que aqueles cuja vida seja caracterizada pelo pecado "não herdarão o Reino de Deus". Wright sugere que a justificação no presente por meio da fé prevê, de maneira misteriosa e confiável, o juízo escatológico de Deus, que "retribuirá a cada um conforme o seu procedimento".

5. O verdadeiro valor da fé em Cristo é que ela incorpora o indivíduo no Messias/povo de Deus. Porque o Messias cumpriu a vontade de Deus de uma forma que nem Adão nem Israel foram capazes de

---

[21]Sobre o único uso existente da expressão "obras da Lei" fora de Paulo, cf. Wright, "4QMMT e "Paul: justification, "works and eschatology", em Aang-Won [Aaron] Son, org., *History and exegesis: New Testament essays in honor of dr. E. Earle Ellis for his 80th birthday* (New York/ London: T&T Clark, 2006), p. 104-32. Na carta, provavelmente escrita pelo Mestre da Justiça, encontrada na Seção C de 4QMMT, o termo "obras da Lei" parece representar o mesmo programa específico de *halakhah*.

[22] Àqueles que estão inclinados a aceitar Efésios como uma carta autêntica de Paulo, Efésios 2:10 diz: "nós [presumidamente todos os cristãos] fomos criados em Cristo Jesus para as boas obras".

ANALISANDO A LEITURA PAULINA DE N. T. WRIGHT

fazer, as bênçãos e o domínio prometidos a Adão e a Israel se tornam a herança daquele que tem fé em Jesus.

7. A teologia da "substituição" em Wright

Para Paulo, a fé no Messias de Israel, e não a observância da Torá, marca a contínua inclusão no povo de Deus, e isso se aplica tanto a judeus como a gentios. Assim, o fato de alguém ser definido ou não como judeu, conforme estabelecido pela Torá, pode subsistir como um artefato cultural, mas deixa de ser teologicamente importante.

Paulo não abandona o uso da palavra "Israel", mesmo correndo o risco de a nova forma que a emprega confundir sua audiência; afinal, é importante para ele que Deus seja mostrado como tendo permanecido fiel às promessas feitas a Israel. Todavia, na perspectiva de Wright, quando Paulo, em Romanos 11:26, afirma que "todo o Israel será salvo", "Israel" inclui tanto gentios como judeus que creem. A palavra "Israel" também inclui gentios que creem quando Paulo, em Gálatas 6:16, refere-se ao "Israel de Deus". Para Wright, tais construções não são tão diferentes quanto a encontrada em Filipenses 3:2, segundo a qual "nós somos a circuncisão", texto em que Paulo tem claramente em vista cristãos judeus e gentios.[23] Algumas vezes, o apóstolo usa a palavra "gentio" para se referir aos que não estão "em Cristo" (1Coríntios 12:2; Efésios 4:17; 1Tessalonicenses 4:5). Nesse sentido, a palavra significa algo como *outsiders* ou "não cristãos", usada de uma perspectiva segundo a qual os *insiders* são a comunidade cristã, uma comunidade formada por judeus e gentios, o "Israel" que será salvo.

Retornando a Romanos 11:25,26, Wright descarta a perspectiva de uma conversão do Israel nacional no fim dos tempos:

> Em geral, afirma-se que, em Romanos 11, Paulo prediz uma entrada em larga escala de judeus no reino, em cumprimento à promessa ancestral,

---

[23]Além disso, Paulo às vezes usa a palavra "circuncisão" (περιτομή) como metonímia para "justiça". Argumenta que a desobediência à Torá pode, na prática, desfazer a circuncisão (Romanos 2:25) e que a obediência à Torá será reconhecida como circuncisão (Romanos 2:26). Para essa linha de análise, cf. espec. o cap. 13 ("Christ, the law and the people of God: the problem of Romans 9—11"), em Wright, *Climax*, p. 231-57.

| Glen W. Menzies |

após a plenitude dos gentios. Evidentemente, existem inúmeras variações sobre esse tema. Alguns veem o evento repentino como se passando imediatamente antes da *parousia*, enquanto outros o veem como uma ocorrência simultânea. Alguns o interpretam como envolvendo a conversão real a Cristo, enquanto, para outros, trata-se de uma salvação que ocorre sem Cristo. Alguns o enxergam como envolvendo todos os judeus que estiverem vivos nessa ocasião, enquanto outros o consideram a salvação de boa parte dos judeus, mas não de todos. Qualquer que seja a variação, essa perspectiva básica sempre parece encaixar-se muito mal com Romanos 9 e 10, trecho no qual, seguindo Gálatas e Romanos 1—8, Paulo deixa bem claro que não há qualquer membresia da aliança e, por conseguinte, nenhuma salvação para aqueles que simplesmente repousam em seu privilégio ancestral. Essa tensão é comumente explicada como a reafirmação de um patriotismo ilógico; como mera especulação apocalíptica sobre a sequência de acontecimentos no fim dos tempos; como um "novo mistério" (cf. v. 25), subitamente revelado a Paulo durante a escrita da carta; ou como uma corrupção textual, pela qual 11:25-27 foi inserido em um capítulo que aborda outro assunto, e, portanto, coloriu o todo.[24]

Wright considera Romanos 11:13,14[25] a chave para a interpretação de Romanos 11:25,26: "Estou falando a vocês, gentios, visto que sou apóstolo para os gentios, exalto o meu ministério, na esperança de que, de alguma forma, possa provocar ciúme em meu próprio povo e salvar alguns deles". Seu ponto de vista é que, para Paulo, o ciúme ao qual Israel será provocado não é um evento futuro, mas, sim, a dinâmica central do presente ministério de Paulo, parte do motivo pelo qual a oliveira de Deus contém enxertos judaicos e gentios.

Visto que o teor do argumento de Wright reflete amplamente a teologia pactual calvinista, e que hoje os teólogos criticam Calvino como o paradigmático "teólogo da substituição", deparamos com a seguinte pergunta: acaso Wright é um teólogo da substituição? O próprio Wright diria que não, mas alguns observadores externos talvez não tenham

---

[24]Wright, *Climax*, p. 246.
[25]Wright, *Climax*, p. 248.

ANALISANDO A LEITURA PAULINA DE N. T. WRIGHT

tanta certeza disso. A resposta pode reverter-se para outra pergunta: é justa a acusação feita contra Calvino? Os calvinistas tradicionais se referem à "igreja" do Antigo Testamento como significando "Israel". Esse hábito de falar de uma "igreja" no Antigo Testamento costuma ser visto por alguns como um anacronismo infeliz.[26] Entretanto, há um propósito por trás do uso dessa linguagem dissonante: os calvinistas querem enfatizar a continuidade entre o povo de Deus no Antigo Testamento e seu povo no Novo Testamento, e a tradução da Septuaginta do hebraico קהל como ἐκκλησία oferece alguma justificativa para essa prática.

Sem dúvida, Wright acredita que Deus pretendia desde o início, a começar por seus conselhos eternos, estabelecer um povo que incluísse os judeus e os gentios. No entanto, Wright fala repetidas vezes do fracasso de Israel. Pelas minhas contas, em seu livro *Justification*, Wright usa a palavra "falha" ou "fracasso" dez vezes em conexão com Israel.[27] Embora esse fracasso sempre tenha sido parte do plano de Deus, a carreira de Jesus conta, de alguma maneira, como um recomeço, o início de um novo tempo, um tempo no qual a oferta de comunhão de Deus não é canalizada pela aliança mosaica.

Assim, na perspectiva de Wright, acaso a igreja substitui Israel? Talvez seja mais correto dizer que, em sua interpretação, Israel é transformado na igreja por meio do Messias de Israel. Contudo, se esse for o caso, a perspectiva de Calvino também pode ser descrita mais precisamente como a *transformação* de Israel, e não como a *substituição* de Israel. Assim, é improvável que a apresentação de Wright tranquilize os

---

[26]Como exemplo, considere a seguinte declaração das *Institutas*, de Calvino (John Calvin, *Institutes of the Christian religion*, ed. John T. McNeill, trad. para o inglês Ford Lewis Battles, Library of Christian Classics 21 [Philadelphia: Westminster Press, 1960], II, p. 1048): "A verdadeira igreja existia entre os judeus e os israelitas quando eles guardavam as leis da aliança. Ou seja, pela obediência a Deus, eles obtiveram as coisas pelas quais a igreja é preservada. Os israelitas tinham a doutrina da verdade na lei; seu ministério estava nas mãos de sacerdotes e profetas. Eles foram iniciados na religião pelo sinal da circuncisão; para o fortalecimento de sua fé, foram exercitados nos outros sacramentos. Não há dúvida de que os títulos com que o Senhor honrou sua igreja se aplicavam à sociedade israelita".

[27] Wright, *Justification*, p. 68, 119, 123, 127, 196, 199, 201, 202, 213, 243. Tipológica é a declaração encontrada na p. 196: "O problema com o 'plano único por meio de Israel em prol do mundo' foi que Israel falhou em executá-lo. Não havia nada de errado com o plano ou com a Torá, na qual o plano se baseava. O problema estava com o próprio Israel".

| Glen W. Menzies |

teólogos da "dupla aliança". A ofensa não é tamanha que Israel se tenha mostrado infiel — até as Escrituras hebraicas proclamam isso repetidas vezes —, nem que o Messias tenha feito o que Israel foi incapaz de fazer. Significa apenas que a vocação de Israel não pôde — e ainda não pode — ser cumprida sem Jesus, o Messias.

WRIGHT E O DISPENSACIONALISMO

Qual é a atitude de Wright em relação ao dispensacionalismo? É enfática e categoricamente negativa — embora, segundo eu sei, em seus três livros principais sobre Paulo, Wright não mencione o dispensacionalismo pelo nome. De forma semelhante, o autor é desdenhoso em relação à teologia luterana, com sua compreensão da Lei como antitética ao evangelho, bem como da teologia da "dupla aliança", que, junto ao dispensacionalismo, sustenta que Deus tem dois povos diferentes. Wright rejeita qualquer sistema que enfatize a descontinuidade dos propósitos de Deus para seu povo sob a antiga aliança e os propósitos de Deus para seu povo sob a nova aliança.

Embora, de muitas formas, Wright seja um crítico da teologia da Reforma, a maior parte de sua repreensão se dirige a Lutero, e fica claro que Wright vê a si mesmo como um novo tipo de calvinista, alguém que fundamentalmente aceita a teologia pactual do calvinismo. Conforme explica:

> Há muitos teólogos que sugeriram que Deus inicialmente deu às pessoas uma lei para ver se elas poderiam salvar-se por meio dela e, então, descobrindo que não poderiam, decidiu pôr um plano B em ação, ou seja, a encarnação de Cristo e a "justificação pela fé". Mas isso é o que o calvinismo sempre rejeitou, em parte por essa ser uma perspectiva superficial em relação a Deus, em parte por fazer pouco ou nenhum sentido do ponto de vista exegético. Em meio a esse tipo de calvinismo, o objetivo da lei — pense nos intermináveis debates sobre o significado de *telos* em Romanos 10:4 — não é que Deus a tenha encerrado, que tenha posto um fim a todo esse absurdo, mas que ele a levou ao seu feliz e adequado objetivo.[28]

---

[28]Wright, *Justification*, p. 73.

ANALISANDO A LEITURA PAULINA DE N. T. WRIGHT

Embora Wright argumente, de forma persuasiva, que o plano de Deus para reunir um povo para si sempre tenha incluído tanto Israel como as nações gentílicas, há um sentido segundo o qual sua apresentação da história da salvação reflete *a ruptura implícita no dispensacionalismo*. O chamado de Israel deveria ser o agente da atividade redentora de Deus para com as nações da terra. Quando Israel provou--se infiel, Deus — como no dispensacionalismo — recusou-se a permitir que seu plano fosse frustrado. Ele fez isso enviando seu Filho, o Messias de Israel, para cumprir a vocação confiada à nação. Embora o esquema de Wright não envolva dois planos de salvação (como no dispensacionalismo clássico), sugere dois estágios na história da salvação, divididos por uma repristinação da vocação do Messias de Israel.

No parágrafo anterior, duas palavras são cruciais: "ruptura" e "frustrado". Wright provavelmente ficaria infeliz ao saber de alguém dizendo que sua tese reflete "a ruptura implícita no dispensacionalismo". Wright trabalhou duro para apresentar uma imagem de continuidade, e não de ruptura! No entanto, para ele, a maneira pela qual o Messias incorpora a vocação de Israel na sua está baseada no fracasso da nação. Há uma transição, mas não uma descontinuidade completa.[29] Deus sempre soube que Israel falharia em cumprir a missão para a qual fora chamado. Além disso, a vocação preordenada do Messias não faz sentido sem essa presciência divina do fracasso de Israel.

A palavra "frustrado" também é importante porque muitos acreditam que, de acordo com o dispensacionalismo, Deus muda os planos para evitar que sua vontade seja frustrada. Acredita-se que isso reduz a oferta da salvação de Deus aos gentios a uma espécie de "Plano B", uma espécie de "parênteses" interrompendo seu propósito principal: santificar Israel, seu povo escolhido. Embora haja alguma verdade nessa caracterização, em parte isso soa injusto. Os dispensacionalistas acreditam que o Antigo Testamento contém profecias sobre a igreja,

---

[29]O Evangelho de Mateus não demonstra qualquer receio de apresentar essa transição como um tipo de ruptura. Em 21:43, Jesus diz aos principais sacerdotes e anciãos: "Portanto, eu lhes digo que o Reino de Deus será tirado de vocês e será dado a um povo que lhe dê os frutos do Reino". Muitos intérpretes entendem a "nação" frutífera como uma alusão à igreja.

bem como profecias sobre Israel, sugerindo que o plano de Deus para os gentios não foi concebido apenas como uma reflexão tardia após o fracasso de Israel. De fato, Deus parece ter a redenção dos gentios em mente desde o início de suas relações com a humanidade. A *Scofield reference Bible* descreve Gênesis 3:15, o chamado *protoevangelho*, como "a primeira promessa de um Redentor".[30] Sem dúvida, os dispensacionalistas obstinados reclamarão que o programa de Wright "espiritualiza" as promessas do Antigo Testamento de um "Reino eterno" para Israel, ao aplicá-las a Jesus, sem levar em conta seu governo sobre um reino literal na terra. Também se ofenderão com sua interpretação simbólica do apocalíptico, assim como se incomodarão com seu preterismo parcial e com o amilenarismo que decorrem dessa interpretação.

AVALIAÇÃO

O programa de Wright deve ser reconhecido como uma variação da teologia pactual de Calvino, mas uma variação que alcança melhora substancial em relação ao original. Desnecessário é enfatizar que Wright tem uma consciência crítica e que interage habilmente com as questões da erudição bíblica do século 21. Mas essa melhora consiste, principalmente, na forma como ele é capaz de demonstrar a continuidade entre o Israel do Antigo Testamento e o povo de Deus do Novo Testamento por meio do Messias de Israel, que assume a vocação de Israel como sua. Essa é uma teologia pactual que faz sentido.

O trabalho de Wright também representa uma crítica devastadora ao dispensacionalismo. A julgar pelo impacto de Wright sobre a geração mais jovem de estudiosos pentecostais dos Estados Unidos, não é difícil prevermos o surgimento de desafios à escatologia pentecostal tradicional. A rejeição de um "arrebatamento secreto", separado do juízo triunfante de Deus sobre as forças do mal, não é tão argumentada por Wright quanto se pensa. Sua aversão a corpos voando na *parousia* pode honestamente basear-se em um julgamento feito por um historiador de que tal teatro é injustificado no contexto do pensamento judaico

---

[30] *Scofield reference Bible*, ed. C. I. Scofield (Oxford: Oxford University Press, 1906), *ad loc.*

ANALISANDO A LEITURA PAULINA DE N. T. WRIGHT

do primeiro século, mas ele nunca oferece uma explicação de como a ressurreição de mortos pode acontecer de uma forma mais normal.

Ademais, a maioria dos pentecostais ficará ofendida com a sugestão de Wright de que Jesus nunca afirmou que retornaria. Igualmente preocupante é sua leitura da escatologia de Paulo. Wright reconhece a doutrina paulina da *parousia* e que o apóstolo escreveu sobre Jesus descendo do céu para se juntar primeiro aos "mortos em Cristo" e, em seguida, "por nós, os que estivermos vivos [...] nos ares" (1Tessalonicenses 4:17). Contudo, ele alega que Paulo não esperava o cumprimento literal desse evento. Embora reconheça que, um dia, o triunfo de Deus se tornará manifesto a toda a humanidade pela ressurreição dos mortos, bem como pela presença de Cristo com sua igreja de uma nova maneira, Paulo não esperava um "encontro literal nos ares". De acordo com Wright, tudo não passa de uma linguagem simbólica do apocalíptico, assim entendido por Paulo.

Embora continue em aberto se essa é ou não a compreensão adequada do pensamento de Paulo, a análise de Wright não deve ser vista simplesmente como um recrudescimento da demitologização bultmanniana. Bultmann acreditava que Paulo ensinou a descida literal de Jesus do céu e a reunião corpórea com os santos nos ares, concluindo, então, que a sensibilidade moderna não conseguia aceitar essa ideia, de modo que deveria ser traduzida em algo mais palatável, para evitar que a descartassem e ignorassem. Wright, em contrapartida, conclui que o próprio Paulo não esperava que esse tipo de linguagem fosse cumprido literalmente; assim, o leitor moderno não deve esperar um cumprimento mais literal do que o apóstolo. Para Wright, não se trata de uma questão do que a mente moderna pode aceitar, mas, sim, de uma questão do que Paulo e outros autores do Novo Testamento também ensinaram.

Uma das contribuições mais importantes de Wright é sua resposta inteligente à teologia da "dupla aliança" e ao desafio desse modelo para a singularidade da salvação em Cristo. Embora muitos apreciassem remover esse aspecto, há uma ofensa irremediável associada ao ensino bíblico de que Israel falhou em cumprir sua missão. A boa notícia é que o Messias de Israel realizou o que Israel não poderia ter realizado por si mesmo.

7

FÉ, ESPERANÇA E AMOR:

a comunhão dos santos vista da perspectiva escatológica de N. T. Wright

JANET MEYER EVERTS[1]

INTRODUÇÃO: A COMUNHÃO DA CONFUSÃO

Em meus anos de formação na Igreja Episcopal, meu dia favorito era o Dia de Todos os Santos. Fui membro do coral em um dos primeiros programas da Royal School of Church Music (RSCM) dos Estados Unidos e amava andar pela igreja entoando todas as oito estrofes de *For all the saints* [Por todos os santos], meu hino favorito. Contudo, pertencer à RSCM representava mais do que aprender os hinos; incluía também o aprendizado de liturgia, história e teologia da igreja Anglicana. Assim, eu amava o Dia de Todos os Santos porque também amava o que ele representava: a comunhão dos santos. Ao sair em procissão em torno da St. Stephen Church, eu me via como parte de uma grande tradição viva, estendendo-se pelo mundo e pelos séculos: eu fazia parte da igreja celestial e da igreja terrena. As palavras desse hino formavam os pilares da minha cosmovisão cristã.

Por isso, foi um choque para mim quando entrei para a Inter--Varsity Christian Fellowship (IVCF) durante a faculdade e descobri

---

[1] Janet Meyer Everts (PhD, Duke University) é professora adjunta de Novo Testamento do Hope College (Reformed Church in America), localizado em Holland, Michigan. Ela vem de uma longa linha de episcopais, foi criada na Igreja Episcopal e trabalhou ativamente na renovação carismática episcopal.

FÉ, ESPERANÇA E AMOR:

que a maioria dos outros protestantes não celebrava o Dia de Todos os Santos, não cantava *For all the saints* e não tinha ideia do que o Credo dos Apóstolos queria dizer com a expressão "comunhão dos santos". Nosso grupo da IVCF era dominado pelas filhas e netas dos professores de seminários calvinistas. Elas gostavam de cantar cada verso de cada hino, discutir sobre predestinação e participar de estudos bíblicos detalhados. Aprendi muito com elas. Mas nunca me esquecerei do dia, no final de outubro ou início de novembro, em que eu e algumas outras episcopais do grupo sugerimos o hino *For all the saints*. Fomos acusadas de ser católicas, acreditar no purgatório e orar aos santos, além de outros comportamentos "não protestantes". (Isso se deu poucos anos depois do fim do Vaticano II, de modo que protestantes e católicos ainda se apegavam às suas diferenças.) Lembro-me de haver ressaltado que cantávamos regularmente a última estrofe de "The church's one foundation", que menciona "a doce comunhão espiritual com aqueles cujo descanso foi conquistado", questionando o que os calvinistas querem dizer ao recitar o Credo dos Apóstolos. Responderam-me que a comunhão dos santos se refere à comunhão mundial de todos os cristãos, e que protestantes celebravam o Dia da Reforma. Desde então, não me lembro de ter cantado novamente a última estrofe de "The church's one foundation". No seminário evangélico interdenominacional, presenciei essa mesma confusão a respeito da doutrina em questão — e não adiantava tratar o assunto com pessoas que já tinham suas posições definidas.

Fiquei igualmente surpresa quando, após o seminário, me mudei para o sul dos Estados Unidos, para o chamado Cinturão da Bíblia, e encontrei uma fé vívida na comunhão dos santos, embora ninguém chamasse a doutrina por esse nome. Todos os meus amigos teologicamente sofisticados das Costas Leste e Oeste zombavam do que viam como a religião simplista e mítica da zona rural americana. No entanto, quanto mais eu vivia e participava da adoração cristã nas comunidades do sul, especialmente nas congregações batistas e pentecostais, mais reconhecia o mesmo tipo de cosmovisão teológica, expressa de maneiras menos sofisticadas, que eu havia conhecido como a doutrina da comunhão dos santos. Era difícil ouvir refrões como: "Se nunca mais nos encontrarmos deste lado do céu, vamos nos encontrar do outro lado da costa"[2] ou "Se você vir meu Salvador, diga-lhe que eu estava a caminho da glória",[3] e não pensar na comunhão dos santos, especialmente quando hinos desse tipo eram cantados em cerimônias fúnebres. Esses cristãos pentecostais e evangélicos do Sul, mesmo que nunca adotassem o rótulo teológico, falavam de ideias encontradas no Credo dos Apóstolos.

Assim, nos últimos 25 anos, perguntei-me se havia uma maneira de explorar a doutrina da comunhão dos santos sob uma perspectiva protestante, pentecostal e bíblica, uma forma segundo a qual igrejas adeptas ou não adeptas de credos pudessem igualmente considerar atraente.[4] Para mim, foi uma surpresa agradável ler *For all the saints? Remembering the Christian departed* [Por todos os santos? Relembrando os cristãos que partiram],[5] de N. T. Wright. Fiquei impressionada ao descobrir que, de fato, Wright conseguiu elucidar a doutrina da comunhão dos santos que eu havia aprendido na infância, inserindo-a em sua escatologia bíblica. O resultado é uma explicação histórica, teológica e biblicamente convincente dessa doutrina, a qual deve atrair a maioria dos protestantes, incluindo os pentecostais.

Nas páginas a seguir, gostaria de resumir o que Wright apresenta nesse livro e sugerir algumas razões práticas pelas quais essa pode ser uma doutrina importante para os protestantes e pentecostais incorporarem à sua interpretação teológica. Os pentecostais amam os grandes capítulos de Paulo sobre os dons espirituais (1Coríntios 12—14), e sua afirmação, ao final de 1Coríntios 13, pode servir como um guia para a formação de uma compreensão bíblica da comunhão dos santos: "Assim, permanecem agora estes três: a fé, a esperança e o amor.

---

[2]Albert Brumley, "If we never meet again this side of heaven", conforme gravado por Johnny Cash, *My mother's hymnbook* (American Recordings, 2004).

[3]Thomas A. Dorsey, "If you see my Savior", conforme gravado em *Say amen, somebody* (George Nierenberg, 1982).

[4]Procurei em "A statement of catholics and evangelicals together: the communion of saints", *First Things* 131 (mar. 2003), p. 26-32; achei que tinha pouco a dizer sobre a relação entre os cristãos na terra e os cristãos que partiram, além do fato de que católicos e protestantes não estão de acordo.

[5]N. T. Wright, *For all the saints? Remembering the Christian departed* (Harrisburg: Morehouse, 2003).

FÉ, ESPERANÇA E AMOR:

O maior deles, porém, é o amor" (1Coríntios 13:13). Os cristãos que partiram, na condição de santos antes de nós, são importantes para a igreja na terra como exemplos e lembretes de fé, esperança e amor. São testemunhas fiéis de Cristo e nos chamam a dar continuidade a esse testemunho fiel nos tempos de adversidade. Também são lembretes da esperança da vida com Cristo, agora e depois da morte. Os santos que partiram estão ligados a nós em amor como parte do corpo de Cristo, pois nós permanecemos, em conjunto, como membros de seu corpo, mesmo que alguns partam antes de outros para o descanso eterno.

A DOUTRINA TRADICIONAL DA COMUNHÃO DOS SANTOS

Na época do Credo dos Apóstolos

No século 4 d.C., a expressão "comunhão dos santos" passou a ser associada à visão de que os cristãos na terra deveriam estar conscientes de sua comunhão com aqueles que já tinham ido para o lugar de descanso e já se encontravam na gloriosa presença de Cristo. Os mártires — que tinham um lugar especial de honra —, os apóstolos, os anjos e os profetas ainda tinham uma comunhão amorosa com o povo de Deus na terra e os vigiavam. Os cristãos na terra obtinham benefícios espirituais dessa "comunhão dos santos". Essa é a doutrina básica afirmada no Credo dos Apóstolos.[6]

Desenvolvimento medieval da doutrina

Entretanto, houve grandes mudanças na compreensão desse dogma quando a doutrina do purgatório tornou-se oficial na igreja Católica Romana do século 13 d.C. (A propósito, o purgatório nunca foi a doutrina oficial da igreja Ortodoxa Oriental).[7] Antes, a igreja era dividida em dois grupos: o grupo daqueles que estavam com Cristo na glória e daqueles que estavam com Cristo na terra. Após a doutrina do

---

[6]Wright, *Saints*, p. 15-6.
[7]Wright, *Saints*, p. 1-5.

| *Janet Meyer Everts* |

purgatório, passaram a existir três grupos: a igreja militante, a igreja triunfante e a igreja expectante. A igreja militante consistia nos cristãos vivos que, presentes na terra, estão engajados na luta ativa contra o pecado, o mundo, a carne e o Diabo.[8] A igreja triunfante abrangia os que chegaram ao céu e agora desfrutavam a presença e a visão beatífica de Deus.[9] A igreja expectante, por sua vez, era formada por um grupo de cristãos que morreram, mas que ainda não estavam prontos para ir diretamente para o céu. Os membros desse grupo ainda deveriam ser purificados e completar no purgatório a sua satisfação pelo pecado.[10]

Esse novo grupo de cristãos deu novas responsabilidades tanto à igreja militante como à igreja triunfante. A partir de então, os santos da terra precisavam orar pelos que estavam no purgatório.[11] Já a igreja triunfante funcionava como amigos em uma corte medieval. Uma vez que estavam diante da presença divina, eles podiam rogar diretamente a Deus e a Cristo em favor dos que estavam na terra e dos que se encontravam no purgatório. Esses santos também podiam ser invocados pelos cristãos da terra para a obtenção de favores.[12] Era essa perspectiva de relacionamento entre os cristãos na terra, os santos no céu e os mortos no purgatório que estava na visão popular da comunhão dos santos na época da Reforma.

Na época da Reforma

Os reformadores protestantes foram unânimes em rejeitar a doutrina do purgatório e os abusos dela resultantes. Nos *Artigos da religião* da igreja Anglicana, o artigo XXII destaca o seguinte:

> A doutrina romana relativa ao purgatório e ao perdão oferecido pelos santos, à veneração e à adoração de imagens e relíquias, bem como à invocação dos santos, não passa de coisas baseadas na emoção e

---

[8]Wright, *Saints*, p. 1,13.
[9]Wright, *Saints*, p. 1-3.
[10]Wright, *Saints*, p. 4-6.
[11]Wright, *Saints*, p. 14.
[12]Wright, *Saints*, p. 3.

FÉ, ESPERANÇA E AMOR:

desprovidas de qualquer fundamentação bíblica, sendo, antes, práticas repugnantes à Palavra de Deus.[13]

Para a maioria dos reformadores, a doutrina inicial da comunhão dos santos fora ofuscada pelo que viam como abusos medievais da invocação dos santos. Calvino, em suas *Institutas da religião cristã*, deixa claro que os cristãos que partiram estão em repouso com Cristo e que, embora

> anseiem pelo Reino de Deus com um desejo firme e inabalável [...] seu amor é contido na comunhão do corpo de Cristo, e não se abre de forma mais ampla do que a natureza dessa comunhão permite [...] eles não abandonam o próprio repouso para serem atraídos a cuidados terrenos [...] de maneira que não devemos invocá-los![14]

Entretanto, nem todos os reformadores se esqueceram do propósito original da doutrina da comunhão dos santos ou de seu significado no Credo dos Apóstolos. Martin Bucer, reformador alemão e contemporâneo de Lutero e Zuínglio, que encerrou sua carreira ensinando em Oxford, pôde perceber que, uma vez que o purgatório é eliminado do quadro geral, não há razão alguma para não lembrarmos e desfrutarmos a comunhão espiritual com os santos que partiram, visto sermos um com eles em Cristo:

> Ensinamos que os benditos santos, presentes com Cristo, o Senhor, de cujas vidas temos relatos bíblicos e extrabíblicos fidedignos, devem ser celebrados como demonstração das graças e dos dons a eles conferidos por nosso Deus e Pai, por meio de nosso único Salvador. Ao agirmos

---

[13]*The book of common prayer and administration of the sacraments and other rites and ceremonies of the church according to the use of the protestant episcopal church of the United States of America* (New York: The Church Pension Fund, 1945), p. 607. Citado a partir de agora como *BCP*.

[14]John Calvin, *Institutes of the Christian religion*, II, ed. John T. McNeill, trad. para o inglês Ford Lewis Battles, Library of Christian Classics 21 (Philadelphia: Westminster Press, 1960), p. 82-3 [edição em português da obra de Calvino: *A instituição da religião cristã*, 2 vols. (São Paulo: UNESP, 2009)].

| *Janet Meyer Everts* |

assim, regozijar-nos-emos com eles como membros de um só corpo, além de sermos incitados a depositar ainda mais nossa confiança na graça de Deus, que pode conceder-nos a mesma graça, e seguir seu exemplo de fé.[15]

A análise mais positiva de Bucer em relação à comunhão dos santos influenciou, de forma significativa, os reformadores ingleses. Segundo destacado por Wright, trata-se de muito mais do que gratidão por sua memória e do esforço para seguir seu exemplo: trata-se de uma lembrança consciente da "grande nuvem de testemunhas" de Hebreus 11:39—12:2. Por volta do século 17, o grande puritano Richard Baxter, que certamente se qualifica como protestante, veio a escrever um hino no qual celebra a comunhão dos santos e sugere que parte dessa comunhão consiste em "suplicar com uma só voz" ao Senhor, em quem todos os santos são um:

> Centrados em ti, todos ainda estamos,
> Membros, embora distantes, de uma Cabeça;
> Pertencemos a uma única família,
> Guiados por uma só fé e um só Espírito.
> Perante o teu trono, encontramo-nos todos os dias,
> Como peticionários que juntos te invocam;
> Em espírito, saudamos uns aos outros,
> E ver-nos-emos outra vez.[16]

Os reformadores ingleses mantiveram uma perspectiva da comunhão dos santos que rejeitava a ideia de purgatório, a invocação dos santos e outros abusos advindos da igreja medieval; ainda assim, porém, valorizavam a doutrina afirmada no Credo dos Apóstolos. Essa perspectiva foi mantida viva na prática litúrgica da igreja, na celebração do Dia de Todos os Santos, sendo celebrada em muitos hinos que moldaram a fé de gerações de cristãos na comunhão anglicana.

---

[15]Conforme citado em Wright, *Saints*, p. 38.
[16]Conforme citado em Wright, *Saints*, p. 37.

FÉ, ESPERANÇA E AMOR:

N. T. WRIGHT REPENSANDO A TRADIÇÃO

For all the saints? Remembering the Christian departed é muito mais do que uma revisão histórica do desenvolvimento da doutrina da comunhão dos santos. Uma das razões para Wright escrever esse livro é a chance de repensar a tradição e, assim, esclarecer parte da confusão que parece imperar na igreja moderna. Como teólogo anglicano, Wright identifica a confusão em várias frentes: a confusão litúrgica do Dia de Finados, a influência de uma teologia quase católica sobre o purgatório, e a influência da teologia do século 20. Todas essas influências se intercalaram, deixando muitos cristãos em estado de confusão geral a respeito dos cristãos falecidos.[17]

A análise de Wright desfaz essa confusão com uma perspicácia enganosamente simples. Ele ignora todos os argumentos da Reforma a respeito do purgatório e afirma: "Começo pelo fim. A ressurreição corporal ainda está no futuro para todos, exceto para Jesus".[18] Em 1Coríntios 15:23, Paulo declara que Cristo ressuscitou e que, em sua segunda vinda, aqueles que lhe pertencem serão ressuscitados. Uma vez que a segunda vinda ainda não ocorreu, os mortos cristãos ainda não ressuscitaram. Onde, então, eles se encontram? Em um estado intermediário, que é o "primeiro estágio, e muito menos importante que um processo de duas etapas".

Pode-se chamar esse estágio intermediário de "céu" ou "paraíso". O nome não tem importância, desde que nos lembremos que, nesse estágio intermediário, não há distinção entre os cristãos.[19] Todos são "santos", pois, no Novo Testamento, cada cristão é chamado de "santo", mesmo os confusos e pecadores. Todos se encontram na presença de Cristo, visto que Filipenses 1:22 assegura que deixar essa vida é "estar com Cristo". No entanto, Paulo não sugere em nenhum lugar que essa partida para estar com Cristo seja o mesmo que a ressurreição do corpo. Essa mesma visão dos cristãos que partiram é encontrada em Apocalipse 6:10, passagem em que as almas debaixo do altar aguardam a

---

[17]Wright, *Saints*, p. 11-3.
[18]Wright, *Saints*, p. 20.
[19]Wright, *Saints*, p. 20-1.

redenção final. Especialmente dignas de nota são as palavras de Jesus ao ladrão da cruz, prestes a morrer, em Lucas 23:43: "Hoje você estará comigo no paraíso". Se algum personagem do Novo Testamento precisasse de um purgatório, seria tal ladrão; mas a ele foi prometido um lugar com Cristo no paraíso, imediatamente após a morte.[20]

Ao começar "pelo fim", Wright é capaz de repensar a tradição com clarezas bíblica e teológica. Em vez de atacar a doutrina medieval do purgatório em seus próprios termos teológicos, ele mina seus fundamentos ao abordar a questão sob uma perspectiva escatológica. Evidentemente, Wright chega à mesma conclusão dos reformadores, ou seja, de que não há justificativa bíblica ou teológica para a doutrina do purgatório. Ressalta que os argumentos lançados em apoio ao purgatório não vêm realmente da Bíblia, mas da percepção de que todos nós ainda somos pecadores quando morremos e que, para entrarmos na presença de um Deus santo, devemos ser purificados.[21] Um exemplo desse tipo de argumento é encontrado em C. S. Lewis, escritor anglicano de grande influência nos círculos evangélicos americanos. Lewis escreve:

A visão correta retorna magnificamente no *Dream* [Sonho], de Newman. Ali, se bem me lembro, a alma salva, aos pés do trono, implora para ser levada e purificada. Não pode suportar, nem mais um momento, "insultar malignos/a luz empírea com as trevas". Nossa alma *exige* o Purgatório, não é?[22]

Mais uma vez, a resposta de Wright a esse argumento se baseia em sua insistência de que, se nos esquecermos de que a ressurreição corporal ainda se encontra no futuro, teremos entendido errado. Para os escritores do Novo Testamento, a morte física realmente põe fim ao pecado.[23]

---

[20]Wright, *Saints*, p. 22-7.

[21]Wright, *Saints*, p. 28-30.

[22]C. S. Lewis, *Letters to Malcolm: chiefly on prayer* (New York: Harcourt, Brace, Jovanovich, 1963), p. 108 [edição em português: *Cartas a Malcolm, sobretudo a respeito da oração*, (Rio de Janeiro: Thomas Nelson Brasil, 2019)].

[23]É aqui que muitos protestantes interpretam Wright de forma equivocada, provavelmente porque não entendem seu contexto anglicano, acusando-o de ser um universalista.

FÉ, ESPERANÇA E AMOR:

Wright sugere que a passagem crucial é Romanos 6:8-11, especialmente Romanos 6:7: "Pois quem morreu é libertado do pecado". Embora lutemos com o pecado nesta vida, "nossa propensão remanescente para o pecado será acabada, cortada, aniquilada na morte física".[24]

Wright conclui essa seção resumindo sua perspectiva e as respectivas implicações para a comunhão dos santos. Porque a ressurreição ainda é um evento futuro para todos os cristãos, todos que partiram se encontram no mesmo estado: o de bem-aventurança e descanso, que pode ser referido como "paraíso" ou "céu". Esse não é seu destino final, que será a ressurreição corporal, mas um lugar de descanso temporário.[25] Existem apenas duas divisões da igreja: a igreja militante na terra e a igreja triunfante e expectante no céu/paraíso. O purgatório não existe.[26] Visto que tanto a igreja viva como a igreja que já partiu para a eternidade estão em Cristo — ou seja, tanto nós, a igreja militante, como os cristãos que já faleceram, a igreja triunfante/expectante —, nós todos partilhamos a comunhão dos santos. "Uma vez que o falso rastro do purgatório é apagado de nosso mapa mental do mundo *post-mortem*, não há razão para não orarmos por eles e com eles."[27] Wright não encontra, porém, qualquer indicação no Novo Testamento de que eles oram por nós, nem qualquer indicação de que devemos fazê-lo. Em Apocalipse 6:10, as almas debaixo do altar oram para que Deus traga justiça e salvação ao mundo; incluídos nessa oração em sentido geral, talvez possamos

---

Wright deixa claro não ser universalista. Também acredita que o universalismo não leva a sério o problema do mal, sendo, antes, uma variação da doutrina do purgatório. Nesse ponto, ele esclarece sua posição sobre o inferno e vale a pena resumi-la aqui. O Novo Testamento está cheio de advertências sobre a perda eterna — os pecadores são deixados fora da Nova Jerusalém e jogados no lago de fogo —, e estes não são meros artifícios retóricos. Existem duas posições que levam a sério esses dados: tormento eterno consciente para os não salvos e aniquilação para os não salvos (próximo à posição da igreja Anglicana em *The mystery of salvation*). Wright pende para uma forma de posição aniquilacionista, segundo a qual aqueles que escolhem continuamente opor-se a Deus cessam de portar a imagem de Deus e, portanto, chamam para si a morte e estão além da redenção. Também adverte que nenhum de nós está em posição de fazer esse julgamento final sobre ninguém; somente Deus é juiz, e seu propósito para sua criação, segundo Romanos 5 e 8, é a reconciliação.

[24] Wright, *Saints*, p. 31-2.
[25] Wright, *Saints*, p. 36-7.
[26] Wright, *Saints*, p. 41.
[27] Wright, *Saints*, p. 37.

| Janet Meyer Everts |

juntar-nos a eles nessa petição. Sem dúvida, podemos tê-los em grande estima perante Deus. Não devemos, no entanto, envolver-nos em qualquer prática que negue, por implicação, nosso acesso imediato ao Pai, acesso que ocorre por meio do Filho, no Espírito. Todo cristão é sempre bem-vindo diante do trono do Pai, qualquer que seja sua petição.[28]

A explicação de Wright acerca da doutrina da comunhão dos santos é completamente bíblica e teologicamente equilibrada. Ao começar pelo fim — e ao nos lembrar que nos sujeitamos ao erro quando esquecemos que a ressurreição dos mortos é um acontecimento ainda futuro —, Wright introduz lucidez em uma discussão que muitas vezes é marcada pela confusão.

Mas será que sua explicação em relação à "doce comunhão espiritual com aqueles cujo descanso foi conquistado" é capaz de convencer protestantes evangélicos e pentecostais de que essa é uma doutrina que vale a pena recuperar no seio de tradições altamente suspeitas de qualquer coisa que sugira catolicismo? Mesmo que se trate de um ensino baseado na Bíblia, os benefícios para os cristãos superam os perigos em potencial?

FÉ, ESPERANÇA E AMOR: PERMANECENDO NA COMUNHÃO DOS SANTOS

Agora, pois, vemos apenas um reflexo obscuro, como em espelho; mas, então, veremos face a face. [...] Assim, permanecem agora estes três: a fé, a esperança e o amor. O maior deles, porém, é o amor (1Coríntios 13:12,13).

Todos amam citar 1Coríntios 13:13: "Assim, permanecem agora estes três: a fé, a esperança e o amor. O maior deles, porém, é o amor". A maioria, porém, se esquece do contexto desse versículo. Paulo está escrevendo sobre aquilo que sobreviverá após tudo o mais passar. Trata-se de uma clara referência a deixar esta vida para "estar com Cristo" (Filipenses 1:22), quando, então, Paulo verá Cristo "face a face". Contudo, no contexto de toda a carta de 1Coríntios, também é uma indicação de que essa era está "passando" (1Coríntios 2:6) e da ressurreição final dos mortos

---

[28]Wright, Saints, p. 39-40.

FÉ, ESPERANÇA E AMOR:

(1Coríntios 15:24,52). Paulo está escrevendo sobre realidades cristãs que são tão importantes que transcendem a existência terrena, tornando-se parte da vida eterna. Precisamente essas virtudes cristãs é que são nutridas e apoiadas pela doutrina da comunhão dos santos. Elas podem, claro, ser encorajadas de outras maneiras, mas, sem a doutrina em questão, as dimensões escatológicas dessas virtudes são facilmente perdidas.

Assim, na última seção deste ensaio, gostaria de seguir os passos de N. T. Wright e repensar a doutrina da comunhão dos santos à luz dessa grande passagem bíblica e com a ajuda de dois grandes hinos ingleses: *For all the saints* e *The church's One Foundation* [O único fundamento da igreja].[29] Embora nem todos os protestantes cantem *For all the saints*, o hino tem aparecido cada vez mais nos hinários protestantes. Já *The church's One Foundation* é um hino popular há muito tempo. É visto como uma expressão solidamente bíblica e protestante da verdadeira unidade cristã. O que a maioria dos protestantes parece não conhecer é a história desse hino. Samuel Stone o escreveu para ser incluído em *Lyra fidelium: twelve hymns of the twelve articles of the apostles* [Lyra Fidelium: doze hinos dos doze artigos do Credo Apostólico]. Esse hino foi escrito com base no artigo IX, intitulado: "A Sacra igreja Universal: a comunhão dos santos. Ele é o Cabeça do corpo, a igreja". A versão original tinha sete estrofes, mas costuma ser encontrada condensada em quatro ou cinco.[30] Conforme ressaltado por Wright, a maioria dos cristãos aprende muito de sua teologia com seus hinos.[31] De alguma forma, esses dois hinos não abordam apenas a comunhão dos santos; eles são a expressão ativa da realidade dessa comunhão, pois os que se foram compartilham sua sabedoria com a geração atual de cristãos que, com eles, continuam a adorar a Jesus.

A primeira grande realidade que Paulo afirma ter valor eterno é a virtude da *fé*. Quando olhamos para a fé sob uma perspectiva escatológica,

---

[29]Tomei a versão de ambos os hinos a partir de *The hymnal 1940* (New York: The Church Pension Fund, 1940).

[30]Nigel Day, "The church's one foundation", Claves Regni: *The On-line Magazine of St. Peter's Church, Nottingham with all saints*, disponível em: http://www.stpetersnotting ham.org/hymns/foundation/html.

[31]Wright, *Saints*, p. xiv.

parece bem diferente de quando a vemos da perspectiva da maioria dos protestantes nos Estados Unidos. É muito fácil reduzir a fé a uma série de proposições intelectuais a serem cridas, caso alguém deseje tornar-se cristão. Eu chamaria isso de visão "catequética" da fé. Nos círculos protestantes, também é muito comum ver isso como um "meio" de salvação: se alguém é "justificado pela fé", não precisa mais fazer muita coisa. Nenhuma dessas perspectivas faz justiça ao ensino bíblico; todavia, quando a fé é entendida como consentimento intelectual à doutrina, é fácil ler a Bíblia com o propósito de apoiar essas perspectivas. Quando, porém, uma dimensão escatológica é introduzida e a nuvem de testemunhas (sugerida pela doutrina da comunhão dos santos) é usada para definir a fé, o quadro muda. Os três primeiros versos de *For all the saints* tratam dos fiéis que partiram e sobre seu testemunho para nós:

> Para todos os santos, que de seu labor descansam,
> Que o Senhor, pela fé, confessou perante o mundo,
> Teu nome, ó Jesus, seja bendito para sempre.
>
> Tu eras sua rocha, sua fortaleza e seu poder,
> Tu, Senhor, seu Capitão na luta bem travada;
> Tu, na escuridão sombria, sua única Luz.
>
> Que os teus soldados, fiéis, verdadeiros e ousados,
> Lutem como os ousados santos da antiguidade;
> E ganhem, com eles, a coroa de ouro do vencedor.

Aqui, vemos uma fé ativa, uma confissão de Cristo perante o mundo, em obras e palavras. Parece muito mais com a fé dos personagens de Hebreus 11 ou da igreja de Apocalipse 12:11, que "venceram [Satanás] pelo sangue do Cordeiro e pela palavra do testemunho que deram; diante da morte, não amaram a própria vida". Fé escatológica significa ser fiel a Cristo e ao evangelho; significa confiar em Deus, mesmo diante da morte certeira. Isso certamente se encaixa melhor no contexto de 1Coríntios do que a ideia de uma fé catequética. Tanto em 1Coríntios 2 como em 1Coríntios 13, Paulo relembra aos coríntios que a sabedoria e o conhecimento humanos — incluindo, ousamos sugerir, a teologia

FÉ, ESPERANÇA E AMOR:

humana — passarão. Mas a confiança radical em Deus e a fidelidade ao evangelho perdurarão para além do ponto da morte, alcançando o período no qual receberemos nossos corpos ressurretos.

Sugerir que a *esperança* é uma virtude eterna parece algo um pouco estranho, especialmente à luz da definição de esperança em Hebreus 11:1: "Ora, a fé é a certeza daquilo que esperamos e a prova das coisas que não vemos". Isso parece sugerir que a esperança desaparecerá quando a fé estiver completa. Contudo, no Novo Testamento, a esperança está intimamente relacionada à confiança em Deus, assim como a fé é fundamental para o relacionamento com Cristo. Em 1Coríntios 13:13 e em muitos escritos de Paulo, a esperança está claramente relacionada às realidades escatológicas da vida após a morte e da ressurreição do corpo. Aqueles que têm uma relação de confiança com Deus podem descansar na esperança segura de suas promessas de vida após a morte e da ressurreição do corpo (1Coríntios 15). Lembrar-se do cristão que partiu certamente ajuda a igreja na terra a manter uma esperança vital nas promessas de Deus. Esse é o propósito de muitos hinos sobre o céu encontrados nas tradições protestante e pentecostal, por mais teologicamente confusos que alguns possam ser. Sou eternamente grata a William Walsham How por escrever um hino que me ensinou a distinção clara entre a "tranquilidade do paraíso" e o bendito "dia ainda mais glorioso", quando "triunfantes, erguem-se os santos em fileiras brilhantes", mesmo antes de eu ter o privilégio de ler o pequeno livro de Wright. Para quem não conhece os versos de Walsham How, cito-os a seguir:

> E quando a feroz contenda e a longa guerra
> Roubam do ouvido a distante canção do triunfo,
> Corações são novamente encorajados, e braços, fortalecidos.
>
> A noite dourada clareia no Ocidente,
> Logo, para os guerreiros fiéis, virá o descanso;
> Doce é a tranquilidade do bendito paraíso.
>
> Mas vejam! Um dia ainda mais glorioso se aproxima;
> Triunfantes, erguem-se os santos em fileiras brilhantes;
> O Rei da glória passa em seu caminho.

> Dos largos limites da terra, dos oceanos mais distantes da costa,
> Por portais de pérolas, fluem exércitos incontáveis
> Cantando ao Pai, ao Filho e ao Espírito Santo,
>
> Aleluia!

Nesses versos, a doutrina da comunhão dos santos torna-se uma oportunidade para lembrar à igreja na terra sobre a "esperança da ressureição para a vida eterna por nosso Senhor Jesus Cristo".[32] Também oferece a esperança do céu, a fim de encorajar a fé, fornecendo a compreensão de um lugar de descanso no caminho para essa gloriosa ressurreição. Do ponto de vista pastoral e catequético, trata-se, sem dúvida, de uma conquista significativa. O exemplo e o encorajamento daqueles que vieram antes de nós podem aumentar nossa esperança viva em um Senhor vivo e ressurreto.

Em 1Coríntios 13:13, Paulo escreve: "O maior deles, porém, é o *amor*". No entanto, quando se trata da comunhão dos santos, o amor é, de longe, o assunto mais controverso para os protestantes. O que significa os santos na terra e os santos falecidos no paraíso/céu terem um relacionamento de amor? Praticamente todo cristão pode concordar que todos somos um em Cristo (João 17). Mas a concordância para por aí. Um ainda pode ter cuidado e preocupação pelo outro? Ainda podem orar juntos diante do trono de Deus? Em que sentido os cristãos falecidos têm comunhão com Cristo? Mesmo depois de eliminarmos a doutrina do purgatório e de aprendermos a ver todos os cristãos compartilhando um mesmo estado após a morte, a questão de como os cristãos vivos se relacionam com aqueles que morreram ainda é difícil para a maioria dos protestantes.

Os teólogos protestantes não são de muita ajuda nesse sentido, pois dão respostas bastante contraditórias às questões levantadas. De um lado, temos Calvino, que pergunta em tom de zombaria: "Mas, se alguém argumentar que os cristãos falecidos, uma vez ligados a nós em uma só fé, não podem deixar de manter o mesmo amor para conosco,

---

[32] "The order for the burial of the dead", *BCP*, p. 333.

FÉ, ESPERANÇA E AMOR:

quem pode garantir, então, que eles têm ouvidos grandes o bastante para ouvir nossa voz, ou olhos tão grandes para observar nossas necessidades?"[33] Calvino está claramente negando não apenas a ideia medieval de que os santos podem ser instados a interceder em favor dos que estão na terra, mas também o entendimento tradicional da doutrina da comunhão dos santos, segundo a qual os santos no céu cercam e observam a igreja na terra. De outro lado, temos Richard Baxter, que, no hino há pouco citado, parece pensar que os santos terrenos e celestiais se unem em oração diante do trono de Deus e "em espírito, [saúdam] uns aos outros". Comentando o hino de Baxter, Wright argumenta que, uma vez que tanto os vivos como os mortos estão em Cristo e participam da comunhão dos santos, não há razão para que os vivos não orem pelos mortos em Cristo (e com eles),[34] embora não veja nenhuma indicação no Novo Testamento de que os mortos orem pelos vivos ou de que os vivos devam pedir-lhes que o façam.[35] Aqui, a sugestão de Wright de que não há razão "em tese" para que os vivos não orem pelos mortos parece um pouco em desarmonia tanto com sua perspectiva escatológica do Novo Testamento, como com a tradição cristã. No Novo Testamento, não há qualquer evidência de que aqueles que partiram para estar com Cristo no céu/paraíso precisam das orações dos vivos. De fato, o entendimento tradicional da comunhão dos santos reverteria esse ponto. Nessa perspectiva, que se baseia na "nuvem de testemunhas" de Hebreus 12 e nas orações dos santos debaixo do Altar em Apocalipse 6:10, os que partiram observam e oram pela igreja militante. Wright reconhece que não há razão, mais uma vez "em tese", para que esses santos não instem o Pai a completar sua obra de justiça e salvação pelo mundo em favor dos vivos.[36] Essa reivindicação modesta, porém, é o mais longe que Wright está disposto a ir.

Entretanto, quando se trata da doutrina da comunhão dos santos, parece que os protestantes realmente obtêm sua doutrina de seus hinos,

---

[33]Calvin, *Institutes*, p. 883.
[34]Wright, *Saints*, p. 37.
[35]Wright, *Saints*, p. 39.
[36]Wright, *Saints*, p. 39.

| *Janet Meyer Everts* |

e não de seus teólogos. Até mesmo os protestantes calvinistas têm, gradualmente, adicionado o hino *For all the saints* a seus hinários. Eles devem pensar que a estrofe a seguir, a única que trata da comunhão entre os cristãos na terra e os cristãos no paraíso, honra de modo suficiente a divisão de Calvino entre aqueles que "lutam com dificuldade" e aqueles que "na glória brilham":

> Bendita comunhão! Divina confraternização!
> Lutamos com dificuldade, e eles na glória brilham,
> Mas todos são um em ti, pois todos são teus.

O estranho é que esses mesmos hinários muitas vezes incluem a terceira estrofe de *The church's One Foundation*, deixando de fora a última:

> [3] Embora com admiração desdenhosa,
> Os homens contemplem sua dor e opressão,
> Seu rasgo em pedaços por cismas
> Sua angústia por heresias,
> Os santos, ainda assim, vigiam
> Seu clamor de "até quando?" aumenta.
> Em breve, sua noite de choro
> Será uma manhã de canções.

> [5] Na terra comunga a igreja
> Com Deus, Três em Um
> Comunga também com aqueles
> Que no descanso já estão.
> Felizes e santos são eles!
> Dai-nos graça, Senhor, para que
> Com os mansos e humildes santos,
> Possamos nas alturas habitar.

A razão pela qual isso é tão estranho é que a terceira estrofe tem uma imagem clara da perspectiva do século 4 d.C. em relação à comunhão dos santos (perspectiva que Calvino repudia de forma explícita) — eles

FÉ, ESPERANÇA E AMOR:

zelam pela igreja na terra enquanto choram debaixo do altar (Apocalipse 6:10) —, e a última estrofe não difere de forma substancial da quarta estrofe de *For all the saints*.

Entretanto, a terceira estrofe de *The church's One Foundation* e a ideia de Richard Baxter de que os santos na terra e os santos no céu se reúnem em oração ao redor do trono de Deus nos oferecem uma forma de ver o amor em uma dimensão escatológica. Em Apocalipse 6:10, os santos debaixo do altar clamam a Deus por vindicação: "Até quando, ó Soberano, santo e verdadeiro, esperarás para julgar os habitantes da terra e vingar o nosso sangue?" Em Lucas 18:1-8, a parábola da viúva e do juiz injusto é usada para encorajar os eleitos de Deus a orar e não desanimar. Essa parábola sobre a oração é colocada em um contexto escatológico no versículo final: "Quando o Filho do Homem vier, encontrará fé na terra?". Apenas quando lemos no original grego é que a conexão entre essa parábola e os santos debaixo do altar em Apocalipse fica clara, pois a mesma palavra grega traduzida por "fará justiça" é usada em Apocalipse 6:10 para "julgar". Tanto os santos na terra como os santos debaixo do altar celestial clamam pela mesma coisa — vindicação —, e ambos devem esperar até a vinda do Filho do Homem para ver a resposta à sua oração. Sem dúvida, Richard Baxter está certo ao declarar que os santos na terra e no céu se reúnem diante do trono de Deus em oração. O que é interessante é que o Novo Testamento o apresenta como uma comunhão de fé, e não como uma comunhão de amor. Ou seriam as duas coisas? Se nos juntarmos a outros cristãos para orar: "seja feita a tua vontade assim na terra como no céu", não se trata de uma comunhão de amor e uma expressão de unidade cristã? Será que não é a isso que o amor escatológico se assemelha?

CONCLUSÃO

Ao negar a doutrina tradicional da comunhão dos santos, protestantes e pentecostais podem ter perdido mais do que ganhado. Certamente era importante livrar-se da doutrina do purgatório e dos abusos a ela associados na época da Reforma. No entanto, conforme demonstrado por N. T. Wright, uma vez que eliminamos o purgatório e estabelecemos uma compreensão adequada da relação entre paraíso/céu e

| *Janet Meyer Everts* |

a futura ressurreição do corpo, a compreensão tradicional da comunhão dos santos tem muito a oferecer, tanto aos pentecostais como aos protestantes.

A primeira coisa que ela nos oferece é a lembrança de que todos os cristãos são "santos" no sentido neotestamentário da palavra. Esse é um ponto importante, muitas vezes perdido na igreja protestante. Precisamos lembrar que somos chamados a ser santos em um mundo que não dá importância alguma à santidade, e que temos de viver essa santidade de maneira relevante. A doutrina da comunhão dos santos também nos dá clareza sobre nossa esperança celestial e sobre nossa ressurreição. Os cristãos devem ser capazes de falar de temas como morte, céu e sobre aqueles que, apesar de terem partido, ainda são amados. Se mais cristãos tivessem a percepção de uma "nuvem de testemunhas" que os cerca com amor e sentissem seu chamado ao testemunho fiel perante o mundo, a igreja seria transformada. Acima de tudo, precisamos ter um amor que perdure para além desta vida e alcance a próxima. Trata-se de um amor que dá testemunho fiel e que ora fielmente diante do trono de Deus. Esse tipo de amor é capaz de orar com (e por) aqueles que amamos nesta vida e com aqueles que já se encontram no céu, em "doce comunhão espiritual com aqueles cujo descanso foi conquistado". A doutrina da comunhão dos santos lembra a protestantes e pentecostais que isso não é algo a temer, mas um antegozo do tempo em que vamos "partir e estar com Cristo" (Filipenses 1:23) e ver Deus "face a face" (1Coríntios 13:11).

8

ESCATOLOGIA CUMPRIDA OU ESCATOLOGIA EM PROCESSO DE CUMPRIMENTO?

Um engajamento pentecostal sobre a visão de N. T. Wright a respeito da missão atual da igreja no mundo

JEFFREY S. LAMP[1]

INTRODUÇÃO

É praticamente um truísmo a declaração de que falar da teologia de N. T. Wright é falar de escatologia. Essa é uma conclusão natural quando observamos sua magistral série de livros *Christian Origins and the Question of God*,[2] bem como seus numerosos escritos, nos quais ele chacoalha as estruturas teológicas do Novo Testamento. Segundo Wright, leituras sensatas do Novo Testamento que dão o devido lugar aos contextos históricos e culturais desses escritos devem

---

[1]Jeffrey Lamp (PhD, Trinity Evangelical Divinity School) é professor de Novo Testamento na Oral Roberts University, em Tulsa, Oklahoma. Lamp serviu como pastor na United Methodist Church.

[2]Série em quatro volumes, três dos quais estão disponíveis em português: *O Novo Testamento e o povo de Deus*, vol. 1 (Rio de Janeiro: Thomas Nelson Brasil, 2022); *A ressurreição do Filho de Deus*, vol. 3 (São Paulo: Paulus, 2020); e *Paulo e a fidelidade de Deus*, vol. 4 (São Paulo: Paulus, 2021)]. (N. R.)

lidar diretamente com a escatologia, visto que esse era um componente integrante da matriz intelectual e teológica em que o movimento cristão nasceu. Assim, praticamente tudo o que Wright tem a dizer em contextos acadêmicos e eclesiásticos acaba remontando à escatologia.

A presente análise ilustrará essa tendência ao abordar um tema no qual as preocupações acadêmicas e pastorais de Wright se unificam: a missão atual da igreja no mundo. O entendimento de Wright quanto ao trabalho atual da igreja extrai sua lógica, motivação e essência de uma reflexão escatológica. Esta discussão prosseguirá em duas etapas. Na primeira, examinará como a escatologia molda a representação de Wright da missão da igreja no presente, começando com a descrição de Wright da esperança para a qual a fé e a prática cristã se voltam. Em seguida, a análise se concentrará no acontecimento que traz o futuro para o presente, a saber, a ressurreição de Jesus. Terminará com uma análise da concepção de Wright sobre a missão da igreja no presente, momento em que responderemos à pergunta que dá título a este ensaio. A segunda etapa desta breve análise consistirá em um engajamento pentecostal com a compreensão de Wright sobre a missão da igreja. Obviamente, a análise lidará com generalizações. Primeiro, descreverá a forma com que os pentecostais veem a missão atual da igreja no mundo, seguida por uma comparação entre a perspectiva pentecostal e a visão de Wright sobre esse mesmo assunto.

A PERSPECTIVA DE WRIGHT SOBRE A MISSÃO DA IGREJA NO MUNDO

A esperança futura segundo Wright

Nesta seção, vamos nos fundamentar, de forma sistemática, no livro de Wright *Surprised by hope*, que representa uma exposição recente de seu pensamento quanto a esse assunto, tanto em sua essência acadêmica como em seu conteúdo pastoral.[3] Wright começa esse livro com

---

[3]N. T. Wright, *Surprised by hope: rethinking heaven, the resurrection, and the mission of the church* (New York: HarperOne, 2008) [edição em português: Surpreendido pela Esperança (Viçosa: Ultimato, 2009)]. Citado a partir de agora como *SH*.

ESCATOLOGIA CUMPRIDA OU ESCATOLOGIA EM PROCESSO DE CUMPRIMENTO?

duas perguntas, fornecendo-nos as bases a partir das quais construirá seu argumento. A primeira é: qual é a esperança cristã? A segunda: que esperança há para uma mudança, um resgate, transformação ou para novas possibilidades no mundo atual?[4] Para Wright, essas duas perguntas são seminais para a compreensão da missão da igreja no mundo. Se a salvação é "ir para o céu" após a morte, para vivermos com Deus, então o que acontece no mundo presente não importa. No entanto, se Deus está estabelecendo uma nova criação com a vinda de Jesus, então a esperança cristã para o futuro deve ter relevância para o presente.[5] Ao abordar o assunto dessa forma, Wright revela um problema fundamental com a forma segundo a qual os cristãos veem o futuro: eles desconhecem a esperança cristã.[6] Isso é visto com maior clareza na forma como o cristão avalia a morte: a morte é um inimigo derrotado que será destruído no final ou uma porta pela qual deixamos o palco desta existência e passamos para a vida eterna?[7] Eventual confusão sobre essa questão conduz a uma confusão quanto ao que Deus cumpriu em Cristo para trazer o Reino de Deus.

Essa falta de clareza em relação à morte está associada à falta de clareza em relação à compreensão cristã do céu. A concepção popular é que o céu é o destino final dos cristãos, onde vão passar a eternidade quando morrerem. Em parte, Wright atribui essa falta de compreensão à influência do platonismo (via gnosticismo) no cristianismo.[8] A ordem atual, caracterizada pelo mal, deve ser evitada, escapada. O mundo ideal é aquele da pura existência espiritual, um mundo no qual os seres humanos são finalmente libertados do laço mortal que os atrapalhava na terra. Wright argumenta que os primeiros cristãos não acreditavam que o mundo estivesse se transformando em um estado caótico, do qual deveriam fugir. Antes, seu entendimento da esperança cristã girava em torno de três pressupostos básicos.[9] Em primeiro lugar, eles

---

[4]Wright, *SH*, p. 5.
[5]Wright, *SH*, p. 5.
[6]Wright, *SH*, p. 12.
[7]Wright, *SH*, p. 13-5.
[8]Wright, *SH*, p. 88-90.
[9]Wright, *SH*, p. 94-7.

| Jeffrey S. Lamp |

afirmavam a bondade da criação. Seres humanos devem ser a imagem de Deus, refletindo-o em sua adoração e em sua gestão do mundo. Em segundo lugar, eles acreditavam que o mal não era intrínseco à materialidade criada, mas, sim, advindo da rebelião e da idolatria. Por fim, os primeiros cristãos criam que o plano redentor de Jesus não era destruir o que fora criado, mas libertar a criação de sua escravidão à corrupção e ao mal.

Mas e quanto ao céu? Para Wright, o quadro bíblico é claro. No presente, o céu é a dimensão oculta de nossa vida comum na terra.[10] Apocalipse 4 e 5 é citado em apoio a essa perspectiva. Além do mais, o texto de Apocalipse 21 e 22 mostra que o destino da criação de Deus é que céu e terra se unifiquem na consumação da nova criação. A imagem não é de seres humanos subindo aos céus, mas dos céus vindo à terra.[11] No que diz respeito a como o céu se encaixa na questão da escatologia pessoal com respeito à morte, ele é identificado como o lugar de descanso no qual os cristãos aguardam sua redenção final: a ressurreição de seus corpos.[12] Essa construção dá origem ao famoso epigrama de Wright sobre a esperança futura: o céu é a vida após a morte, enquanto a ressurreição é a "vida após a vida após a morte".[13] Contudo, o mais importante para a presente análise é a fala empregada por Jesus na oração do Pai Nosso: "Seja feita a tua vontade, assim na terra como no céu" (Mateus 6:10). O céu deve irromper neste mundo.[14]

Qual é, então, a esperança cristã? Para Wright, a esperança futura é a ressurreição, com corpos aptos para a habitação no novo céu e na nova terra.[15] Seres humanos serão ressuscitados com uma "fisicalidade transformada", um corpo empoderado pelo Espírito para sua

---

[10]Wright, *SH*, p. 18.

[11]Wright, *SH*, p. 19, 104-6.

[12]Wright observa que essa realidade é variadamente descrita no Novo Testamento: "muitas moradas" (João 14:2); "paraíso" (Lucas 23:43); "ausente do corpo, presente com o Senhor" (Filipenses 1:23). Cf. *SH*, p. 150-1. Essa realidade, entretanto, não dá ensejo, na opinião de Wright, para os ensinos católicos romanos sobre orar aos santos (cf. *SH*, p. 171-2) e sobre o purgatório (cf. *SH*, p. 166-7).

[13]Wright, *SH*, p. 151.

[14]Wright, *SH*, p. 18.

[15]Wright, *SH*, p. 148-9.

ESCATOLOGIA CUMPRIDA OU ESCATOLOGIA EM PROCESSO DE CUMPRIMENTO?

morada na nova criação.[16] A esse respeito, Wright faz uma jogada ousada. Ele interliga a redenção dos seres humanos à redenção do cosmos (Romanos 8:18-25).[17] O foco não é simplesmente seres humanos encontrando redenção, mas toda a criação. A imagem não poderia ser mais vívida: "o nascimento drástico e dramático da nova criação, que sai do útero da velha criação".[18] Ao final, Deus será tudo em todos (1Coríntios 15:28). A intenção de Deus é preencher toda a criação com sua presença e seu amor, sugerindo que o mundo — criado bom, mas escravizado pela corrupção — um dia alcançará seu destino. Longe de implicar a remoção dos seres humanos da corrupção de um mundo destinado à destruição para desfrutar uma existência espiritual e eterna no céu, a esperança cristã envolve participar, por meio da ressurreição, do novo céu e da nova terra unidos, nos quais Deus habita tudo em todos.[19]

Qual é o fundamento dessa esperança? Mais uma vez, a ressurreição de Jesus.[20] Em uma reformulação radical da tradicional doutrina judaica da ressurreição, os primeiros cristãos acreditavam que Deus fez por Jesus o que prometera fazer por Israel no fim dos tempos, e que a ressurreição de Jesus antecipa a ressurreição final de todos.[21] Assim, a ressurreição se torna de vital importância para a autocompreensão cristã.[22] A ressurreição do próprio Jesus fornece a base para a compreensão da igreja sobre sua missão no mundo atual.

---

[16]Wright, *SH*, p. 160.

[17]Wright, *SH*, p. 101-4.

[18]Wright, *SH*, p. 104.

[19]Conforme pode ser deduzido de tal construção, Wright também não concorda com o ensino da "teologia do arrebatamento", sujeitando esse ensino a uma crítica substantiva e ferrenha (cf. *SH*, p. 118-34).

[20]No cap. 3, "Early Christian hope in its historical setting", e 4, "The strange story of Easter", de *SH*, Wright nos oferece um resumo de seu monumental estudo *The resurrection of the Son of God* (Minneapolis: Fortress, 2003 — citado a partir de agora de *RSG*) [edição em português: *A ressurreição do Filho de Deus* (São Paulo: Paulus, 2020)]. Ele aborda evidências para a historicidade da ressurreição de Jesus, várias objeções à ressurreição, problemas de epistemologia relacionados à avaliação da evidência, além do uso histórico da ressurreição e da linguagem a ela relacionada na antiguidade.

[21]Wright, *SH*, p. 38-9, 44-5.

[22]Wright, *SH*, p. 42-3.

| Jeffrey S. Lamp |

A ressurreição de Jesus na missão da igreja

A ressurreição, embora se revele fundamental para a concepção de Wright sobre a missão da igreja no mundo, funciona como uma sinédoque para um complexo mais amplo de considerações pertinentes a essa questão. Conforme já observado, a ressurreição de Jesus é a base para a esperança cristã. Nesta seção, examinaremos como a ressurreição e uma série de noções a ela relacionadas servem de base para a missão da igreja.

Para Wright, a ressurreição de Jesus constitui um acontecimento que não é apenas parte da história, um acontecimento que pode ser tratado como qualquer outro, mas algo essencial para remodelar o cosmos a partir de então.[23] A ressurreição de Jesus é o fundamento da nova criação. Se as vertentes da escatologia judaica previram que Deus operaria uma transformação radical no fim dos tempos, a escatologia cristã apostólica trouxe o momento da transformação futura para o presente. No pensamento judaico, a ressurreição seria o ato que sinalizaria não apenas a salvação dos seres humanos, mas também a renovação do cosmos. Ao ressuscitar Jesus dentre os mortos, Deus sinaliza que a renovação do cosmos surgiu e suas raízes foram lançadas no mundo. Wright argumenta que, porque a criação de Jesus ocorreu como um acontecimento histórico, suas implicações e seus efeitos devem ser sentidos no tempo presente.[24] A ressurreição de Jesus nos oferece uma visão de esperança futura, a qual, por sua vez, nos conduz a uma visão de esperança presente; essa visão de esperança presente estabelece o fundamento da missão da igreja no mundo.

Em outras palavras, Deus, ao ressuscitar Jesus dentre os mortos, antecipa a ressurreição de todos os seres humanos no fim dos tempos; a ressurreição de Jesus é a afirmação de Deus de que esse projeto já começou. A nova criação está aqui, com a história sendo, agora, direcionada para o dia em que Deus será tudo em todos. Por si só, a ressurreição é uma declaração de que Deus fará em grande escala o que demonstrou

---

[23]Wright, *SH*, p. 66-7.
[24]Wright, *SH*, p. 191.

ESCATOLOGIA CUMPRIDA OU ESCATOLOGIA EM PROCESSO DE CUMPRIMENTO?

em Jesus em menor escala. Interpretada de forma isolada, a ressurreição não molda, necessariamente, a missão presente dos cristãos, conforme se evidencia em diversas vertentes da tradição cristã, cuja ênfase consiste em uma salvação pessoal, totalmente futura, no céu. É aqui que Wright se mune de outra doutrina do arsenal cristão, intimamente ligada à ressurreição de Jesus, mas muitas vezes incompreendida: sua ascensão.

Wright identifica várias caricaturas da ascensão que se afastam do lugar que ocupam nessa lógica de Deus consertando o mundo.[25] Normalmente, a ascensão é acoplada à ressurreição, de forma que ambas são tratadas como se fossem a mesma coisa. Também a ascensão é muitas vezes interpretada como uma forma de dizer que Jesus se tornou espiritualmente presente em todos os lugares, em especial na igreja. Isso leva a uma percepção da igreja não como uma serva do Senhor, mas como a própria presença de Deus no mundo. Wright rejeita esses mal-entendidos da ascensão, apontando, em vez disso, para algumas realidades encapsuladas na doutrina. Em primeiro lugar, a ascensão de Jesus demonstra que céu e terra estão intrinsecamente conectados no presente.[26] Conforme já observado, o céu e a terra não são propriamente vistos como duas localizações espaciais diferentes, mas como duas dimensões diferentes, porém tangencialmente relacionadas, da criação de Deus. O céu e a terra estão em contato; Wright chega a descrever o céu como a "sala de controle" da terra.[27] A ascensão de Jesus efetua essa conexão entre céu e terra em dois aspectos importantes. No primeiro, Jesus é um ser humano entronizado no céu como Senhor governante sobre a terra, não só no futuro, mas também agora. No segundo, porque Jesus ressuscitou, o Espírito Santo foi derramado sobre a terra, em cumprimento de sua promessa. O homem Jesus reina no céu como Senhor e, por meio do Espírito Santo, realiza esse senhorio na terra por intermédio da igreja.

Outra característica da ascensão, que se revela crucial para a compreensão da missão da igreja, é que ela sugere o reaparecimento de

---

[25]Wright, *SH*, p. 109-13.
[26]Wright, *SH*, p. 115-7.
[27]Wright, *SH*, p. 115.

| *Jeffrey S. Lamp* |

Jesus na terra para marcar a renovação total do cosmos (cf. Atos 1:11). No entanto, em vez de falar sobre o assunto em termos familiares ao evangelicalismo popular — a saber, empregando a "teologia do arrebatamento" —, Wright escolhe concentrar-se no termo grego παρουσία, que costuma ser traduzido como "vinda", mas que Wright entende que seria melhor traduzido como "presença".[28] O termo sugere que o Senhor, ausente no corpo, mas presente no Espírito, um dia estará presente no corpo e transformará o mundo, governando-o, assim, como seu Senhor.

Outra doutrina-chave desse complexo flui diretamente das doutrinas da ascensão e da *parousia*: o juízo. Quando Jesus se manifestar como o Senhor presente, também se manifestará como juiz. Contudo, de acordo com Wright, uma característica negligenciada da doutrina bíblica do juízo é que o julgamento vindouro de Deus será o meio pelo qual ele trará justiça restauradora e transformadora para a criação.[29] No Novo Testamento, Jesus é descrito como o "filho do homem", aquele que sofre e é vindicado em sua ressurreição e ascensão. Esse "filho do homem" vindicado traz juízo sobre o mundo — ou seja, Jesus coloca o mundo em ordem por meio de seu julgamento. Quando Jesus julgar como Senhor presente, a morte e a decadência serão superadas, e Deus será estabelecido como tudo em todos.[30] O significado disso tudo para a atual missão da igreja é que, em antecipação da sua vinda definitiva

---

[28]Wright, *SH*, p. 128-30. Em uma das posições mais controversas de Wright, ele desafia as interpretações evangélicas populares de várias passagens bíblicas que falam da "segunda vinda" de Jesus. Sugere, de forma provocativa, que o próprio Jesus nunca falou de seu retorno, e que passagens do Novo Testamento que supostamente o fazem falam de sua vindicação ("o filho do homem vindo sobre as nuvens"), de sua primeira vinda (nas histórias que Jesus contou sobre reis ou servos indo embora), ou de seu senhorio manifestado em presença corpórea na transformação final do mundo (cf. 1Tessalonicenses 4:16-17). Cf. *SH*, p. 125-33. Para saber mais, cf. *Jesus and the victory of God* (Minneapolis: Fortress, 1996), caps. 8 e 13; e *Paul: in fresh perspective* (Minneapolis: Fortress, 2005), cap. 7 — citados a partir de agora como *JVG* e *Paul*, respectivamente. Não é que Wright negue um julgamento futuro ou a presença de Jesus como o juiz final, mas, sim, que a perspectiva popular da "teologia do arrebatamento" não é a melhor maneira de entender o testemunho bíblico a esse respeito.

[29]Wright, *SH*, p. 137-9.

[30]Wright, *SH*, p. 142-3.

futura, nós estamos testemunhando a respeito e estabelecendo a justiça vindoura de Jesus.

Em suma, a ressurreição de Jesus marca o fundamento da nova criação de Deus no curso da história. Esse evento serve de garantia à afirmação de Deus de que a presente ordem eventualmente experimentará redenção no futuro. Como tal, a ressurreição é a base para o trabalho contínuo da igreja no estabelecimento dessa ordem. Além disso, após sua ascenção, esse Jesus ressuscitado foi entronizado no céu como Senhor sobre a terra. O atual Senhor do mundo reina e exerce seu senhorio por meio de seu povo cheio do Espírito, a igreja, cujas presença e obra atestam o início da transformação que aguarda o cosmos quando Jesus, o juiz vindouro, se manifestar na *parousia*. Ressurreição, ascensão, Espírito Santo, *parousia* e juízo — esse é o complexo de doutrinas que moldam nossa compreensão da presença da nova criação no meio da história, bem como da missão da igreja à luz da nova criação, caminhando para seu cumprimento. Só nos resta agora descrever a essência da missão atual da igreja no mundo.

A CONCEPÇÃO DE WRIGHT SOBRE A PRESENTE MISSÃO DA IGREJA

A que se assemelha essa missão? Wright passa os quatro capítulos finais de *Surprised by hope* abordando essa pergunta (caps. 12—15). Wright começa enfatizando o ministério de Jesus como componente integral do que Deus estava fazendo para levar a história de Israel ao seu ponto culminante por meio da história de Jesus. Os milagres, as curas e os ensinamentos de Jesus não eram apenas relatos interessantes que preenchem o espaço antes da cruz e da ressurreição; eles são paradigmáticos do projeto que Deus estava realizando no mundo, apontando para a esperança futura, mas também permitindo que as pessoas começassem a desfrutar esse futuro no presente.[31] As narrativas dos Evangelhos não são apenas biografias: elas são a representação daquilo a que a realidade se assemelha quando o governo de Deus entra no mundo por meio da nova criação.

---

[31]Wright, *SH*, p. 192.

| *Jeffrey S. Lamp* |

A missão da igreja gira amplamente em torno do que os cristãos acreditam sobre a natureza da salvação. Wright acredita ser um erro ver a salvação simplesmente da perspectiva da fuga pessoal da alma, um escape da corrupção rumo à bem-aventurança celestial. De forma célebre, Wright ironiza a esse respeito: "Não é apenas nossa alma que é salva; somos salvos por inteiro".[32] A salvação é a esperança de que seremos ressuscitados na nova criação de Deus como seres humanos genuínos, em cumprimento ao mandato de Gênesis 1, passagem em que Deus deu à humanidade a incumbência de trazer ordem ao mundo que criou — ou seja, trazer salvação ao mundo. Essa salvação diz respeito "à integralidade do ser humano, e não apenas à sua alma; corresponde ao presente, e não apenas ao futuro; trata do que Deus faz *por meio* de nós, e não apenas do que faz *em nós e a favor de* nós".[33]

Talvez a contribuição mais inovadora de Wright para a compreensão da missão da igreja seja sua insistência em que a igreja participa com Deus da "edificação em prol do Reino".[34] Isso não é o mesmo que edificar o Reino em si. Wright argumenta que 1Coríntios 15:58 confirma o seguinte: a obra da igreja realizada no presente cumpre algo que se tornará, no devido tempo, parte do novo mundo de Deus.[35] Wright identifica três áreas nas quais a igreja, em sua missão no mundo, edifica em prol do Reino: justiça, beleza, e evangelismo. O trabalho da igreja em prol da justiça é uma resposta ao propósito redentor de Deus de corrigir a criação; a criação da beleza por meio das artes é uma resposta à beleza criadora de Deus, apontando não apenas para ele, mas também para a promessa de Deus para a criação; o evangelismo é a proclamação a cada pessoa de que Deus, o criador do mundo — e de que Jesus, a quem Deus ressuscitou dos mortos —, é o verdadeiro Senhor do mundo, e de que, por intermédio de Jesus, os poderes do mal foram derrotados e a nova criação foi iniciada.[36] As obras de justiça, beleza e evangelismo da igreja

---

[32]Wright, *SH*, p. 199.

[33]Wright, *SH*, p. 200.

[34]Wright, *SH*, p. 208.

[35]Wright, *SH*, p. 208. A porção de 1Coríntios 15:58 em vista é: "pois vocês sabem que, no Senhor, o trabalho de vocês não será inútil".

[36]Wright, *SH*, p. 227.

ESCATOLOGIA CUMPRIDA OU ESCATOLOGIA EM PROCESSO DE CUMPRIMENTO?

são meios pelos quais o Reino futuro é trazido ao presente, misteriosamente incorporados a esse Reino futuro.[37]

A missão da igreja no presente não é apenas uma questão das obras que ela realiza, tendo o mundo como objeto e palco de sua atuação. Tais obras se baseiam na revisão que a igreja faz de si mesma para a missão e a vida em torno da história do Jesus ressuscitado. Essa remodelação tem dimensões cómicas e pessoais. A ressurreição prevê o estabelecimento de uma nova criação na história e fornece a metáfora para a transformação pessoal experimentada no batismo, necessária para que ela se torne um povo moldado para viver na nova criação de Deus.[38] Além disso, a vida comunitária da igreja também demanda revisão. Wright argumenta que a igreja deve demonstrar a vida da Páscoa de várias maneiras à medida que vai construindo o Reino de Deus. Ele os rotula de redenção de espaço, tempo e matéria.[39] Wright argumenta ainda que a ressurreição molda nossas práticas de espiritualidade de tal forma que a vida da igreja exibe sinais de nova criação.[40]

Em suma, Wright traz expressões concretas da obra da igreja que realizam a "edificação do Reino de Deus". Todavia, essas obras se baseiam na igreja revendo a si mesma como um povo da ressurreição vivendo sua vida. Se Deus começou a endireitar o mundo na ressurreição de Jesus, então a igreja deve ser uma comunidade transformada por essa nova realidade da criação, a fim de proclamar essa realidade no mundo.

Wright promove uma escatologia realizada ou defende outra coisa? Talvez a pergunta seja equivocada. A perspectiva de Wright é mais

---

[37]Wright, *SH*, p. 230-2.

[38]Wright, *SH*, p. 250-3.

[39]Wright, *SH*, p. 259-63. Em relação à redenção do espaço, Wright sugere que a igreja deve viver como um povo que vê toda a criação de Deus como parte dos propósitos divinos, reivindicando a ideia de que o espaço da adoração não é simplesmente uma questão de uso eficiente de recursos, mas a evidência do compromisso da igreja com a verdade de que toda a criação é valorizada por Deus. Em relação ao tempo, uma reivindicação do calendário litúrgico e uma visão de longo prazo da história da igreja como o registro do futuro de Deus se tornando realidade na história servem como características definidoras de um povo que acredita que Deus está trabalhando na história. Quanto à matéria, nos sacramentos do batismo e da Ceia do Senhor, a igreja afirma que os elementos da ordem criada apontam para o cumprimento da nova criação com a transformação do mundo presente.

[40]Wright, *SH*, p. 271-88. Entre essas práticas, Wright lista o batismo, a Ceia do Senhor, a oração, o uso das Escrituras, a santidade e o amor.

definida pelo ponto que ele enfatiza do que por sua classificação taxonômica. Seu foco na ressurreição de Jesus como o acontecimento que traz o Reino de Deus para a história, e como aquilo que transforma a ordem presente em antecipação à esperança futura, revela o interesse de alguém que deseja não classificar a escatologia, mas, sim, vivê-la. Assim, chamá-la de "escatologia em processo de cumprimento" não é criar uma categoria, mas enfatizar a redenção que Deus está operando atualmente no mundo por meio da ressurreição e da igreja empoderada pelo Espírito.

UM ENGAGAMENTO PENTECOSTAL COM AS PERSPECTIVAS DE WRIGHT SOBRE A MISSÃO DA IGREJA NO MUNDO

Perspectivas pentecostais sobre a missão da igreja

Muitos pentecostais identificam a evangelização do mundo sob a ótica da urgência escatológica como a força motriz da missão pentecostal desde o início do movimento.[41] Especificamente, a adesão a uma escatologia dispensacionalista pré-milenarista relegou o foco missionário da igreja ao evangelismo, uma visão atualmente popular entre muitos pentecostais.[42] De acordo com essa perspectiva, as obras voltadas à libertação social são consideradas menos importantes do que o evangelismo, embora algumas dessas obras possam ser preparatórias para o evangelismo.[43] Além disso, o alinhamento dos pentecostais clássicos com as alas política e teologicamente conservadoras da igreja cimentou ainda mais as suspeitas contra um papel salvador do Espírito

---

[41]D. William Faupel, *The everlasting Gospel: the significance of eschatology in the development of Pentecostal thought* (JPTSup 10; Sheffield: Sheffield Academic Press, 1996); Veli-Matti Kärkkäinen, "Pentecostal pneumatology of religions: the contribution of Pentecostals to our understanding of the word of God's Spirit in the world", in Veli-Matti Kärkkäinen, org., *The Spirit in the world: emerging Pentecostal theologies in global contexts* (Grand Rapids: Eerdmans, 2009), p. 155-80.

[42]Frank D. Macchia, *Baptized in the Spirit: a global Pentecostal theology* (Grand Rapids: Zondervan, 2006), p. 272-5.

[43]Macchia, *Baptized in the Spirit*, p. 277; Kärkkäinen, "Pentecostal pneumatology of religions", p. 168.

ESCATOLOGIA CUMPRIDA OU ESCATOLOGIA EM PROCESSO DE CUMPRIMENTO?

independentemente do evangelismo.[44] Entretanto, fora da América do Norte, os pentecostais têm mostrado mais vontade de envolver as questões sociais como expressões válidas da missão da igreja no mundo.[45] Young e Kärkkäinen destacam inúmeros exemplos pentecostais não ocidentais de missões além do evangelismo, extraídos de vários contextos e englobando regiões correspondentes a dois terços do mundo.[46] Parte desse fenômeno surge simplesmente da demografia. Enquanto o pentecostalismo passou a contar com a aceitação ampla nos Estados Unidos, com o aumento concomitante da posição socioeconômica entre seus adeptos, os pentecostais em contextos não ocidentais são verdadeiramente a igreja "dos pobres", não apenas "para os pobres", vivendo em situações nas quais a pobreza, a doença e a opressão são parte de sua existência diária.[47]

Dada essa divergência de opinião, existe uma rubrica teológica construtiva para formular uma abordagem pentecostal à missão semelhante à que Wright articulou? Frank Macchia ofereceu uma dessas articulações em *Baptized in the Spirit* [Batizado no Espírito]. Macchia busca reapropriar-se da metáfora do batismo no Espírito de uma maneira que permita a missão dentro de um relato pneumatológico completo da atividade salvadora de Deus no mundo. O resultado é um relato do batismo no Espírito que se estende para além da experiência individual

---

[44]Kärkkäinen, "Pentecostal pneumatology of religions", p. 170. Um estudo histórico interessante desse fenômeno é o movimento das Assembleias de Deus de uma posição oficial de pacifismo para um apoio mais ou menos amplo do uso de meios militares para a resolução de conflitos. Cf. Paul Alexander, *Peace to war: shifting allegiances in the Assemblies of God*, C. Henry Smith Series (Telford: Cascadia Publishing House, 2009).

[45]Kärkkäinen, "Pentecostal pneumatology of religions", p. 168.

[46]Cf., Douglas Peterson, "A moral imagination: Pentecostals and social concern in Latin America", in: Veli-Matti Kärkkäinen, org., *The Spirit in the world* (Grand Rapids: Eerdmans, 2009), p. 53-66; Koo Dong Yun, "Pentecostalism from below: Minjung liberation and Asian Pentecostal theology", em Veli-Matti Kärkkäinen, org., *The Spirit in the world* (Grand Rapids: Eerdmans, 2009), p. 89-114; Amos Yong, *The Spirit poured out on all flesh: Pentecostalism and the possibility of global theology* (Grand Rapids: Baker Academic, 2005), cap. 1. Cf. Samuel Solivan, *The Spirit, pathos, and liberation: towards a Hispanic Pentecostal theology*, JPTSup 14 (Sheffield: Sheffield Academic Press, 1998).

[47]Wonsuk Ma, "'When the poor are fired up': the role of pneumatology in Pentecostal/charismatic mission", in: Veli-Matti Kärkkäinen, org., *The Spirit in the world* (Grand Rapids: Eerdmans, 2009), p. 41-2.

| *Jeffrey S. Lamp* |

do Espírito Santo, de modo que "o Espírito é visto como envolvido no alcance da vida para a renovação em todas as coisas".[48] Dito sucintamente, "o batismo no Espírito é um batismo no amor de Deus que santifica, renova e capacita até que o batismo no Espírito transforme toda a criação na habitação final de Deus".[49]

Essa definição de batismo no Espírito vai muito além do fascínio pentecostal estereotipado pelo falar em línguas. Está inserida na escatologia, tendo como objetivo a transformação da criação pela habitação de Deus no ser humano. Essencial para a realização desse objetivo é o entendimento de que Jesus é quem batiza com o Espírito. Aquele que foi ungido com o Espírito para cumprir sua missão no mundo foi o mesmo que, pelo Espírito, "trilhou o caminho dos abandonados e oprimidos por Deus e se solidarizou com eles, por meio do Espírito, na cruz".[50] No Jesus ungido pelo Espírito e em sua proclamação por intermédio do Espírito, o Reino de Deus se fez presente; por esse mesmo Espírito, Jesus foi ressuscitado para quebrar o poder do pecado e da morte e, em sua humanidade glorificada, transmitir o Espírito, conduzindo aquele que crê à novidade de vida.[51] Na encarnação, na cruz, na ressurreição e na glorificação, a missão do Filho foi realizada pela presença e pelo poder do Espírito.

Macchia argumenta que o batismo do Espírito é o meio pelo qual a criação é transformada pelo Reino, participando de sua vida.[52] O Espírito derramado sobre Jesus é o Espírito derramado sobre toda a carne pelo Filho ressuscitado, com o fim de libertar a criação, de dentro da história, para novas possibilidades de vida escatológica, tanto no presente como no futuro.[53] O Espírito presente no batismo é o mesmo que geme com a criação sofredora, na esperança de sua libertação da corrupção, e é o

---

[48]Macchia, *Baptized in the Spirit*, p. 41.

[49]Macchia, *Baptized in the Spirit*, p. 60. Yong articula uma perspectiva semelhante em *Spirit poured out on all flesh*, p. 91, 102.

[50]Macchia, *Baptized in the Spirit*, p. 126.

[51]Macchia, *Baptized in the Spirit*, p. 109.

[52]Macchia recorre a Gregório de Nissa para essa percepção. Gregório escreve: "O Espírito é um reino vivo e substancial e distintamente subsistente com o qual o Cristo unigênito é ungido e é rei de tudo o que existe" (*On the Lord's Prayer* 3). Citado em Macchia, *Baptized in the Spirit*, p. 89.

[53] Macchia, *Baptized in the Spirit*, p. 97.

ESCATOLOGIA CUMPRIDA OU ESCATOLOGIA EM PROCESSO DE CUMPRIMENTO?

mesmo com o qual o Filho foi ungido, em nome do Pai, em resposta ao clamor da criação para a redenção; também é o mesmo Espírito derramado pelo Filho glorificado em resposta ao clamor da criação por libertação.[54] O batismo do Espírito é o meio pelo qual Deus redime o cosmos.

Na construção de Macchia, o batismo no Espírito é a presença empática e tabernacular de Deus com sua criação sofredora, enquanto ela se move em direção à redenção.[55] Essa presença é encarnada no mundo pela igreja, o povo nascido na narrativa de Atos por meio do batismo do Espírito para sua missão no mundo.[56] A igreja é o templo cheio do Espírito, testificando quanto ao objetivo do Espírito de preencher toda a criação em preparação para sua transformação final como lugar da habitação de Deus.[57] A igreja dá esse testemunho por meio de uma fé fundamentada nas *ortopatos*, afeições corretas na espiritualidade e na adoração, assim como por sua *ortodopraxis*, seu viver correto na santidade, no testemunho vibrante e na participação na justiça social.[58]

Em suma, para Macchia, o batismo no Espírito é uma metáfora suficientemente elástica para fornecer uma estrutura a partir da qual podemos compreender a redenção do cosmos efetuada por Deus. Permite que os pentecostais articulem a história da salvação de Deus em Cristo — e, posteriormente, por meio da igreja —, destacando sua participação diferente na vida do Espírito. Fornece-nos um contexto para o lugar do Espírito na encarnação, crucificação, ressurreição e glorificação de Jesus, no nascimento e na missão da igreja e no objetivo escatológico da criação, tornando-se a morada de Deus. Ao prover tal construção, Macchia não nega os aspectos pessoais e existenciais do batismo no Espírito, mas expande a metáfora para explicar o lugar do Espírito na redenção do cosmos feita por Deus.

---

[54]Macchia, *Baptized in the Spirit*, p. 136.

[55]Macchia, *Baptized in the Spirit*, p. 126.

[56]Macchia, *Baptized in the Spirit*, p. 155; cf. Atos 1:8.

[57]Macchia, *Baptized in the Spirit*, p. 203-4.

[58]Macchia, *Baptized in the Spirit*, p. 112. Gordon D. Fee afirma que a igreja é o povo do futuro no presente, que deve continuar a proclamar o Reino de Deus como boas-novas aos pobres. Cf. Fee, "The kingdom of God and the church's global mission", in: Murray W. Dempster; Byron D. Klaus; Douglas Peterson, orgs., *Called and empowered: Pentecostal perspectives on global mission* (Peabody: Hendrickson, 1991), p. 7-21.

| Jeffrey S. Lamp |

COMPARAÇÃO ENTRE A PERSPECTIVA DE WRIGHT E A DOS PENTECOSTAIS

Conforme se evidencia nesta breve análise, há muitos pontos de seme-lhança e contraste entre as perspectivas missionais da igreja articuladas por Wright e pelos pentecostais. Em linhas gerais, ambas as posições afirmam que a igreja tem uma missão no mundo. Para Wright, a igreja participa da construção do Reino escatológico, ao passo que, historica-mente falando (pelo menos no pentecostalismo ocidental) e em nível popular, para os pentecostais, a missão da igreja se resume à procla-mação do evangelho à luz do retorno iminente de Jesus. Para Wright, o foco é diretamente lançado na redenção do cosmos, na qual a salva-ção dos indivíduos está incluída; para os pentecostais, o evangelismo muitas vezes contrabalanceia o lugar de esforços não evangelísticos na missão da igreja. Conforme vimos, Wright é declaradamente crítico da escatologia dispensacionalista, popular entre muitos pentecostais, cuja ênfase no evangelismo ocorre em detrimento das obras sociais. Em linhas gerais, vemos que há muitos pontos de divergência, mas também há o consenso de que a igreja tem uma missão a cumprir no mundo.

De maior interesse, porém, é uma comparação entre a visão de Wright e o que vimos na reformulação do batismo do Espírito feita por Macchia. Em um nível muito significativo, tanto Wright como Macchia partilham a perspectiva de que é possível termos uma compreensão cósmica da salvação, a qual dá sentido ao plano de redenção de Deus da criação para a nova criação. Ambos os autores compreendem o modo primário da obra de Deus como a transformação do cosmos de tal forma que, ao final, "Deus será tudo em todos" (Wright), ou que o cosmos se torne "a morada de Deus" (Macchia). A esse respeito, a escatologia é determinante para a forma de entendermos o que Deus está fazendo no mundo hoje. No final, céu e terra se unirão; o mundo de hoje está se movendo em direção a esse objetivo.

Quanto à missão em si, Wright e Macchia entendem que toda a vida da igreja está envolvida em moldá-la para a missão. Adoração, serviço e espiritualidade devem ser reformulados à luz do objetivo escatológico da criação, a fim de preparar a igreja para se engajar, de forma efetiva, em sua missão no mundo. A missão não pode ser relegada ao status de

ESCATOLOGIA CUMPRIDA OU ESCATOLOGIA EM PROCESSO DE CUMPRIMENTO?

algo que a igreja faz simplesmente porque tem de fazer alguma coisa. Deve ser o resultado de quem a igreja é à luz de seu destino escatológico e de como essa descoberta a modela no presente.

Um ponto de comparação interessante é como Wright e Macchia entendem duas características importantes da redenção de Deus que contribuem para sua missão atual: a ressurreição de Jesus e a entrega do Espírito. Ambos os escritores falam da missão da igreja à luz desses temas. No entanto, diferem em relação a qual das ideias assume posição primária. Em termos teológicos, simplesmente não podemos separar as duas ideias ou atribuir a uma um grau de importância maior que a outra. Jesus é ressuscitado pela ação do Espírito, e o Cristo ressuscitado e glorificado derrama o Espírito sobre toda a carne, em cumprimento da promessa de Deus para a missão no mundo. Ainda quanto à ênfase e à significância paradigmática, cada escritor se concentra em um ou outro tema. Wright dá ênfase especial à ressurreição. Porque Deus fez por Jesus na história o que fará ao final por todos os seres humanos, a nova criação surgiu na história e molda, por meio da igreja cheia do Espírito, como a criação se move em direção ao seu objetivo. A ressurreição é paradigmática para entendermos o lugar do Espírito na salvação do mundo. Para Macchia, o batismo no Espírito recebe ênfase porque serve de metáfora para compreendermos a redenção de Deus. O Jesus ungido pelo Espírito proclama o Reino de Deus em palavras e ações, é crucificado e, em seguida, ressuscitado por meio do Espírito para ser aquele que batiza no Espírito, capacitando, assim, a igreja a se engajar na missão de estender a esfera do Espírito, até que toda a criação seja transformada na morada de Deus.

É evidente que tal diferença de ênfase pode ser nada mais do que uma consequência dos próprios contextos de Wright e Macchia. Wright executa seu trabalho como historiador, estudioso bíblico e bispo, e boa parte do que ele diz é resultado direto de seu programa abrangente, esboçado nas obras da série *Christian Origins and the Question of God*, mediado por sua convicção de que esse estudo deve envolver a igreja e o mundo. Macchia trabalha como teólogo pentecostal, operando com a convicção de que os pentecostais devem recuperar uma parte importante de sua herança e retrabalhá-la à luz de uma compreensão

| *Jeffrey S. Lamp* |

mais ampla do papel do Espírito na redenção divina do mundo. Em cada caso, os interesses e contextos acadêmicos e eclesiásticos são, em grande medida, determinantes para a forma como cada um articula suas perspectivas, e podem explicar a falta de engajamento uns com os outros nas fontes que formaram a estrutura deste ensaio.[59]

CONCLUSÃO

A presente análise teve como objetivo demonstrar que tanto Wright como os pentecostais se preocupam com a missão atual da igreja no mundo. Um resultado significativo desse exame é que talvez os pentecostais possam reconhecer que a ênfase de Wright na importância da escatologia para a definição e a motivação da presente missão da igreja pode nos oferecer uma lente útil através da qual vemos nossa própria missão no mundo — e isso pelo poder e pela presença do Espírito Santo. A ênfase pentecostal do Espírito Santo na missão é implicitamente uma lógica escatológica para a missão. Um envolvimento cuidadoso com o pensamento de Wright a esse respeito pode fornecer aos cristãos pentecostais categorias úteis pelas quais possam definir mais plenamente sua missão no mundo, talvez até mesmo expandindo essa visão. Talvez Wright também possa encontrar algo nas formulações pentecostais que se mostre capaz de moldar seu pensamento, sobretudo no que se refere a uma maior apreciação do papel do Espírito na missão. Trata-se ao menos de uma discussão que vale a pena termos.

---

[59]Isso não quer dizer que Wright não tenha abordado questões de interesse dos pentecostais. Como observado anteriormente, Wright criticou uma "teologia do arrebatamento" que tem ampla aceitação popular entre muitos pentecostais. Além disso, Wright abordou questões de *charismata* que costumam ser vistas como distintivas de pentecostais, mas, mesmo aqui, ele trata mais das questões como aparecem nas Escrituras e no mundo eclesiástico mais amplo do que com os próprios pentecostais. Cf. Wright, *Simply Christian: why Christianity makes sense* (São Francisco: Harper Collins, 2006), p. 110 [edição em português: *Simplesmente cristão* (Viçosa: 2008)]. Cf. tb. sua apresentação mais pastoral de dons espirituais em *Paul for everyone: 1 Corinthians* (Louisville: Westminster John Knox, 2004), pp.166-70, 179-201 [edição em português: *Paulo para todos: 1 Coríntios* (Rio de Janeiro: Thomas Nelson Brasil, 2021)]. É claro que Macchia realmente engajou Wright em outras frentes, como atesta seu ensaio neste volume. Cf. tb. Macchia, *Justified in the Spirit: Creation, redemption, and the Triune God* (Grand Rapids: Eerdmans, 2010).

9

A PALAVRA E O VENTO:

uma resposta

| N. T. WRIGHT[1] |

Estou, ao mesmo tempo, grato e surpreso com o fato de um grupo de teólogos pentecostais querer se engajar com meu trabalho dessa maneira. Devo agradecimentos especiais a Jeffrey Lamp, que foi extremamente paciente ao esperar por esta resposta. Li os ensaios pela primeira vez no final de 2013, mas os quinze meses desde então (estamos na primavera de 2015) foram inundados com tantas tarefas urgentes que não consegui progredir com meus comentários. Peço desculpas aos colaboradores, que talvez se tenham perguntado se fizeram algo para me ofender, ou se seu trabalho veria a luz do dia. Aprecio profundamente o elogio que me fazem, e tentarei, a seguir, não apenas comentar, mas também talvez fazer avançar a discussão em alguns temas.

Desde que esses ensaios foram escritos, como muitos devem saber, publiquei não apenas meu grande e esperado volume sobre Paulo (*Paul and the faithfulness of God*;[2] daqui em diante, PFG), mas também, com os mesmos editores e na mesma data, *Pauline perspectives* [Perspectivas paulinas], uma coletânea de artigos sobre Paulo que remonta a mais

---

[1]N. T. Wright (PhD, Merton College, Oxford) é professor de Novo Testamento e cristianismo primitivo da Universidade St. Andrews, na Escócia. De 2003 a 2010, Wright foi bispo de Durham. A série *Christian Origins and the Question of God* [Origens cristãs e a questão de Deus], composta por quatro volumes, está entre suas inúmeras publicações.

[2]London/Minneapolis: SPCK/Fortress, 2013 [edição em português: *Paulo e a fidelidade de Deus* (São Paulo: Paulus, 2021)].

de trinta anos. Vários outros livros um pouco menos acadêmicos também apareceram, incluindo *How God became King*[3] e, recentemente, *Simply good news*.[4] E há outros ainda sendo preparados. Seria tedioso referir-me a eles com frequência à medida que formos avançando, então deixem-me apenas concordar com o ponto levantado por um dos colaboradores, visto que meu trabalho é realmente cumulativo: ou seja, embora eu tenha alguns esboços maiores em mente há um longo tempo, continuo encontrando mais detalhes nessas imagens que parecem importantes de serem trazidas à tona. Muitas vezes não consigo me lembrar de quando pensei em uma ideia em particular; se agora ela chegou confortavelmente ao cerne da minha compreensão, é difícil imaginar um momento no qual não estivesse lá. Portanto, não posso culpar os colaboradores por não terem visto coisas que eu não disse enquanto liam meu trabalho, mas tentarei simplesmente mostrar, em diálogo com eles, minha posição atual.

Além do meu próprio trabalho, os leitores talvez apreciem saber que há uma introdução boa e clara aos meus escritos, mostrando como podem ser aplicados à vida cristã "comum" em um ambiente paroquial: Stephen Kuhrt, *Tom Wright for everyone* [Tom Wright para todos] (Londres: SPCK, 2011). Como o presente livro, aquele foi uma surpresa, mas a leitura confirmou meu palpite de que existem muitos líderes cristãos em muitas denominações que podem estar em busca do tipo de ajuda que meu trabalho tenta oferecer. Espero e oro para que o presente volume também tenha esse efeito.

Ao abordar um conjunto de ensaios com uma perspectiva pentecostal, minha própria experiência do pentecostalismo, embora pequena, talvez seja significativa. Os falecidos pais de minha esposa serviram a Deus por muitos anos na Elim Pentecostal Church e, para minha surpresa, o ministro deles uma vez me convidou para pregar. (Lembro-me até mesmo do texto que li: Isaías 12.) Meu falecido sogro foi o primeiro

---

[3]London/San Francisco: SPCK/HarperOne, 2012 [edição em português: *Como Deus se tornou Rei* (Rio de Janeiro: Thomas Nelson Brasil, 2019)].

[4]London/San Francisco: SPCK/HarperOne, 2015 [edição em português: *Simplesmente boas novas* (Brasília: Chara, 2016)].

dispensacionalista que conheci, e certamente o único com quem tive longas conversas sobre a interpretação das Escrituras, particularmente em relação aos "últimos dias". Ele era um estudante assíduo da *Scofield reference Bible*, e não havia muitas lacunas em sua compreensão de como esse sistema funcionava. Aprendi muito com ele; infelizmente, meu sogro morreu muito jovem, antes que eu, de fato, pudesse descobrir o que queria responder a ele em diálogo. Além disso, várias ondas de movimentos "carismáticos" chegaram ao Reino Unido em meus dias de estudante, algumas caindo na armadilha clássica de sugerir que aqueles que não falavam em línguas eram cristãos de segunda categoria, outras insistindo em rebatismo somente em nome de Jesus (como em algumas passagens de Atos), e assim por diante. Um membro de minha própria família foi para a África por dois anos e, de forma gloriosa e transformadora, se viu apanhado em um dos avivamentos da África Oriental. Nos dias em que mesmo os anglicanos mais informais seguiam a liturgia básica e cantavam o que hoje soa como hinos antiquados, a nova liberdade da adoração carismática representava uma oportunidade empolgante e promissora; em diversos aspectos, participar do movimento era como ir ao seu primeiro show de rock. Minha geração de adolescentes cristãos leu o famoso livro de David Wilkerson, *The cross and the switchblade*.[5] Pode não ser exatamente o que a publicidade atual do livro chama de "a história mais verdadeira e inspiradora de todos os tempos" (suspeito que David Wilkerson diria que tal descrição se encaixa, na verdade, na história do próprio Jesus!), mas certamente inspirou e energizou muitos de nós. Em parte, sem dúvida, isso se deveu às suas vívidas descrições do perigoso e lúgubre submundo de Nova York, mas também por causa das tantas histórias de orações respondidas e da atuação dramática de Deus na vida das pessoas. Assim, de uma forma ou de outra, sempre tive contato com o pentecostalismo — incluindo, devo dizer, os movimentos carismáticos romanos e anglicanos, dos quais meu falecido sogro suspeitava profundamente.

Esse não é o lugar para descrever minha própria peregrinação cristã, exceto para dizer que, quando eu contava com trinta e poucos anos de

---

[5]Edição em português: *A cruz e o punhal* (Curitiba: Betânia, 1983).

idade, para minha própria surpresa, comecei a orar em línguas. Nunca se tratou de algo dramático; nunca usei esse dom "em voz alta", em público. Em meu ministério pastoral, porém, e em vários outros contextos ao longo dos últimos trinta anos, esse dom tem sido inestimável como forma de colocar diante de Deus pessoas e situações cujas necessidades eu ainda não tinha entendido suficientemente para expressar em palavras. Conheci pessoas que oravam em línguas em voz alta e foram interpretadas por alguém que as entendeu; mas eu mesmo nunca tive essa experiência. Tal como o dom em si, que eu não busquei, não peço por mais do que preciso. Às vezes, orei pedindo por dons de cura, particularmente quando me vi ministrando a pessoas com sérias doenças ou com necessidades especiais. Suspeito que há boas razões para a resposta, até agora, ter sido um gentil "não".

Isso faz de mim um "pentecostal"? Alguns diriam que sim. Não me importo muito com isso. Parte da alegria de ser anglicano (é claro que também há, na mesma medida, tristezas!) é que há espaço para se mover, para crescer, para se desenvolver, para explorar diferentes tradições a partir de uma "base" segura. Por essa razão, nunca vi o "pentecostalismo" como uma tradição desapegada, vivendo uma vida separada. O movimento pentecostal partilha muito, em diferentes direções, com os elementos do evangelicalismo da igreja livre, com os elementos do pensamento dos irmãos Plymouth (particularmente em relação à escatologia) e até mesmo com os elementos da tradição anglicana (um dos primeiros pentecostais britânicos foi Alexander Boddy, ministro anglicano de Sunderland, uma das principais cidades sob a diocese de Durham, onde servi como bispo por sete anos; um dos colaboradores deste volume cita os escritos de Mary, esposa de Alexander). Em particular, me parece que os movimentos pentecostais e carismáticos deram uma grande contribuição ao renascimento, dentro de um evangelicalismo mais antigo, de uma preocupação social, cultural e política adequada. O evangelicalismo mais antigo recaiu muitas vezes em um dualismo no qual Deus se interessava apenas por almas e por evangelismo, e não por corpos e pela política. No entanto, uma vez que os novos movimentos do Espírito passaram a indicar que, na verdade, Deus também se interessa pelo corpo das pessoas, foi apenas um pequeno passo para o reconhecimento — como a maioria dos cristãos sempre teve! — de que Deus

A PALAVRA E O VENTO

estava interessado em todo o mundo da criação, incluindo a sociedade e a cultura. Com isso, voltamos para onde os Evangelhos querem nos levar: para uma visão do Reino de Deus vindo à terra como no céu, uma nova realidade inaugurada pelo próprio Jesus.

Isso, no entanto, nos conduz a um dos temas centrais levantados neste livro, e já é hora de me voltar aos ensaios propriamente ditos. Embora pudesse tentar empregar alguma astúcia, escrevendo sobre várias questões-chave enquanto estivesse lidando de forma oblíqua com várias contribuições, penso que é mais fácil para mim, e talvez mais útil para o leitor, se eu responder aos ensaios um a um.

JEFFREY S. LAMP: CERTO OU ERRADO?

É comum que eu receba cartas e e-mails de pessoas que fizeram esboços ou diagramas para tentar expressar visualmente o que acham que estou dizendo sobre a Bíblia. Muitas vezes, é difícil comentar sobre o assunto, porque todos os diagramas são inevitavelmente simplificações exagera-das, de modo que sempre acabo dizendo: "Sim, mas...". No entanto, o esboço oferecido por Jeffrey é — digo-o com toda a franqueza — melhor do que muitos que costumo receber. Jeffrey consegue captar o que, para mim, é central nas Escrituras e, de fato, na tradição cristã como um todo: que Deus fez a criação boa, e que o juízo final não abolirá a criação, mas a resgatará de sua atual corrupção e decadência, colocan-do-a em ordem de uma vez por todas — e nós com ela, na ressurreição. De fato, trata-se de uma ideia fundamental, e sou grato pela clara expo-sição de Jeffrey a esse respeito.

Um elemento no quadro mencionado por Jeffrey em seu ensaio final, porém, poderia, penso eu, receber mais ênfase. Trata-se do fato de que os seres humanos são feitos à imagem de Deus, o que entendo como uma *vocação*: ser "sacerdócio real", refletindo a sábia e gentil admi-nistração de Deus no mundo (essa é a parte "real") e refletindo louvo-res e orações da criação de volta a Deus (essa é a parte "sacerdotal"). Obviamente, a ideia é destacada no livro de Apocalipse (e.g., 1:6; 5:10; 20:6), apesar de estar presente em toda a Bíblia, de uma forma ou de outra (e.g., Êxodo 19:6; 1Pedro 2:9). O ponto é este: todos vemos com muita facilidade a história da "Criação e Queda" da perspectiva de seres humanos recebendo um alvo moral, fracassando em alcançar esse alvo, e, depois, sendo perdoados. Não se trata de uma ideia exatamente falsa, mas a ênfase está incorreta. Deus deu ao ser humano uma *vocação*, fazendo sua criação de tal maneira que ela funcionasse corretamente e se tornasse aquilo que ele pretendia a partir da vocação exercida pelo ser humano. O ponto sobre o pecado, portanto, não é apenas que ele incorre em culpa moral (embora isso ocorra), mas também no fato de pôr em risco o plano divino para a criação. A questão da redenção, portanto, não se resume ao fato de nos restaurar à comunhão com Deus (embora isso ocorra), mas também de nos reerguer e nos dar o Espírito, para que já possamos, aqui e agora, ser pessoas da nova criação: novas criações em nós mesmos e meios de nova criação para o mundo.

Há, claro, muitos problemas que surgem neste ponto, e abordarei alguns mais adiante. Por exemplo: somos nós, então, que trazemos o Reino de Deus aqui e agora a partir do nosso próprio esforço, ou mesmo por nosso esforço impulsionado pelo Espírito? Não: apenas Deus traz o Reino de Deus, e no tempo que lhe aprouver; mas o Reino foi decididamente inaugurado por Jesus e por meio do seu Espírito, de modo que devemos nos envolver com ele. Essa questão da "escatologia inaugurada" (qual a parcela do futuro definitivo experimentamos no presente?) tem sido, acredito, um enigma para muitos da erudição pentecostal e carismática. Contudo, deixando isso de lado por um instante, dou continuidade ao argumento, da mesma forma que Jeffrey Lamp, com a questão de Abraão.

Lamp está absolutamente certo: argumentei que, para Paulo, Abraão não é apenas um antigo exemplo bíblico de justificação pela fé. Mas não acho que Lamp capte toda a importância disso, o que combina com sua ênfase posterior (bastante apropriada) na narrativa bíblica como mais do que simplesmente ilustrativa. Abraão é aquele com quem, no Antigo Testamento e nos termos da exposição feita por Paulo, Deus inicia o movimento que, por fim, colocará o projeto da criação (e o projeto humano como seu elemento-chave e central) de volta aos trilhos. Aqui, vemos a graça absoluta em ação: Deus planeja uma nova *família* de seres humanos, que habitará em seu novo *mundo* e cuidará dele; então, para começar, Deus chama quem? Um nômade sem filhos! A família e a terra são exclusivamente dons de Deus e, como tais, apontam não para

A PALAVRA E O VENTO

uma futura "salvação" desencarnada, mas para seres humanos ressuscitados que participarão da herança da nova criação pertencente ao Messias. Tudo isso é explicado especialmente em Romanos, passagem em que Paulo reúne promessas não apenas de Gênesis, mas também de profetas como Isaías e do livro de Salmos.

Então, sim, é verdade: Paulo, como a maioria dos judeus do período do segundo templo de quem temos conhecimento, acreditava que (conforme predito em Daniel 9) o "Exílio" não duraria setenta anos, mas setenta vezes sete anos. Não se trata de uma "ilustração" de alguma outra coisa, nem de uma "imagem" que "uso" ao descrever a redenção de Deus. Trata-se, antes, de uma realidade relativa a este mundo, encapsulada na esperança do que aconteceu em Jesus — embora o acontecimento tenha virado essa esperança de cabeça para baixo e do avesso. Em particular, Paulo realmente se baseia em Deuteronômio 27—30 (eu acrescentaria outro capítulo importante, o cap. 32) não como uma ilustração, mas como uma profecia longínqua do que ele viu acontecer na história de Israel — e, posteriormente, de forma culminante no Messias. No entanto, embora "maldição" e "Exílio" sejam centrais a esse quadro, Paulo não diz, conforme sugerido por Jeffrey Lamp, que Deus "amaldiçoou a maldição". Em Gálatas 3:10-14, o ponto é que a Torá estava absolutamente certa ao pronunciar maldição sobre um Israel infiel e idólatra, e que Jesus assumiu essa maldição como representante da nação. Em Romanos 10, o uso que Paulo faz de Deuteronômio 30 corresponde, assim, à sua maneira de dizer: agora, finalmente, surgiu uma nova maneira de "cumprir a lei", e isso em cumprimento à profecia de "retorno do Exílio" e de restauração da aliança. (Romanos 10:1-13 deve ser lido com 2:25-29, passagem muito mal compreendida, ou mesmo ignorada.)

Tudo isso nos conduz à ressurreição e à ascensão de Jesus e ao dom do Espírito. Gostaria de falar um pouco mais do que Lamp faz em seu resumo da ascensão no pensamento de Paulo: aqui, trata-se, mais uma vez, de uma descrição tanto de "realeza" (como em Filipenses 2:9-11) quanto de "sacerdócio" (como em Romanos 8:34). Sim: na ascensão de Jesus, seu povo pode ver seu destino definitivo, vivendo na presença de Deus; mas também pode ver *sua vocação e sua atividade* definitivas: ser sacerdócio real — uma vocação já inaugurada pelo Espírito. E o Jesus que está "à direita de Deus" não está "ausente, mas reinando";

| *N. T. Wright* |

está *presente* com seu povo, embora de forma oculta. Céu e terra não estão muito distantes entre si, afinal; ambos estão unidos em Jesus e no Espírito. Penso que parte do problema enfrentado pelos pentecostais e por todos nós que desejamos enfatizar a importância da presença e do poder do Espírito é que nossas concepções de céu e terra estão erradas. Pensamos neles como realidades muito distantes, como na filosofia antiga (e moderna!) do epicurismo. As Escrituras, porém, contam uma história diferente; Jesus encarna essa história de maneira diferente; o Espírito *permite* que essa história diferente se transforme em realidade.

O Espírito, então, modela e empodera a missão da igreja, que, como Jeffrey Lamp corretamente percebe, não se trata apenas de "salvar almas", mas de trazer à luz os sinais da nova criação, mesmo em meio ao velho mundo presente. Entretanto, não tenho certeza de que a clássica ênfase pentecostal em Atos (em oposição aos Evangelhos ou às cartas) realmente conta com o que quero dizer com "narrativa". Há o perigo de que, ao contar as histórias de Atos, possamos supor que tudo o que precisamos fazer é voltar e repetir a mesma narrativa várias vezes, como se Atos apenas correspondesse a algo sendo *inaugurado*, o início de um único projeto de longo prazo. É claro que, uma vez que os pentecostais (como muitos cristãos ocidentais) reagiram fortemente contra as denominações tradicionais — com seu formalismo e sua insistência na continuidade da história da igreja —, é natural que dissessem: "Esqueça toda essa tradição morta; estamos voltando ao início da igreja". Mas a *narrativa* sobre a qual escrevi não diz respeito, de fato, a uma tradição morta: antes, corresponde a uma história extraordinária, guiada pelo Espírito, que, em um sentido, começou com Abraão, foi reiniciada com Jesus e, em outro sentido, remonta aos primórdios da criação e do chamado de Adão — uma história que, a despeito do momento em que começou, continua no tempo presente e perdurará até a Segunda Vinda. Conforme explicarei em uma das respostas a seguir, devemos continuar criticando toda a tradição à luz das Escrituras; isso, apesar das aparências, é algo com que os anglicanos estão oficialmente comprometidos! Mas a própria Escritura indica, creio, que a missão da igreja constitui, em si mesma, uma nova narrativa, e não um conjunto de fragmentos aleatórios ou dispersos de explosões espirituais repentinas.

A PALAVRA E O VENTO

Desse modo, considerando tudo isso uma introdução, chegamos finalmente ao próprio Jesus...

CHRIS GREEN: A AUTOPERCEPÇÃO DE JESUS

Com o artigo de Chris Green, descobrimos uma grande rachadura que atravessa muitas discussões contemporâneas. O intrigante, no entanto, é que, até eu ler seu artigo, não havia associado essa rachadura a nada especificamente pentecostal. De fato, a observação que fiz há pouco — sobre a forma como a ênfase pentecostal e carismática reintroduziu nas tradições pietistas e evangélicas o fato de que Deus está interessado em corpos, em fisicalidade, e, portanto, também na vida social e cultural de comunidades políticas — poderia sugerir que ouvimos de teólogos pentecostais ou carismáticos uma aprovação vibrante da necessidade de compreendermos o próprio Jesus no contexto histórico, cultural e político de seu tempo. Mas não: o dr. Green quer nos levar para longe dessa paisagem (biblicamente) perigosa e nos deixar no porto seguro da tradição posterior da igreja. Em que sentido isso é "pentecostal"? O pentecostalismo desistiu de sua crença mais antiga (partilhada por boa parte do protestantismo) na autoridade das Escrituras sobre todas as tradições? Não acredita mais na Palavra como autoridade e no Vento do Espírito soprando ar fresco pelos corredores empoeirados da igreja tradicional?

As observações do dr. Green sobre imitar a *fé* de Jesus e sua seção conclusiva sobre o trabalho de Elisabeth Sisson realmente advêm da tradição pentecostal, embora essas seções se posicionem (na minha opinião) desconfortavelmente ao lado do principal objetivo de seu ensaio — que, para mim, parece-me não tanto pentecostal, e sim pós-liberal (Hauerwas, Jenson etc., numa linha que remonta a Hans Frei). Minha resposta é, portanto, apenas parcial em relação a uma ênfase "pentecostal", visto ser mais especificamente voltada à expressão do dr. Green de uma vertente do pensamento estadunidense moderno, cuja popularidade, nos últimos anos, tem sido considerável. A oportunidade de discutir esse assunto é bem-vinda, apesar de eu já ter lidado com esse tema mais amplamente em outra ocasião. Em particular, chamo a atenção para um artigo meu que, a certa altura, pensei que o dr. Green desenvolveria, mas, aparentemente, desconsiderou: "Whence and whither historical Jesus studies in the life of the church" [De onde e para onde nos conduzem os estudos sobre o Jesus histórico na vida da igreja] (p. 115-58) — encontrado no volume *Jesus, Paul and the people of God* [Jesus, Paulo e o povo de Deus], editado por Hans e Perrin (2011). Em vez de se basear nesse artigo para seu ensaio, no qual abordo as questões por ele levantadas, Green cita um artigo muito mais breve, "Response to Richard Hays" [Resposta a Richard Hays], disponível no mesmo volume. Em dois de meus livros mais recentes, *Simply Jesus*[6] (2020) e *How God became king* (2019), também reafirmo o que acho que podemos e devemos dizer sobre Jesus, desenvolvendo o caso mais positivo que quero apresentar sobre a maneira que os Evangelhos canônicos devem ser lidos. Existem muitos mal-entendidos nessas áreas, e seria bom deixá-los de lado; espero que este artigo, bem como os livros citados, possam seguir, de alguma forma, nessa direção. O que se segue é um breve resumo dos argumentos que, na verdade, exigiriam uma exposição muito mais completa.

Um problema inicial vem da sugestão de Green para que eu enfatize a própria fé de Jesus como um modelo para imitarmos. Como eu já disse em outro lugar, considero a "imitação de Jesus" de valor apenas limitado: algo como tentar imitar o maior jogador de golfe ou pianista do mundo. Se não for absurdo por si só, argumento que essa ideia poderia simplesmente desmoronar em um erro do tipo "Jesus, o grande exemplo moral", como se o propósito da encarnação fosse apenas nos mostrar "como fazer as coisas". Evidentemente, não é essa a intenção de Green; todavia, não tenho certeza do que ele tem em mente. De fato, acredito que, ao lermos a história do Getsêmani e de momentos semelhantes na vida de Jesus, podemos encontrar todos os tipos de ecos em nossa própria vida de fé; mas a potencial analogia entre o senso vocacional de Jesus e o nosso tem o objetivo de iluminar o que podemos dizer sobre Jesus, não o contrário. Esse, porém, não é meu ponto principal.

---

[6]Edição em português: *Simplesmente Jesus* (Rio de Janeiro: Thomas Nelson Brasil, 2020).

mim, parece que o exemplo dado por Green de um teólogo pentecostal em particular vai contra o que ele argumenta em outro lugar. Elisabeth Sisson é de fato criativa e interessante, mas ela me parece — pelo que Green cita — lidar de maneira bastante equivocada com as Escrituras e com a tradição. Escrituras: sua reinterpretação do Getsêmani é, na melhor das hipóteses, peculiar e, na pior, simplesmente uma distorção do texto. Tradição: embora ela afirme dar peso à humanidade de Jesus, seu ponto parece negá-la: é como se o Jesus humano não tivesse nenhum papel a desempenhar, exceto o da submissão. Todavia, na ortodoxia de Niceia e de Calcedônia, a humanidade plena de Jesus é afirmada; e, a menos que essa afirmação não passe de um mero gesto superficial, em vez de simplesmente ignorar o tema, devemos perguntar o que a humanidade de Jesus realmente significa.

Francamente, é a humanidade plena de Jesus que tem ocupado boa parte de minha investigação nos últimos trinta anos ou mais. Boa parte da tradição ocidental, principalmente nos últimos duzentos anos, tem sido implicitamente docética ("Jesus não era, de fato, humano; apenas parecia ser"). Muitos, principalmente nos círculos "evangélico" e "carismático", são levados a acreditar que Jesus, na verdade, não passou de "Deus disfarçado" — parecendo humano quando, na realidade, assemelhava-se mais à figura do "super-homem"; de fato, o mito do "super-homem" é uma heresia cristã. A heresia advém de uma suspeita: e se Jesus, afinal, não passou de um "mero homem"? Diante desse desafio, os cristãos ocidentais ficaram ansiosos por "provar que Jesus era divino", principalmente usando argumentos que permanecem pouco convincentes (incluindo o famoso "Mentiroso, lunático ou senhor", de C. S. Lewis, cujo argumento depende [a] de uma compreensão particular de alguns dizeres de Jesus e [b] de esses dizeres terem sido relatados com precisão — premissas questionadas com frequência). Assim, deparamos com um impasse que recai facilmente na falsa dicotomia pós-iluminista "ou uma coisa ou outra", a qual, por sua vez, deve muito ao renascimento do epicurismo. Forçada a escolher entre "divindade" e "humanidade", a tradição liberal se posicionou ao lado de Jesus, o Homem, tentando trabalhar a partir desse ponto ("cristologia de baixo para cima"), enquanto a tradição conservadora se posicionou ao lado de Jesus, o Deus-homem, buscando atribuir-lhe certo grau de humanidade que fizesse sentido ("cristologia de cima para baixo"). Enquanto esse debate continua, muitos estudiosos bíblicos supõem que os quatro Evangelhos canônicos são uma mistura de tradições confiáveis e não confiáveis, e que eles terão de peneirar o joio do trigo pelo uso da pesquisa histórica, às vezes chamada de crítica histórica ou "método histórico-crítico" (embora, na verdade, não exista um único "método", mas abordagens variadas). Como podemos proceder em meio a essa confusão? Devemos desistir do estudo histórico de Jesus e confiar inteiramente nas tradições nicenas e posteriores para nos informar o que os Evangelhos estão realmente dizendo, segundo nos propõe o dr. Green?

Não há espaço aqui para ensaiarmos mais uma vez a declaração mais completa que expus em meu artigo mais longo e nos livros que mencionei há pouco. Espero que todo aquele que se sinta atraído pela linha de argumentação do dr. Green estude cuidadosamente esse material, incluindo o preâmbulo histórico do artigo (que não repetirei aqui). Permita-me apenas resumir nove pontos principais, dos quais o quarto se subdivide em nove.

(1) Os grandes credos antigos são como o varal da igreja: mostram-nos os pontos nos quais a igreja chegou a um acordo sobre assuntos que geraram controvérsias acirradas e, por isso, necessitavam de nova formulação. Os credos nunca foram concebidos como um programa completo do que os cristãos acreditavam (ou deveriam acreditar). Eu amo os credos e os recito *ex animo* em minhas orações diárias e semanais. Não os "rejeitei"; não tenho a intenção de ser "infiel" aos credos. No entanto, eles não me dizem tudo o que as Escrituras me dizem; se eu acreditar nisso, acabarei por distorcer as Escrituras.

(2) Os credos omitem, em particular, um elemento central aos Evangelhos: a inauguração do Reino de Deus por Jesus, na terra como no céu. É o próprio cânon, e não alguma reconstrução histórica duvidosa "por trás dele", que insiste na centralidade absoluta do anúncio do Reino de Jesus, em ações e palavras. É o próprio cânon que insiste em entender quem foi Jesus, o que sua morte realizou e o que sua ressurreição e sua ascensão significaram da perspectiva dessa inauguração do

A PALAVRA E O VENTO

Reino. Palavras como "cânon" e "tradição" se tornaram, em alguns círculos, mantras a serem murmurados, quase como um encantamento, como um meio de afastar o estudioso bíblico da influência nefasta da erudição histórica. Essa atitude é desonesta, pois é ao próprio cânon que apelo. É por isso que, por exemplo, Dominic Crossan certa vez me chamou de "fundamentalista elegante". Minha resposta a isso sempre foi esta: trata-se de uma estranha investigação "histórico-científica" aquela que considera uma virtude acadêmica a capacidade de descartar a maior parte das evidências primárias.

(3) Essa ênfase na inauguração do Reino de Deus por Jesus desafia boa parte do cristianismo ocidental, para o qual seria ótimo se Jesus apenas tivesse nascido de uma virgem e morrido numa cruz sem ter feito nada de especial entre um acontecimento e outro. Se isso é verdade, Mateus, Marcos, Lucas e João perderam muito tempo — o deles e o nosso. A ênfase no Reino atestada pelos Evangelhos desafia a sugestão dos que entendem que a única menção desse tema nos credos ("e o seu Reino não terá fim", trecho posicionado após a promessa da Segunda Vinda) significa que o Reino será inaugurado *apenas* quando Jesus voltar, uma posição que eu não creio ser adequada. Os Evangelhos canônicos (reitero: não uma teoria pseudo-histórica, reconstruída sobre fundamentos falhos) insistem no fato de que Jesus já reina: leia, por exemplo, Mateus 28:18.

(4) Estendendo o último ponto ainda mais, afirmar o que acabei de dizer não é "burlar" os quatro Evangelhos canônicos, mas insistir na *leitura dos próprios Evangelhos* e *deixá-los* nos contar a história completa de Jesus. Supor, conforme sugerido pelo dr. Green, que só podemos "identificar" Jesus por meio dos credos, levanta vários pontos de interrogação, incluindo a questão de como os cristãos nos primeiros dois ou três séculos da igreja conseguiram identificar Jesus antes da produção dos credos. (Por meio do *"regula fidei"*, talvez? Isso também omite o Reino.) Deixar de estabelecer os três primeiros pontos já mencionados implica privilegiar a tradição sobre as Escrituras; o dr. Green percebe aonde isso nos levaria? Ou caso ele quisesse privilegiar *algumas* tradições em detrimento de outras (eliminando, por exemplo, as crenças fortemente tradicionais sobre Maria), com que base ele o faria?

Se sua resposta for: "apelando para as Escrituras", então, sim: façamos isso. Façamo-lo expandindo o ponto em nove subpontos:

- Sim, a "crítica histórica" (lembre-se, não há um único método ou movimento com esse nome) muitas vezes tentou "burlar" o texto e afirmar que seu método corresponde à única maneira de descobrir o "verdadeiro" Jesus. Sim, esse suposto "Jesus real" tem sido muitas vezes o Jesus meramente humano do liberalismo moderno.

- Entretanto, o "método histórico-crítico" não é a única maneira de fazer "história". Surgiu de movimentos filosóficos e teológicos particulares, e foi desde o início projetado para surtir esse efeito truncado. Não devemos abandonar a "história" por causa dessa distorção, assim como não devemos abandonar o dinheiro porque algumas pessoas são corruptas, nem o sexo porque algumas pessoas o pervertem. Rejeitar o estudo histórico do que os Evangelhos realmente dizem com base no fato de que a "crítica histórica" os *dribla* é uma desculpa flagrante para não se prestar atenção ao que os Evangelhos dizem *em seu contexto* — em oposição à leitura encolhida e muitas vezes destituída do Reino que se tornou tão endêmica.

- O tema central dos quatro Evangelhos é que, em Jesus e por meio dele, o Reino de Deus irrompeu "na terra como no céu", a Palavra se fez Carne. *Isso significa que os próprios Evangelhos insistem na realidade histórica*, não meramente na verdade teológica abstrata. Também significa que não podemos supor de antemão que a maneira de a igreja pós-apostólica ler os Evangelhos, tanto sua narrativa geral como em suas frases-chave particulares, corresponde àquilo que os escritores do Novo Testamento tinham em mente. Como exemplo óbvio de uma situação em que o contexto judaico do primeiro século é esquecido (algo que não demorou a acontecer na história da igreja), observe como os leitores entendiam as expressões "filho de Deus" e "filho do homem" como basicamente correspondentes a "humanidade" e "divindade", esquecendo-se dos significados muito mais específicos que essas expressões carregavam na época de Jesus.

A PALAVRA E O VENTO

- Se não estivermos constantemente nos referindo à história do primeiro século, surgirão, inevitavelmente, distorções anacrônicas. Algumas serão relativamente inofensivas: ler a linguagem de Jesus sobre o "bom pastor" do ponto de vista de uma cena pastoral romântica sustentará a devoção, mesmo que à custa das óbvias ressonâncias messiânicas e políticas do primeiro século. Algumas distorções, no entanto, serão tóxicas: foi por isso que Ernst Käsemann insistiu em reiniciar a "Busca" na década de 1950, reagindo à forma como a imagem de "Jesus" havia sido manipulada para servir ao Terceiro Reich, processo que foi facilitado por pessoas dizendo que não devemos tentar recuperar o retrato histórico de Jesus! A história — feita de forma devida, e não como uma forma de ceticismo encoberto — é uma defesa vital contra essas distorções.

- A antiga "busca pelo Jesus histórico" surgiu do desafio do Iluminismo: será que essas coisas realmente aconteceram, ou será que Jesus foi tão somente um jovem mestre judaico carismático, e/ou um líder político que nunca sequer pensou em encarnação ou expiação? Essa questão se tornou enorme nos últimos duzentos anos, principalmente nos Estados Unidos, onde a revista *Time*, o canal CNN, e muitos outros meios de comunicação questionam com frequência: "Isso realmente aconteceu?" A posição cética supõe, é claro, que "a igreja" inventou o Jesus "divino" para sustentar e legitimar sua crença e (no século 4 d.C.) seu status político emergente. Por mais anti-histórico que possa ser, se hoje respondermos a esse desafio dizendo: "Não se preocupe com a história; seguimos o que nossa tradição ensina", estamos simplesmente repetindo e, assim, reforçando o escárnio dos cínicos. Para eles, é exatamente isso que fazemos: compartilhamos nossas fantasias particulares uns com os outros, enquanto eles, os céticos, vivem no "mundo real". Poderíamos nos safar do aspecto histórico dos Evangelhos se — e somente se — sua mensagem correspondesse a uma espiritualidade de outro mundo, uma esperança do céu, e não da terra. Mais uma vez, porém, a linguagem dos Evangelhos sobre o Reino "na terra como no céu" significa que precisamos lidar com as perguntas dos céticos, mesmo que, para fazer isso, tenhamos que pensar mais profundamente a respeito do método histórico.

- Os Evangelhos canônicos (diferentemente de alguns elementos presentes nos não canônicos!) nos apresentam um Jesus *vulnerável*: um Jesus que podia ser incompreendido, vilipendiado, traído, zombado e, por fim, cuspido, espancado e crucificado. Isso é parte do que significou para ele ser genuinamente humano. E isso continua sendo verdadeiro. *É precisamente por acreditarmos na "divindade" de Jesus apresentada no cânon das Escrituras que devemos afirmar — não de forma acidental, mas como uma questão de vital importância — que o Deus encarnado esteve à mercê de todo esse abuso.* E, conforme explicarei a seguir, a Escritura não nos dá outro Deus senão o Deus que vemos encarnado em Jesus. Se tentarmos defender Jesus das zombarias e dos ataques dos críticos históricos, correremos o risco de cometer o mesmo erro que Pedro cometeu quando desembainhou sua espada no jardim do Getsêmani. Quanto mais veementemente acreditamos (e eu acredito nisso) em Jesus como Deus encarnado, bem como na importância central do cânon das Escrituras em oposição a outras coisas que podemos construir a partir dele, mais veementemente devemos afirmar a humanidade de Jesus — e, com ela, a necessidade de "fazer história", de seguir o verdadeiro Jesus histórico, mesmo quando ele nos conduz a lugares aos quais, como os discípulos da época, preferiríamos não ir.

- Não basta apelar para a ressurreição, e para o status atual de Jesus como Senhor entronizado, já reinando (segundo, mais uma vez, encontrado em Mateus 28:18, Filipenses 2:10-11, etc), como se isso fosse suficiente para abandonarmos a "história". Jesus, diz-nos Hebreus 13:8, "é o mesmo ontem, hoje e eternamente". É fácil — às vezes, fatalmente fácil — imaginarmos um "Jesus" que se conformará às nossas esperanças ou fantasias. A única maneira de a fé no Jesus presente e futuro estar devidamente ancorada é no "ontem" dos acontecimentos reais. O Jesus ressurreto e ascendido é precisamente aquele que foi *crucificado*

A PALAVRA E O VENTO

e é responsável por trazer o Reino; transformá-lo em qualquer outra coisa é adorar nossa própria invenção.

- Na verdade, foi a tradição posterior da igreja que "burlou" os Evangelhos, apegando-se, antes, a um suposto esquema dogmático. A meu ver, é exatamente isso que alguém faz todas as vezes que escreve ou prega sobre Jesus sem levar em consideração seu anúncio do Reino no contexto histórico do primeiro século. O resultado, evidente em muitas pregações e ensinos, é que a maior parte do material dos Evangelhos é reduzida ao status de histórias que ilustram a encarnação ou a expiação.

- A história de Jesus — o Jesus que encontramos nos quatro Evangelhos, muitas vezes ignorado pela igreja — é, portanto, elemento central no ensino e na pregação, incluindo a apologia, da igreja. Nesse ponto, encontramos novamente o problema de que muitos (incluindo alguns da tradição barthiana) são alérgicos a qualquer senso de "apologética", alertando com razão contra o perigo racionalista de supor que podemos montar um argumento com base em algum suposto fundamento "neutro" por meio do qual convenceremos alguém que não for estúpido ou teimoso. O problema está na identificação de qualquer "ponte" entre a criação atual e a nova criação, inaugurada por Jesus: como, questionamos, pode existir qualquer outra coisa além do próprio Jesus a partir da qual podemos desenvolver nosso argumento? A resposta é: não existe! Os próprios Evangelhos canônicos da igreja nos trazem exatamente isso: Jesus em pessoa inaugurando o governo soberano e salvador de Deus na terra como no céu, indo à cruz para completar essa obra, ressuscitando e encarnando em si mesmo a nova criação, livre, de forma definitiva, dos grilhões do pecado e da morte, inimigos derrotados na cruz. Essa nova criação é então estendida pelo Espírito aos seus seguidores, que saem, ainda vulneráveis e misteriosos, por todo o mundo, celebrando Jesus e anunciando-o como seu legítimo senhor. Se a igreja não está constantemente "fazendo história" no que se refere a compreender o Jesus dos Evangelhos no contexto em que ele estava, o contexto no qual as próprias Escrituras canônicas da igreja o colocam, não deveríamos nos surpreender se a nossa linguagem sobre Deus, nossa fé e nossa esperança soam para o restante do mundo como se estivéssemos simplesmente falando para nós mesmos em uma pequena bolha particular. De fato, contar a história de Jesus e sua inauguração do Reino foi uma das principais tarefas da igreja apostólica, servindo de base para tudo que passaram a fazer. (Isso mostra o tamanho do erro para o qual Bultmann e sua tradição rumaram. A tragédia está no fato de que muitas tradições evangélicas e correlatas também seguiram no mesmo caminho.)

(5) Partindo desse último ponto, uma questão central para o cânon da igreja (por exemplo, João 1 ou Colossenses 1) é que só sabemos quem "Deus" realmente é se estivermos olhando para Jesus. "Ninguém viu a Deus; o filho unigênito o revelou"; "Ele é a imagem do Deus invisível". Em outras palavras, *é somente quando olhamos para Jesus que sabemos quem Deus é* e, portanto, o que a palavra "divindade" pode significar. Não fazer isso é correr o risco constante do docetismo, que, conforme declarei, tem sido um pecado que assola boa parte da igreja ocidental, principalmente entre os evangélicos e carismáticos. Além disso, olhar para Jesus significa olhar para o Jesus real, e não para um personagem imaginário, o qual não se encaixa no relato histórico apresentado nos Evangelhos. Se Hans Frei realmente afirmou que Deus não pretendia que o encontrássemos dessa maneira, as próprias Escrituras canônicas o condenam. Categorias abstratas usadas pela igreja pós-apostólica, incluindo a definição de Calcedônia, apontam para a direção certa: ou seja, como cristãos, é claro que devemos dizer que Jesus é totalmente divino e totalmente humano. Contudo, só sabemos o que significa "divino" e "humano" à luz do próprio Jesus: não "conhecemos" essas categorias de antemão e, depois, as aplicamos a ele. E nos Evangelhos — insisto: nos Evangelhos em seu contexto histórico — vemos não categorias abstratas de "divino" e "humano", mas duas grandes vertentes: a primeira, o retorno do Deus de Israel, Yhwh, ao seu povo, segundo fora prometido; a segunda, o Messias de Israel, confessado como tal, embora de forma difusa, por Pedro, em Cesareia de Filipe, e, com forte

A PALAVRA E O VENTO

ironia, por Caifás e Pilatos. O que os Evangelhos canônicos nos oferecem é a fusão explosiva dessas duas grandes vertentes bíblicas, que já vemos convergindo em Daniel e Isaías: a promessa de Deus sobre seu retorno e a promessa de Deus de enviar seu Messias. Em Jesus, essas linhas paralelas se intersectam. Expressões densas como "filho de Deus" e "filho do homem" realmente apontam para essa fusão de identidades, embora não da maneira que muitas vezes supomos. Por si só, Calcedônia sempre me pareceu um desafio à confiança, um *credo quia absurdum*. Suas categorias gregas podem ser lidas — e eu as leio — como sinais preciosos que apontam para uma realidade judaica do primeiro século, a realidade de Jesus como YHWH em pessoa e como o Messias de Israel, e para essas duas coisas como simultaneamente verdadeiras a seu respeito.

(6) Portanto, a "divindade" de Jesus é afirmada em todos os quatro Evangelhos (não apenas em João, como se pensava). Marcos começa citando passagens de Isaías e Malaquias, que abordam a preparação para o retorno de YHWH a Sião — e, então, nos mostra Jesus. Mateus e Lucas têm suas maneiras de dizer a mesma coisa. João, claro, apresenta-nos o Verbo que se fez Carne. O significado dessas coisas está contido no mundo do judaísmo do primeiro século, e não exatamente no mundo do dogma dos terceiro e quarto séculos, embora tais dogmas fizessem o possível, muitas vezes de maneira esplêndida, para captar a verdade rica e poderosa que já estava nas Escrituras e transmitir para uma cultura e expressões diferentes. Entretanto, à medida que a igreja foi se afastando do mundo apostólico judaico e de seu significado, toda essa riqueza passou a se desfazer em uma névoa de mal-entendidos — quando, por exemplo, a palavra Χριστός é lida simplesmente como um nome próprio (como o dr. Green muitas vezes a emprega) ou como um código para "o divino" (como ele, às vezes, parece sugerir). Mas parte do meu argumento é podemos até desejar — especialmente no mundo pós--Iluminismo e mais ainda no mundo pós-Calcedônia! — que os Evangelhos tenham sido escritos para afirmar ou explicar a "divindade" de Jesus, isso não passa de uma distorção. *A "divindade" de Jesus é o tom em que a música é tocada, mas não é a melodia que está sendo tocada.* A melodia que os Evangelhos tocam é a inauguração do Reino; e sua forma de enquadrar essa ideia, a "tonalidade" da música, é a crença de

que Jesus mantinha em si a dupla identidade do Deus de Israel e do Messias de Israel.

(7) Assim, à luz de tudo o que analisamos, o que podemos e devemos dizer sobre o próprio Jesus? Suponho que seja fácil caricaturar minha posição, dizendo que rejeito a tradição da igreja ao declarar impossível aceitar que Jesus "sabia ser Deus". Qualquer um que se proponha a se opor ao poderoso e latente docetismo presente no cristianismo ocidental talvez esteja aberto a essa acusação. O que tentei fazer, no entanto, é diferente. Procurei, precisamente em fidelidade a Niceia e Calcedônia, pensar historicamente sobre o que poderia ter significado ao próprio Jesus ser a encarnação viva do Deus que retorna e redime Israel e, simultaneamente, o esperado Messias, em cuja pessoa o destino de Israel se resumiu. Alguns teólogos, hoje e em épocas passadas, falaram de Jesus como alguém que tinha duas "mentes". Considero essa hipótese o resultado de uma falha em refletir adequadamente a respeito da base escriturística e do contexto judaico daquilo que os quatro Evangelhos estão realmente dizendo. O que devemos afirmar sobre Jesus, se tomarmos Calcedônia como um indicador fidedigno daquilo que está presente no cânon? *Que (a) ele acreditava ser o Messias de Israel e (b) que ele cria ser a personificação do Deus de Israel que voltava para redimir seu povo*, mantendo essa dupla crença como uma questão de fé e de consciência de sua vocação, concebida à luz de sua leitura das Escrituras judaicas e de seu conhecimento íntimo daquele a quem chamava de "Aba". Por que costumo chamar a autopercepção de Jesus de "conhecimento"? Porque, na minha experiência, chamá-la de outra forma é combiná-la com a visão docética, na qual Jesus acaba, na prática, não sendo retratado como um ser humano — nem como um judeu! —, mas como um "deus" de nossa imaginação, conhecido não na carne, mas apesar dela. Hoje, na cultura ocidental contemporânea, quando as pessoas ouvem a palavra "conhecimento", muitas vezes a transformam em uma ideia supostamente "científica", em relação à qual temos clareza comprovada e nenhuma dúvida. Trata-se, inequivocamente, de uma ideia rasa de "conhecimento". Porém, se eu dissesse: "Jesus sabia ser o Deus encarnado", seria isso que muitas pessoas ouviriam (e é o que muitos cristãos devotos, infelizmente, *gostam* de ouvir). Afirmo, porém, um tipo diferente de "conhecimento", o tipo

A PALAVRA E O VENTO

que combina com música, fé e amor — e, sim, com vocação. Chamemo-lo de "conhecimento vocacional" ou "conhecimento de fé". Mas, no instante em que esse "conhecimento" deixa de abrir espaço para a tentação, para a dúvida, ou para o desespero — em outras palavras, quando esse "conhecimento" descarta a realidade do Getsêmani e do clamor de Jesus na cruz —, acaba se desfazendo em algo superficial, no qual Jesus deixa de ser genuinamente humano — dito em outras palavras, um entendimento no qual a dupla ênfase da tradição da igreja, que o dr. Green me acusa de abandonar, acaba se perdendo. (Conheço muitas pessoas que foram profundamente feridas pela insistência pastoral desse ensino, com sua implicação de que também devemos ter esse tipo de "certeza".) Uma das coisas mais importantes que Jesus revela ser verdadeira sobre o único Deus, o Criador, o Deus de Israel, é que esse Deus consiste, em sua totalidade, de amor: o amor que se humilha; o amor que revela seu poder na fraqueza; o amor que vence o poder do mundo por um tipo de amor completamente diferente. Trata-se de algo que os Evangelhos canônicos declaram de forma explícita (e.g., Marcos 10:35-45), e que Paulo, naturalmente, confirma (Filipenses 2:6-11).

(8) O que falta em tantas discussões contemporâneas sobre cristologia é aquilo em que o Novo Testamento insiste: o Templo. O Templo era o lugar no qual céu e terra se encontravam; o próprio Jesus falou e agiu como se fosse o Templo, e a igreja apostólica se apropriou desse tema e o desenvolveu. De fato, Paulo vê a igreja como o Templo habitado pelo Espírito ("habitar" é uma palavra relacionada a Templo). Suponho que esse seria um tema natural e frutífero a ser explorado pelos teólogos pentecostais.

(9) Por fim, o ponto principal sobre o evangelho é que se trata de uma verdade pública. Os acontecimentos não ocorreram "em algum lugar escondido" [cf. Atos 26:26]. Jesus não veio para estabelecer um novo mundo particular, para o qual as pessoas podem escapar do mundo real. O primeiro artigo dos grandes Credos é a crença em Deus Pai, o Todo-poderoso, *Criador* do céu e da terra. Nesse ponto, a grande tradição está exatamente na mesma sintonia que o cânon das Escrituras. O que temos nos Evangelhos canônicos — em oposição tanto aos chamados "evangelhos gnósticos", de um lado, como às leituras contemporâneas, de outro — é a história de como o Criador inaugurou sua nova criação

de dentro da velha criação. A ressurreição de Jesus é o ponto em que isso fica mais claro: seu corpo ressuscitado é o mesmo corpo crucificado, agora transformado, não mais sujeito à corrupção e à morte. O túmulo vazio não é um mero xibolete, guardando algum acontecimento "sobrenatural"; antes, é o sinal de que a nova criação começou. E o Espírito é o meio pelo qual as pessoas são cativadas pela mensagem, tornando-se também agentes de sua propagação. Mais uma vez, trata-se de um tema frutífero a ser desenvolvido pela teologia pentecostal. Mas só terá o significado que possui nos próprios Evangelhos canônicos se estes forem lidos com um olhar resoluto para a história do primeiro século, história que esses Evangelhos alegam descrever. Evidentemente, enfrentar esse desafio exige um trabalho árduo, do tipo que alguns teólogos sistemáticos e filosóficos parecem pouco dispostos sequer a imaginar, muito menos executar. Mas é a própria tradição — ao falar na humanidade plena e na divindade plena de Jesus — que nos leva a tal empreendimento. E são os Evangelhos canônicos, e não uma suposta reconstrução que os "dribla", que nos convidam à tarefa e nos oferecem o material necessário para realizá-la.

Retorno ao ponto de partida. Fiquei surpreso ao enfrentar esse desafio, tão familiar para mim em outros contextos, no contexto de um livro de teologia pentecostal. Associo o pentecostalismo a uma forte insistência na palavra das Escrituras como a autoridade suprema, e a uma insistência igualmente forte no soprar renovado do Espírito como o poder com o qual empreendemos todas as nossas tarefas. Apelar (e fazê-lo seletivamente) para a "tradição" soa-me exatamente como o tipo de coisa que se esperaria dos *inimigos* do pentecostalismo, aqueles que estavam confortáveis com a maneira como as coisas eram e não queriam que o vento impetuoso derrubasse os papéis que estão sobre a mesa ou soprasse a poeira de sobre a Bíblia. Se o Espírito realmente é dado para nos revelar cada vez mais sobre Jesus (João 16:12-15), então não pode ser um Jesus diferente daquele descrito por Mateus, Marcos, Lucas e João, o judeu do primeiro século que os séculos seguintes, e suas respectivas mudanças culturais, lutaram para descrever. A história é importante porque as Escrituras canônicas são importantes; as

Escrituras canônicas são importantes porque Jesus é importante. Apelar para a "tradição" acima das Escrituras, cuja apresentação de Jesus ocorre em seu contexto histórico, é como esperar que um livro de culinária seja capaz de cozinhar uma refeição, poupando-lhe do tempo e do incômodo de fazer compras no mercado ou de ficar em pé diante do fogão. É claro que o livro lhe servirá de ajuda para cozinhar a refeição; porém, uma família faminta preferiria ter a comida sem o livro, mesmo que você tivesse de improvisar a receita (um bom prato pentecostal?), a ter um livro sem a comida.

TIMOTHY SENAPATIRATNE: COSMOVISÃO E HERMENÊUTICA

O dr. Senapatiratne me fornece um ângulo interessante quanto à hermenêutica, argumentando que, se eu incluísse o papel do Espírito de forma mais abrangente em minha abordagem, escaparia de problemas com os quais acabo me deparando. Seu argumento, em linhas gerais, parece estar correto. Suspeito que todos nós, mesmo os pentecostais, sempre poderíamos falar mais explicitamente do Espírito, ainda que, conforme sugerirei, a menção não possa tornar-se um meio de evitarmos o trabalho árduo da história e da teologia. Deus pode, se assim desejar, levantar o profeta por uma mecha de seu cabelo e transportá-lo para outro lugar — ou, nos termos do Novo Testamento, "arrebatar" um evangelista itinerante como Filipe e transportá-lo para um local diferente [cf. Ezequiel 8:3; Atos 8:39]. Mas a maioria de nós, na maior parte das vezes, embora igualmente dependentes do Espírito, ainda acreditamos que temos de consultar um mapa, preparar um almoço, encontrar um lugar para ficar e empreender a jornada, quilômetro por quilômetro, pelos meios que estejam disponíveis. Transpondo essa metáfora para a hermenêutica, se, de repente, experimentarmos uma aceleração impulsionada pelo Espírito no processo de compreensão de um texto, será algo maravilhoso; não poderemos, contudo — e aqui está algo de extrema importância — esperar que outros nos acompanhem. Estaremos seguros de haver chegado ao nosso destino, mas, se desejarmos que as pessoas participem de nossa alegria, provavelmente terão de usar um mapa e fazer a viagem por meios convencionais.

Entretanto, antes de chegarmos a esse ponto, há algo no modelo de "cosmovisão" do dr. Senapatiratne que me preocupa. O fato de ele conseguir alinhá-lo de forma tão criativa com o "quadrilátero" wesleyano no final de seu ensaio me fez questionar se ele realmente entendeu o que quero dizer com "cosmovisão" e seu papel em meu argumento. O quadrilátero (e suas várias alternativas em outras tradições) é projetado para mapear a maneira pela qual *o texto bíblico ganha autoridade diante da igreja e do cristão*. Trata-se de um exercício muito mais focado e específico do que qualquer coisa que eu tinha em mente com o termo "cosmovisão". O modelo de cosmovisão, tal como expus em *The New Testament and the people of God* (*NTPG*)[7] e desenvolvi em livros posteriores, destina-se a um propósito bem diferente, ou seja, ajudar-nos a compreender as culturas e seus produtos — quaisquer culturas, quaisquer produtos culturais, dos quais as culturas judaica e cristã do primeiro século são dois exemplos específicos que exploro nas Partes III e IV do mesmo livro.

O propósito do modelo da "cosmovisão" foi recorrer a *insights* de várias fontes para tentar mapear, em várias camadas de detalhamento, a cosmovisão subjacente às comunidades judaicas e cristãs. Devo enfatizar — porque nem sempre isso fica claro no ensaio — que uma cosmovisão, no sentido que a utilizo, não é *aquilo* para o qual você olha, mas o *meio* pelo qual você olha. É uma rede de ideias pressupostas, normalmente não expressas de forma explícita, nem examinadas. Quando o dr. Senapatiratne sugere que as "histórias" em uma cosmovisão lhe dão conselhos e *insights* sobre maneiras de criar um sistema de práxis pelo qual viver, trata-se precisamente do que eu *não* estava falando. Os elementos de uma cosmovisão — na qual a "história" não tem lugar de destaque, segundo ele sugere, mas é simplesmente um dentre quatro elementos, ao lado de símbolo, práxis e perguntas (ou melhor, respostas a perguntas) — entrelaçam-se de múltiplas maneiras, mas isso acontece de maneira silenciosa, e não como aquilo a respeito do que as pessoas tenham consciência ou raciocinem. Pensamento e raciocínio

---

[7]Edição em português: *Novo Testamento e o povo de Deus* (Rio de Janeiro: Thomas Nelson Brasil, 2022).

A PALAVRA E O VENTO

conscientes, conforme explico em vários pontos, ocorrem quando as pessoas articulam suas crenças e seus objetivos para si mesmas ou para os outros. No entanto, porque culturas diferentes da nossa (e às vezes a nossa também) nos soam enigmáticas, quando tentamos adivinhar "o que realmente está acontecendo", acabamos adivinhando errado, de modo que a análise da cosmovisão é uma forma de tentarmos cavar sob ideias explícitas e crenças declaradas com o objetivo de adquirir uma imagem mais arredondada e multifacetada de como as pessoas pensam, falam e vivem.

Parte do resultado de minha análise sobre a cosmovisão em *NTPG* se baseou no argumento específico de que, uma vez que a maioria dos judeus (até onde sabemos) e todos os primeiros cristãos tinham como parte de sua cosmovisão a narrativa implícita de que o único Deus era um bom criador e que um dia restauraria sua criação, sua linguagem sobre a presença e a ação de Deus no mundo deveria ser tomada, ao menos *prima facie*, como um sinal de que, ao escreverem sobre Jesus, eles realmente estavam se referindo a fatos que aconteceram. Conforme sugeri em minha resposta ao dr. Green, a história era algo importante para os primeiros cristãos. Pode ser útil salientar que eu estava escrevendo, após ensinar durante as décadas de 1970 e 1980, em um mundo no qual os alunos eram bombardeados com livros e artigos ressaltando, por exemplo, que o Sermão do Monte refletia a "teologia de Mateus", ou talvez a "teologia da comunidade de Mateus", que traziam a seguinte conclusão implícita: "portanto, provavelmente isso nunca aconteceu e não foi o que Jesus realmente disse". Eis aqui o falso "ou uma coisa ou outra" que o "realismo crítico", articulado por mim de forma bastante rudimentar em 1992, tentou combater. Contra um positivismo mais antigo, que via um texto e deduzia um conjunto de "fatos", a crítica bíblica dominante dos anos pós-guerra caiu em outro extremo: ler um texto, deduzir uma comunidade a partir dele, e concluir que esse texto "na verdade trata" da vida e espiritualidade dessa comunidade. Hoje, talvez seja difícil percebermos quão poderosa e predominante essa linha de pensamento era (embora ainda seja predominante em alguns círculos). Era esse problema que eu estava tentando resolver. É claro que uma leitura crítico-realista, digamos, da parábola do filho pródigo

| *N. T. Wright* |

não resultaria em algo como: "bem, talvez isso realmente tenha aconte-cido": a parte "crítica" do processo envolve a análise do gênero do texto, ou de parte dele. Contudo, eu estava me dirigindo a um mundo no qual pessoas como o falecido Norman Perrin tinham como certo, por exem-plo, que Marcos não tinha a intenção de escrever sobre coisas que "real-mente aconteceram", e que Lucas era estranho porque, ao interpretar Marcos de forma errada, escrevia como se os fatos narrados *realmente* tivessem acontecido e fossem importantes.

Nesse contexto, eu estava, específica e cuidadosamente, evitando qualquer armadilha positivista, e estou surpreso de que haja qualquer dúvida a esse respeito. Naturalmente, àqueles para quem toda a leitura cristã apostólica é "sobre" a cosmovisão fechada de comunidades que leem o texto, pode soar ofensivo meu argumento de que os Evangelhos canônicos pretendiam descrever acontecimentos reais; mas acusar-me de "positivismo" porque eu disse que essa era a maneira de leitura daquelas pessoas é estranho, pois o positivismo desfaz a distância hermenêutica entre o conhecedor e o objeto, algo que eu fui cuidadoso em não fazer. Essa não é, porém, a principal linha de raciocínio do dr. Senapatiratne.

O mais importante é observar como a história funciona. Os historia-dores podem, de fato, falar, não como positivistas ingênuos, mas como realistas críticos, sobre coisas que aconteceram. Como eu já disse em outro contexto, realmente sabemos que Jerusalém caiu no ano 70 d.C.; que Jesus de Nazaré morreu crucificado, entre outras coisas. Todas as evidências convergem para esses pontos. A história não é e não precisa ser confundida com apenas um aspecto da mente daqueles que a rela-tam e de suas respectivas comunidades. Quando Josefo nos conta a res-peito da morte de Herodes, o Grande, podemos questionar alguns dos detalhes que ele traz, mas não podemos dizer: "Isso é só uma ideia de Josefo" ou "o relato só faz sentido na comunidade de Josefo". (Supomos que os relatos faziam sentido na comunidade de Josefo, mas não que isso significa que a história toda não teria passado de ficção.) A escola bultmanniana sempre se preocupou em afirmar o valor histórico dos registros evangélicos, pois temia basear a "fé" na "história" e, assim, do seu ponto de vista, transformar a "fé" em uma "obra", algo sobre o qual era possível construir, em lugar da simples confiança em Deus. Esse

A PALAVRA E O VENTO

foi, e ainda é, um erro radical. Foi esse ponto que procurei estabelecer. Obviamente, é possível que as pessoas inventem coisas e escrevam livros que se pareçam com história quando, na realidade, não correspondem ao que realmente aconteceu. E "o que realmente aconteceu" são palavras carregadas: do ponto de vista de quem? Com a interpretação de quem? Analisei todas essas questões em *NTPG*. Meu argumento é simplesmente que a disciplina história é *possível*. Isso inclui a história de narrativas implícitas, dos símbolos, da práxis e das perguntas que compõem a cosmovisão dessa ou daquela comunidade.

Por fim, temos a questão da interpretação e da autoridade das Escrituras, que constitui um ponto um tanto diferente do que venho tratando. É claro que a questão histórica também aborda isto: se os escritores dos Evangelhos realmente estariam seguindo "mitos engenhosamente inventados" (2Pedro 1:16), então qualquer um que citasse os Evangelhos como evidência sobre o próprio Jesus poderia estar enganado. Mas não creio que essa tenha sido a questão abordada pelo dr. Senapatiratne; nem considero prudente recorrermos ao Espírito Santo para contornar o processo normal de determinar se um texto realmente se refere a acontecimentos históricos ou não. (Por exemplo: sem recorrermos ao Espírito, reconhecemos que o "filho pródigo" se encaixa no gênero da "parábola", cuja intenção não é descrever acontecimentos históricos.) No entanto, é claro que faz todo o sentido, sempre que uma congregação reflete sobre seus ensinamentos e sobre sua vida, orar e confiar na orientação do Espírito Santo — desde que esteja claro que, embora o Espírito dê todos os tipos de *insights*, isso não pode ser tido como a fonte da resposta "correta" às seguintes perguntas: "O que o texto diz?", ou "O que significa para nós hoje?" Participei de reuniões eclesiásticas, sínodos e atividades semelhantes o bastante para aprender a ser cauteloso quando alguém se levanta e declara que o Espírito Santo lhe revelou que tal e tal texto significam isso ou aquilo. Conforme declarado em 1João, devemos testar os espíritos e chegar a um discernimento sábio, e não recorrer ao Espírito para não termos de pensar.

Isso põe em destaque a questão da "experiência" como parte do quadrilátero wesleyano. Segundo observei em meu livro sobre autoridade bíblica (agora em sua segunda edição e com material extra, sob o título

Scripture and the authority of God[8]), o apelo à "experiência" é *diferente* do apelo à "Escritura", à "tradição" e à "razão". Na verdade, todos são elementos diferentes, e a "Escritura" é a base para os demais: "tradição" é "o que a igreja declara ao ler as Escrituras", e a "razão" não é uma faculdade independente, mas se trata de pensar claramente, e não falar qualquer bobagem quando lemos as Escrituras. A "experiência", por sua vez, também é algo diferente. Em certo sentido, a ideia de "autoridade" diz respeito a algo que *aborda* a "experiência" e a põe em ordem, e não algo que surge a partir dela. Cada geração de cristãos reconheceu que algumas "experiências" (pense em Paulo escrevendo aos coríntios!) são enganosas, e às vezes claramente perigosas. É claro que, como os cristãos de todas as tradições já reconheceram (não apenas os pentecostais), a fé e a obediência da igreja ao ouvir as Escrituras não dizem respeito a algo que evita o sentimento, o pensamento e a intuição da igreja e dos cristãos individualmente. O problema é que, hoje, a "experiência" normalmente é invocada para realizar tarefas bem diferentes daquelas enfatizadas por Wesley, que insistia no conhecimento pessoal do evangelho. Ouvimos falar de "experiência", por exemplo, como o ponto fixo a partir do qual o ensino claro das Escrituras, as práticas tradicionais, e até mesmo a reflexão razoável sobre ambos, podem ser ignorados. De acordo com minha experiência, os que argumentaram mais fortemente em prol da inclusão de "experiências" em novas formulações de "autoridade" esperavam, com isso, não reintroduzir a sensação wesleyana de "um coração estranhamente aquecido", mas a possibilidade de que experiências emocionais de vários tipos autenticassem a si mesmas, ainda que parecessem violar as Escrituras. Essa não é, claro, a intenção do dr. Senapatiratne, mas é uma ideia generalizada, de modo que qualquer integração de "experiência" como modelo mais amplo de interpretação e autoridade deve tomar cuidado com esse tipo de conclusão.

Qual, então, é a nossa posição? Concordo plenamente que temos de elaborar, de forma mais explícita, como o Espírito Santo trabalha em

---

[8]Edição em português: *As Escrituras e a autoridade de Deus* (Rio de Janeiro: Thomas Nelson Brasil, 2021).

A PALAVRA E O VENTO

relação à tarefa interpretativa mais ampla da igreja, à medida que ela lê a Escritura e tenta viver sob sua autoridade. E, ao dar conta desse trabalho, podemos muito bem recorrer ao modelo de cosmovisão, não como uma espécie de versão obscurecida do quadrilátero, mas como algo bem diferente: um estudo minucioso do que os autores das Escrituras supunham e consideravam certo, para termos certeza de que estamos interpretando suas palavras de acordo com a maneira como eles viviam, e não imprimindo nossas próprias ideias sobre elas de forma anacrônica (prática que, evidentemente, tem sido muito comum na igreja). Também podemos recorrer ao modelo da cosmovisão para descobrir as suposições que hoje temos enterradas profundamente a respeito de todo tipo de coisas, tornando-as conscientes (sempre uma tarefa difícil a ser feita) para que, se necessário, à luz do evangelho, façamos os devidos ajustes. E, sim, nessa tarefa específica, a igreja seria tola em não recorrer à presença poderosa, amorosa e restauradora do Espírito Santo. Embora eu nem sempre tenha tornado isso explícito, a contribuição de nossos amigos será sempre, como o ensaio em questão, muito bem-vinda.

RICK WADHOLM JR.:
A JUSTIFICAÇÃO E O CLAMOR DO ESPÍRITO

Sou grato a Rick Wadholm por seu resumo claro e preciso do meu trabalho. São questões obviamente complexas, de modo que, de vez em quando, gostaria de incentivá-lo a examinar alguns detalhes mais exegéticos (veja a seguir). No geral, porém, Wadholm está certo: tentei, ao longo de meus escritos teológicos, mostrar que o Espírito é necessário a qualquer teologia paulina de justificação plena. (Veja, por exemplo, minha primeira tentativa de expor essa ideia em meu estudo do reformador inglês John Frith: *The work of John Frith* [A obra de John Frith] [Appleford: Sutton Courtenay Press, 1983]). Assim, eu basicamente concordo com quase tudo o que foi dito em seu ensaio e recebo os *insights* de Barth e Bonhoeffer como totalmente condizentes com o que tentei argumentar.

Tenho apenas dois comentários a fazer. Em primeiro lugar, estou ciente de que a integração do Espírito com a justificação soa mais natural nas tradições reformadas do que nas luteranas. Não acho (embora possa estar errado a esse respeito) que o pentecostalismo tenha uma ligação muito forte com ambas, mas suspeito que, pelo menos em parte do pensamento pentecostal, haja, de um lado, uma bifurcação implicitamente luterana e, de outro, uma teologia divergente do luteranismo quanto à habitação do Espírito. Isso corresponde amplamente à maneira como as igrejas têm lido os oito primeiros capítulos da carta aos Romanos, separando-os em duas seções muito diferentes: os capítulos de 1 a 4 tratam de justificação; os capítulos de 5 a 8, de "santificação", do Espírito, de santidade etc. Como o Espírito não é muito mencionado em Romanos 1—4 (a única seção, 2:25-29, é frequentemente subestimada), as pessoas imaginam que a doutrina da justificação de Paulo, para a qual esses capítulos são citados como *locus classicus*, pode ser declarada sem fazer alusão ao Espírito. Tenho argumentado em muitos lugares que essa divisão é um erro, e que, embora haja, sem dúvida, uma mudança de marcha em Romanos 5, devemos interpretar a breve passagem sobre o Espírito no final do capítulo 2 como uma indicação de que Paulo já está elaborando a teologia que explorará no capítulo 8. O texto de Romanos 1—8 como um todo é sobre justificação e, dentro dessa seção, o trabalho do Espírito é central e vital.

Em segundo lugar, não tenho certeza de haver compreendido completamente o ponto que está sendo articulado sobre o "clamor" do Espírito em Romanos 8 e Gálatas 4. Os intérpretes ora tentam alinhar o clamor do Espírito com as primeiras recitações da oração do Pai-Nosso, ora — especialmente na passagem de Romanos 8 — com o falar em línguas. Nenhuma das opções me parece adequada. No entanto, o reconhecimento induzido pelo Espírito e a consciência do Deus criador como "pai" parecem ser um dos pontos em que é possível discernir, no fluxo do denso argumento teológico de Paulo, uma resposta profundamente "pessoal" e até "emocional": amor de gratidão respondendo a um amor paternal. Tantas linhas de pensamento em Paulo começam ou terminam com amor que não deveríamos nos surpreender com o fato de que a justificação também o faça. Ademais, quando falamos de amor, falamos, naturalmente, do primeiro elemento do "fruto do Espírito". Então, sim: justificação e Espírito estão interligados. E isso nos conduz ao ensaio seguinte.

A PALAVRA E O VENTO

FRANK D. MACCHIA: A JUSTIFICAÇÃO E O ESPÍRITO

Mais uma vez, sou grato por essa apresentação clara e útil sobre minha perspectiva do que Paulo diz em relação à justificação. Não estou surpreso com o protesto do dr. Macchia sobre minha suposta restrição excessiva da própria "justificação". Em consonância com o importante trabalho de Michael Gorman, ele observa que correlaciono estreitamente o que Paulo diz sobre justificação com mais ou menos todos os demais grandes temas da soteriologia. Essa é uma discussão que já está em curso há algum tempo.

Entretanto, quero registrar certa ansiedade por ser empurrado nessa direção. O dr. Macchia toma minha ilustração do carro e do volante, e sugere que a "justificação" é o carro todo, visto de determinado ângulo. Tal afirmação, a meu ver, ainda precisa ser demonstrada de forma convincente. Sim, a linguagem paulina da justificação está intimamente relacionada a tudo o que o apóstolo diz sobre o início, o processo e a conclusão da obra de salvação. Sim, não devemos dividir a linguagem "forense" da linguagem "participativa", como se ambas pertencessem a caixas teológicas diferentes — embora eu note que Sanders, ainda que afirme que Paulo as misture indiscriminadamente, continue a seguir Albert Scofield em privilegiar a "participação" como a categoria mais fundamental. (Ele, no entanto, sugere que é mais difícil de discernir o que Paulo quis dizer exatamente com sua linguagem participativa do que as pessoas costumam pensar.) E, sim, devemos examinar, com o maior cuidado possível, como tudo isso se relaciona com a lei judaica (escrevi muito mais a esse respeito em *Paul and the faithfulness of God*[9] [*PFG*]).

Ainda assim, apesar de todo o argumento elaborado por Macchia, parte do nosso problema é a palavra grega δικαιοσύνη, que, já na época de Paulo, carregava tantos significados que não temos equivalente, nem mesmo próximo, em inglês ou em qualquer outro idioma moderno que conheço. Obviamente, pode ter conotações "éticas", e alguns tentaram reduzi-la a isso (provavelmente a serviço de uma teologia de "justiça imputada", acoplada a uma estrutura de "aliança de obras", de modo que "justiça" parece apenas significar "bondade moral"). Isso me parece

---

[9]Edição em português: *Paulo e a fidelidade de Deus*.

200

profundamente equivocado, tendo em vista a extensa metáfora paulina do tribunal em Romanos 3, e seu extenso tratamento pactual em Romanos 4 e em Gálatas 3. (Repare também Filipenses 3:2-11, passagem na qual muitos temas que, em outras partes dos escritos de Paulo são esboçados separadamente, se unificam.) Mas, quando tentamos, como eu já tentei, integrar pelo menos esses três aspectos — moral, forense, e pactual — no argumento de Paulo sobre judeus e gentios unindo-se na única família de Abraão, e quando vejo o trabalho que esse argumento faz em Romanos, Gálatas e Filipenses, sou levado a afirmar que o termo "justificação" ainda diz respeito a uma declaração quase jurídica e pactual do status que os cristãos têm no Messias.

Afinal, para Paulo, a questão do status não é uma questão de ficção jurídica abstrata. É a base sobre a qual se sustenta a unidade do povo de Deus no Messias. A unidade eclesial não se baseia, para Paulo, na transformação do caráter pelo Espírito, por mais variável que seja, como vemos, por exemplo, em 1Coríntios. Baseia-se no fato de que todos os cristãos compartilham o mesmo status. É disso que (por exemplo) trata Gálatas 2:15-21. Obviamente, Paulo acredita que a própria fé cristã é resultado da obra do Espírito por meio do evangelho, e que "aquele que começou a boa obra em vocês a completará no dia de Jesus, o Messias" (Filipenses 1:6). É evidente que Gálatas 2 correlaciona intimamente as ideias de status e unidade com a obra transformadora do evangelho e do Espírito. Mas o status, como ponto específico dessa soteriologia mais ampla e correlacionado com tudo o mais, mas mantendo seu significado e sua função particulares (o volante do carro!), é a coisa sobre a qual a unidade da igreja deve basear-se. É claro que há muito mais a ser dito sobre isso, e tanto eu quanto os demais prosseguimos com esse debate. Mas esse é um ponto importante a ser observado à medida que a análise for avançando.

GLEN W. MENZIES: AS LENTES DISPENSACIONALISTAS

Sou grato por esse ensaio extraordinariamente ponderado e criativo. O dr. Menzies levanta tantas questões, e de uma maneira tão interessante, que é difícil saber onde interromper a sequência de seu pensamento. Procurarei esclarecer apenas dois pontos.

A PALAVRA E O VENTO

Em primeiro lugar, peço desculpas por aparentemente ter feito comentários "desrespeitosos" na p. 215 de *The resurrection of the Son of God*[10] (RSG). Não era essa minha intenção. Durante a maior parte da minha vida, ouvi tanto pregadores quanto estudiosos falarem sobre 1Tessalonicenses 4 precisamente no que se refere a pessoas "subindo nos ares" ou "voando em uma nuvem", e quando essas coisas são debatidas em círculos populares, essa é a linguagem. Argumentei de maneira extensa, em *RSG* e *Surprised by hope* (que, a propósito, seria um bom parceiro de diálogo para os temas abordados pelo dr. Menzies), que a linguagem de 1Tessalonicenses 4 e seu paralelo (no que diz respeito ao conteúdo, não à expressão) em 1Coríntios 15:51-57 indicam, de forma veemente, que Paulo recorre a uma variedade de linguagens e imagens bíblicas para dizer o que, de outra forma, seria muito difícil de expressar: que Jesus "descerá" (como Moisés, que desceu do monte); que o povo de Jesus, ainda vivo, será vindicado (como os "santos", em Daniel 7); que haverá um "encontro", como aquele que ocorre quando os cidadãos de uma grande cidade saem para saudar seu imperador que retorna — não para ficar fora da cidade, mas para acompanhá-lo de volta para casa.

É claro que qualquer análise sobre linguagem e imagens bíblicas deve prosseguir passo a passo. Não se pode dizer que "tudo não passa de linguagem metafórica", assim como não se pode dizer que "tudo é linguagem literal". Supor que, porque um elemento é uma metáfora, nenhum outro pode ser literal, é simplesmente demonstrar confusão sobre como a linguagem funciona. Quando Daniel 7 fala sobre monstros que surgem do mar, seus leitores sabiam que não se tratava de monstros literais; as imagens eram óbvias, um código bem conhecido para denotar impérios pagãos e seus exércitos. Mas, quando o profeta menciona quatro desses reinos, não se tratava de uma imagem: espera-se que identifiquemos os quatro impérios aos quais Daniel se referia. Acaso devemos, então, interpretar a linguagem de Paulo sobre ressurreição de maneira literal? Claro que sim! E Paulo deixa essa ideia abundantemente clara em muitas passagens, principalmente em Romanos 8:10,11, 1Coríntios 15,

---

[10]Edição em português: *A ressurreição do Filho de Deus* (São Paulo: Paulus, 2020).

| N. T. Wright |

e Filipenses 3:20,21. A questão dos termos "literal" e "metafórico" deve ser analisada passagem por passagem — às vezes, palavra por palavra. Eu sei quão importante a teologia do "arrebatamento" tem sido para muitos movimentos (especialmente nos Estados Unidos), mas continuo, principalmente por razões exegéticas e históricas, a considerá-la equivocada e enganosa. No entanto, a linguagem da "ressurreição", embora possa vir a ser usada de forma metafórica (como em Romanos 6 ou Colossenses 3, aplicando-se ao comportamento ético), mantém seu significado literal ao longo do primeiro século e além, conforme argumentei de forma detalhada em *RSG* e *Surprised by hope*.

Ressalto também outro pequeno, mas importante, detalhe. O dr. Menzies tenta descrever minha perspectiva da expressão de Paulo δικαιοσύνεν θεου ("a justiça de Deus"), mas creio que erra em um ponto. A justiça de Deus, como já argumentei longamente em vários lugares, não é a absolvição em si, nem o veredicto em si, mas o caráter de Deus como o Deus da aliança, Deus como o juiz. A justiça de Deus é exibida quando ele absolve, mas justiça e absolvição não são a mesma coisa. Sobre um tema semelhante, não creio que, para Paulo, "fé" seja a maneira como alguém é incorporado à família messiânica: fé é o sinal de que alguém *foi incorporado* à família. O meio de incorporação é a graça, o Espírito, o evangelho e o batismo; mas isso levanta, naturalmente, uma série de outras questões.

Vejamos, então, questões um pouco mais importantes. É verdade que resisto fortemente à sugestão da teologia da "substituição", pela boa razão de que, em Paulo — e em Jesus! —, a companhia do povo de Deus consiste no próprio Jesus, como Messias de Israel, e naqueles que se juntam ao seu redor, os que são constituídos por ele. Isso faz pleno sentido à luz do primeiro século. Com a aparição do Messias de Israel, o Israel de Deus é composto por aqueles que se agrupam ao redor dele e o aclamam como rei; qualquer um que se recuse a reconhecê-lo será visto como rebelde autoexcluído. Observe, por exemplo, o movimento de Bar-Kochba, ocorrido em 132—135 d.C. Para Paulo, não pode haver dúvida, segundo podemos ver na grande narrativa de Romanos 9:6-10,21: a história vai de Abraão, Isaque e Jacó; passa por Moisés, o Êxodo, o período da monarquia e dos profetas; culmina no Exílio e, depois, no Messias, em quem a "nova aliança" e a profecia

A PALAVRA E O VENTO

do "retorno" do Exílio, encontrada em Deuteronômio 30, tornam-se realidade. O resultado é a situação enigmática descrita por Moisés em Deuteronômio 32 (trecho amplamente considerado, nos dias de Paulo, como uma profecia relacionada ao futuro distante): Israel em rebelião, Deus trazendo outros para provocar-lhes ciúmes.

Evidentemente, o argumento levanta grandes questões — questões que não podemos abordar aqui. Tentei fazer a exegese das passagens relevantes no capítulo 11 de *PFG*, em que observo, em consonância com o dr. Menzies, que há uma desconfortável aliança implícita entre os dispensacionalistas — cuja crença é que Romanos 11 prediz uma conversão de última hora dos judeus — e os seguidores de Stendhal, adeptos das duas alianças. Todas as vezes que trabalho com Romanos 9—11, pergunto-me novamente se há algo na seção que deixei passar; até agora, retorno sempre à conclusão de que Paulo realmente viu Jesus como o Messias de Israel em pessoa, e Israel como o povo reconstituído ao redor desse Messias, que agora incorpora os judeus e os gentios. Não se trata de "substituição", mas de *inclusão*. Quando Paulo disse que todas as promessas de Deus encontram seu "sim" em Jesus (2Coríntios 1:20), penso que estava sendo literal. A ideia dispensacionalista de que algumas promessas foram adiadas, de modo que devemos ler o Antigo Testamento em busca de dois tipos diferentes de profecia, parece-me profundamente antibíblica, não paulina, e inútil. A ideia de que algumas dessas promessas adiadas foram cumpridas em 1948 ou 1967 me parece quase que uma blasfêmia absurda — como parece aos judeus ultraortodoxos, para quem qualquer tentativa de restabelecimento da Terra Prometida até o aparecimento do Messias não passa de uma invenção humana perversa.

Isso *não* significa que as promessas tenham sido "espiritualizadas". Em Romanos 4:13, Paulo declara que a promessa feita a Abraão não foi que ele herdaria "a Terra", mas que herdaria o *mundo*. Na tradição judaica, a ideia remonta ao desenvolvimento da promessa abraâmica original por meio de passagens como Salmos 2, texto em que o Messias recebe "as nações" por "herança" e "os confins do mundo" por sua "possessão". Também aponta para Romanos 8, passagem em que Paulo usa a linguagem do Êxodo para descrever a peregrinação do povo redimido no caminho para sua "herança"; mas essa "herança" não é a terra de

Israel, nem, claro, "o céu", mas *toda a criação renovada*. O cosmos inteiro é agora a terra santa de Deus, e sugerir que há promessas relacionadas à terra ainda a serem cumpridas é colocar o vinho novo do evangelho (novo, embora prometido há muito tempo) nos odres velhos das promessas temporárias. A ideia de herdar o mundo corresponde, de forma exata, à extensão da família de Abraão: não apenas uma nação, mas pessoas de todas as nações (Romanos 4; Gálatas 3, etc). As promessas não foram espiritualizadas; foram universalizadas. E, sim, o cumprimento final foi adiado, de uma forma sem precedentes em outros movimentos judaicos. No entanto, Paulo acreditava, como outros cristãos da época apostólica, que Jesus já estava governando como Senhor (1Coríntios 15:20-28), e que esse governo seria consumado, de modo visível e completo, em seu "reaparecimento" ou "retorno". (Falarei mais sobre esse ponto a seguir.)

É claro que a situação pós-holocausto tornou o assunto muito mais difícil de ser abordado. Em meio ao clima pós-moderno, em que o único "argumento" é a estridente reivindicação de vitimização, muitas pessoas estão tão ansiosas por marcar seus pontos políticos que não conseguem entender argumentos históricos, percebidos como uma afronta à sua sensibilidade. Mas isso simplesmente torna impossível o debate exegético.

Todavia, há de fato uma espécie de paralelo sombrio entre o que considero ser a posição dos Evangelhos, de Paulo e do Apocalipse — para sermos restritos por enquanto — e o que o dr. Menzies chama de "ruptura implícita no dispensacionalismo". Para os primeiros cristãos, a "ruptura" foi precisamente a crucificação e a ressurreição do Messias de Israel. O que poderia ser mais "rompimento" do que isso? Mas é um tipo diferente de ruptura, que resulta em uma compreensão bem diferente do novo mundo aberto por Jesus.

E quanto à *parousia*? Sim: considero Daniel 7 — tanto de forma isolada como em seu novo uso, captado por Marcos 13:26; 14:62 e passagens paralelas — como referindo-se não à *descida* de "alguém semelhante a um filho de homem", mas à sua *vindicação*, após ser conduzido à presença do Ancião de Dias em triunfante esplendor. Esse é o significado natural da passagem de Daniel, e tudo indica que foi a interpretação feita por Marcos — e, creio, pelo próprio Jesus. Penso que a igreja apostólica viu a profecia como cumprida na ascensão de

A PALAVRA E O VENTO

Jesus. Como todas as imagens apocalípticas, trata-se, sem dúvida, de um texto passível de novas interpretações (*4Esdras* [= *2Esdras*] 12:12 diz exatamente a mesma coisa sobre essa mesma passagem). Devemos, porém, ser cautelosos. Boa parte dos capítulos finais de Marcos, assim como seus paralelos em Mateus e Lucas, fluem diretamente da ação de Jesus no Templo e suas consequências. Infelizmente, a igreja com frequência tomou passagens que apontam em uma direção e tentou encaixá-las em um sistema que está se movendo em uma direção diferente. Creio que foi o que aconteceu aqui. Do ponto de vista de Jesus, tanto sua vindicação como a destruição do Templo representavam duas partes do mesmo acontecimento, embora ele soubesse que uma geração poderia passar até que essa ação dupla fosse completada. Posso imaginar alguns considerando essa posição como um "preterismo parcial"; prefiro, segundo o dr. Menzies acuradamente observa, vê-la como uma "escatologia inaugurada". (A propósito, considerei divertido ver-me alinhado, ainda que levemente, com C. H. Dodd. Dodd foi um excelente historiador romano, e alguns de seus trabalhos, notadamente seu livro *According to the Scriptures*,[11] são extremamente valiosos. Contudo, ao longo de minha carreira, passei a ver suas famosas exposições das parábolas e de Romanos como seriamente deficientes. Ele foi, no entanto, o professor do meu professor, George Caird; e, embora Caird também discordasse de Dodd — e eu de Caird —, tenho uma dívida com ele, particularmente em sua ênfase na importância de situar toda a análise em meio à verdadeira história do primeiro século.)

Jesus tentou, em grande parte sem sucesso, explicar a seus seguidores que teria de morrer e que sua morte constituiria o ponto culminante de sua carreira pública, a qual inaugurou o Reino. A morte de Jesus não estava nos planos dos discípulos; eles ainda estavam ansiosos para, a qualquer momento, sentar-se à direita e à esquerda de Jesus em seu reino. A única maneira pela qual o Senhor podia falar sobre qualquer futuro além disso, destacando a destruição do Templo e sua vindicação posterior, seria na linguagem apocalíptica judaica. Quando,

---

[11] Edição em português: *Segundo as Escrituras* (São Paulo: Fonte Editorial, 2020).

porém, Jesus ressuscitou e ascendeu (no relato de Lucas e em Atos 1), seus seguidores foram informados de que ele retornaria. Os discípulos interpretaram essa informação do ponto de vista das imagens do Antigo Testamento relacionadas ao "dia do Senhor"; podemos vê-lo como uma ideia já bem estabelecida em Paulo. Ninguém esperava esse intervalo de tempo, com uma pessoa sendo ressuscitada dos mortos no meio da história e o mundo continuando como antes. O acontecimento era uma novidade. O ensino sobre a "segunda vinda", embora se tenha desenvolvido a partir das raízes bíblicas que falam sobre o retorno de Yhwh a Sião, também era bastante novo. Quanto a mim, creio na Segunda Vinda com a mesma firmeza de um dispensacionalista, aguardando ansiosamente por ela. Mas (seguindo Lucas!) não acho que Marcos 13 diz respeito à Segunda Vinda.

Entretanto, um ponto crucial sobre o dispensacionalismo — se posso expressá-lo dessa forma, lembrando-me de muitas conversas com meu falecido sogro — é que pelo menos o movimento tentou entender as diversas nuânces e etapas pelas quais, de acordo com o Novo Testamento, as antigas promessas estavam sendo cumpridas. Acho que pode ser mais fácil para um dispensacionalista entender (o que vejo como) toda a amplitude da imagem bíblica do plano divino do que alguns evangélicos não dispensacionalistas e ingênuos, os quais achataram a imagem do propósito de Deus a uma resposta à pergunta "como posso ir para o céu?" O dispensacionalista tem ao menos um olhar para as questões mais amplas: Israel e igreja, mundo e história, promessas e terra prometida, etc — elementos factuais desse quadro bíblico mais amplo. Meu único ponto de divergência é que, na minha opinião, os dispensacionalistas não organizam os elementos da mesma maneira que o faz o Novo Testamento.

Curiosamente, recebo mais mensagens, cartas e e-mails sobre meu livro *Surprised by hope* do que sobre todos os meus outros livros juntos. Muitas dessas mensagens são de "dispensacionalistas em processo de recuperação". Percebo que essa não é uma notícia agradável a todos os leitores. Contudo, tentei articular meu argumento passo a passo, passagem por passagem. Como em muitas outras controvérsias, todos os lados apelam para as Escrituras, e é para as Escrituras que devemos ir.

JANET MEYER EVERTS: A COMUNHÃO DOS SANTOS

Gostei muito da exposição da dra. Everts sobre meu pequeno livro *For all the saints* [Por todos os santos]. No entanto, segundo expressei na minha resposta anterior, minha posição é apresentada de forma muito mais completa em *Surprised by hope*, de modo que proponho que a análise da dra. Everts sirva como algo que aponta para um tratamento mais amplo das questões correlatas. Na verdade, *For all the saints* surgiu da mesma série de palestras originais que também produziu *Surprised by hope*. O tratamento dos "santos" visava particularmente a maneira estranha como algumas igrejas anglicanas adotaram, em anos recentes, fragmentos da prática católica moderna para o Dia de Finados, estabelecendo uma distinção clara entre os "santos" que "já se encontram no céu" (celebrados no "Dia de Todos os Santos") e as "almas" da maioria — incluindo, por implicação, nossos próprios entes queridos que já partiram. Essa me parece uma ideia completamente antibíblica e um péssimo ensinamento do ponto de vista pastoral. Eu sei que diversos ministros pensam que pode ser útil dar às pessoas enlutadas um dia especial para que possam lembrar-se daqueles a quem amavam e perderam. Minha resposta a isso é que já temos esse dia: chama-se Páscoa. Colocar tais memórias no contexto de uma comemoração cheia de escuridão e melancolia, sugerindo (embora muitas vezes isso não seja explicitamente declarado) o Purgatório, dificilmente pode ser considerado uma prática útil pastoralmente. Como Janet Meyer Everts ressalta, meu argumento em *For all the saints* e em outros escritos é que a morte física faz cessar nossa propensão ao pecado. Trata-se de uma explicação que remonta ao início da Reforma, e creio que permanece tão verdadeira hoje quanto na época em que foi inicialmente formulada.

Fiquei feliz ao ver como a dra. Everts acoplou diversos hinos em sua exposição. Quando o assunto é a omissão de trechos de hinos, pode ser de interesse passageiro observar que, no cântico *The church's One Foundation* [O único fundamento da igreja], o verso que começa com "Embora com admiração desdenhosa..." normalmente não é cantado no St. John's College, Universidade de Cambridge. A razão é simples: estrofe apontava o dedo para o bispo John Colenso de Natal, um brilhante ex-aluno da universidade cujas opiniões sobre muitos temas teológicos e éticos eram, não sem razão, consideradas heréticas.

Quando se trata de orar com e pelos falecidos, fui grandemente ajudado, muitos anos atrás, ao ouvir sir Norman Anderson, professor e proeminente leigo anglicano, conhecido como um resoluto protestante evangélico. Minha esposa e eu tivemos o privilégio de conhecer Norman pouco antes de seu falecimento, quando, então, morávamos em Cambridge. Ele e sua esposa sofreram a terrível tragédia de perder os três filhos no início da vida adulta, incluindo um deles que, com cerca de 20 anos, já era visto como um potencial candidato a primeiro-ministro, mas que morreu por causa de um tumor cerebral. *Sir* Norman deixou claro que não acreditava no Purgatório. Seus filhos amados estavam com o Senhor. Todavia, tendo amado e orado pelos filhos ao longo das breves vidas que eles tiveram, acaso ele deixaria de apresentá-los diante de Deus só porque já haviam morrido? Para Norman, isso era impensável. Como tantas vezes é o caso, reagir contra doutrinas falsas e contra as práticas que as acompanham pode levar a abandonarmos práticas que são absolutamente boas e saudáveis. Creio que tenha sido isso que aconteceu.

Sem dúvida, o estado atual daqueles que morreram continua mais misterioso do que muitos cristãos gostariam de admitir. O Novo Testamento não está particularmente interessado nesse assunto — ponto que costumo defender e que surpreende as pessoas. "Desejo partir", diz Paulo, "e estar com o Messias, o que é muito melhor". Isso, conforme a dra. Everts observa, não é o fim: a ressurreição ainda está por vir. O "céu", nesse sentido, é temporário, um estado no qual os santos aguardam a renovação final do céu e da terra, com sua união eterna em casamento. Contudo, embora o Novo Testamento seja notavelmente reticente sobre o estado exato e a localização dos falecidos, eu, como o professor Norman, não vejo razão para que o amor que o manteve unido aos filhos em oração não continue. Mas esse assunto não deve ser motivo de divisão entre os cristãos.

Como em uma das contribuições anteriores, não tenho certeza de quão especificamente "pentecostal" o ensaio da dra. Everts é, exceto por ressoar com a própria peregrinação da autora, acatando elementos carismáticos em uma estrutura anglicana (algo que eu também poderia dizer a meu respeito). Parece-me que, em muitos aspectos, Deus levantou as igrejas pentecostais para lembrar ao restante de nós o que podemos estar perdendo. Nestes dias, quando muitos cristãos ocidentais

A PALAVRA E O VENTO

não estão tão presos a uma denominação quanto costumavam estar, talvez possamos simplesmente celebrar os muitos dons que temos para compartilhar uns com os outros.

JEFFREY LAMP: MISSÃO E ESCATOLOGIA INAUGURADA

Expresso, mais uma vez, minha gratidão a Jeffrey Lamp, por seu resumo cristalino da posição que defendi no livro *Surprised by hope*, o qual já citei algumas vezes. De fato, o Novo Testamento nos oferece recursos para a compreensão geral dos planos finais de Deus para toda a criação, concentrando-se em como esses planos foram decisivamente inaugurados em Jesus e em sua ressurreição e na maneira pela qual, pelo Espírito, podemos compartilhar não apenas os benefícios dessa conquista, mas também a tarefa contínua de edificação em prol do Reino. Sou especialmente grato ao dr. Lamp por sua particular elucidação dessa distinção: o cristão não "edifica o Reino", ideia que facilmente desmorona em uma espécie de pelagianismo socialmente ativo, mas, pelo Espírito, edifica em prol do Reino, fazendo coisas que, para nossa surpresa, serão parte do novo mundo que Deus criará. Essa perspectiva, descobri em minha experiência, pode ser extremamente frutífera, ajudando não apenas os evangélicos ansiosos a aceitarem sua responsabilidade social, cultural e política, mas também auxiliando os ativistas sociais ansiosos a conectarem seus fortes impulsos de cuidado com as raízes profundas do próprio evangelho.

Alegrei-me com a seção final do ensaio, na qual o dr. Lamp compara minha posição sobre essas coisas às do dr. Frank Macchia. Concordo prontamente que as diferentes ênfases ressaltadas devem complementar-se. Em particular, nos últimos anos, me vi frequentemente atraído pela imagem em Isaías 11:9, Habacuque 2:14 e passagens semelhantes: toda a terra será cheia do conhecimento e da glória do Senhor, assim como as águas cobrem o mar. Alinho isso com a promessa da nova criação em Romanos 8, e de Deus sendo "tudo em todos" em 1Coríntios 15. Interpreto particularmente essas imagens da perspectiva de toda a criação como o verdadeiro Templo, do qual o Templo de Jerusalém sempre foi um indicador antecipado. Nesse aspecto, aprendi muito com dois colegas que tenho em grande estima: o professor Gregory Beale, do Westminster Theological Seminary, em seu livro *The Temple and the church's mission*[12] (Downers Grove: Inter-Varsity, 2004), e o professor John Walton, do Wheaton College, em seu livro *The lost world of Genesis 1* [O mundo perdido de Gênesis 1] (Downers Grove: Inter--Varsity, 2009). Em conjunto, essas obras trabalham o lugar central do Templo na teologia bíblica e demonstram que, desde o início, o santuário foi visto como algo que apontava para toda a ordem criada, com o céu e a terra interconectados. Conforme expliquei em um comentário anterior, trata-se de algo central à visão dos primeiros cristãos sobre Jesus e sobre o Espírito. A atual popularidade do panteísmo (ou panenteísmo) em vários lugares nos revela uma cosmovisão pós-moderna um tanto árida, na qual céu e terra são considerados distantes, e não faz justiça à maneira como muitas pessoas pensam e se sentem. Contudo, poucos percebem que as Escrituras nos oferecem — nas passagens já mencionadas — algo semelhante, mas curiosamente diferente: uma espécie de "teo-em-panismo",[13] ou seja, o objetivo final, em que Deus será "tudo em todos", inundando toda a criação com sua presença e com seu amor.

Suponho que o ponto levantado pelo dr. Macchia, retomado no ensaio de Jeffrey Lamp, é que esse objetivo final é antecipado na habitação do Espírito na igreja e em sua missão ao mundo. Tal explicação é correta. É difícil se apegar a essa verdade quando se está ministrando em circunstâncias difíceis, quando a própria igreja é dividida por facções e falha em seu chamado à santidade. Mas é a verdade que apreendemos pela fé, a qual, de vez em quando, temos o privilégio de vislumbrar. E, com isso, há, acredito, uma convergência real. Não temos de almejar o "evangelismo" *ou* a "ação social", como se ambas as atividades fossem mutuamente excludentes. Nem temos de pensar apenas na ressurreição e na inauguração da nova criação, de um lado, ou na habitação do Espírito, do outro. Precisamos de ambas. Todas essas coisas caminham de mãos dadas.

---

[12]Edição em português: *O Templo e a missão da igreja* (São Paulo: Vida Nova, 2021).

[13]Inversão das partículas da palavra "panenteísmo": pan + en + teo <> teo + en + pan. (N. R.)

A PALAVRA E O VENTO

Uma das alegrias desse estudo compartilhado, pelo menos para mim, é reconhecer nosso avanço desde a última geração. Há vinte anos atrás, teria sido difícil essa conversa acontecer. Em se tratando de consciência acadêmica do judaísmo do Segundo Templo, só para citar um exemplo, aprendemos muito com as pesquisas da última geração e com os manuscritos do Mar Morto. Entendemos, muito melhor do que antes, como a mente judaica do primeiro século funcionava e, portanto, de que maneira os primeiros seguidores de Jesus, e então Paulo, reagiram à ressurreição do Senhor, refletiram acerca dos acontecimentos após sua morte, viram-se apanhados em sua missão no Reino, e saíram para o mundo com o objetivo de colocar tudo em prática, sempre (como dizemos em uma bênção anglicana característica), "regozijando-se no poder do Espírito Santo". Agradeço a Deus pela comunhão exemplificada neste livro e nestas reflexões, e oro para que, nos dias vindouros, possamos continuar a aprender uns com os outros enquanto participamos da graça de nosso Senhor Jesus, do amor de Deus e da comunhão desse mesmo Espírito Santo.

BIBLIOGRAFIA

ALEXANDER, Paul. *Peace to war: shifting allegiances in the Assemblies of God*. C. Henry Smith Series. (Telford: Cascadia, 2009).

ANDERSON, Allan Heaton. *Introduction to Pentecostalism*. 2. ed. (Cambridge: Cambridge University Press, 2014).

ARCHER, Kenneth J. *A pentecostal hermeneutic for the twenty-first century*. JPTSup 28 (New York: T&T Clark, 2004).

"A STATEMENT OF Catholics and evangelicals together: the communion of saints". *First Things* 131 (Mar. 2003): 26-32.

BARTH, Karl. *Church dogmatics*. Reimpr. Ed. G. W. Bromiley; T. F. Torrance. Trad. A. T. Mackay; T. H. L. Parker (Peabody: Hendrickson, 2010). III:4.

BARTHOLOMEW, Craig G; GOHEEN, Michael W. *The drama of Scripture: finding our place in the biblical story* (Grand Rapids: Baker, 2004).

_____. *O drama das Escrituras* (São Paulo: Vida Nova, 2021). Tradução de: The drama of Scripture.

BASSETT, Paul Merritt. "The theological identity of the North American holiness movement: its understanding of the nature and role of the Bible". In: DAYTON, Donald W.; JOHNSTON, Robert K., orgs. *The variety of American evangelicalism* (Knoxville: University of Tennessee Press, 1991). p. 72-108.

BEALE, Gregory. *The Temple and the church's mission* (Downers Grove: Inter-Varsity, 2004).

_____. *O templo e a missão da Igreja* (São Paulo: Vida Nova, 2021. Tradução de: The temple and the church's mission.

BETZ, Hans Dieter. *Galatians: a commentary*. Hermeneia (Philadelphia: Fortress, 1979).

BODDY, Mary. "The church's one foundation". *Confidence* 7.9 (Jun. 1915): 110-2.

BONHOEFFER, Dietrich. *Life together: prayerbook of the Bible*. Ed. Geoffrey B. Kelly. Trad. Daniel W. Bloesch; James H. Burtness (Minneapolis: Fortress, 1996).

_____. *Vida em Comunhão* (São Paulo: Mundo Cristão, 2021). Tradução de: Life together.

BROWN, Christopher A. "More than affirmation: the incarnation as judgment". In: RADNER, Ephraim; SUMMER, George, orgs. *The rule of faith: Scripture, canon, and creed in a critical age* (Harrisburg: More-House, 1998). p. 77-91.

CALVIN, John. *Institutes of the Christian religion*. Ed. John T. McNeill. Trad. Ford Lewis Battles. Library of Christian Classics 21 (Philadelphia: Westminster Press, 1960).

_____ [CALVINO, João]. *Instituições da religião cristã* (São Paulo: UNESP, 2008 e 2009). 2 vols. Tradução de: Institutes.

BIBLIOGRAFIA

CARSON, D. A.; O'BRIEN, Peter T.; SEIFRID, Mark, orgs. *Justification and variegated nomism* (Grand Rapids: Baker, 2001, 2004). 2 vols.

CHILDS, Brevard S. "The nature of the Christian Bible: one book, two Testaments". In: RADNER, Ephraim; SUMNER, George, orgs. *The rule of faith: Scripture, canon, and creed in a critical age* (Harrisburg: More-house Publishing, 1998). p. 115-25.

COFFEY, David M. *Grace: the gift of the Holy Spirit* (Milwaukee: Marquette University Press, 2011).

CRANFIELD, C. E. B. *A critical and exegetical commentary on the Epistle to the Romans* (ICC; Edimburgo: T&T Clark, 1975).

CROSSAN, John Dominic; REED, Jonathan L. *In search of Paul* (New York: HarperCollins, 1994).

DAY, Nigel. "The church's one foundation". Claves Regni: *The On-line Magazine of St. Peter's Church, Nottingham with all saints*. Disponível em: www.stpetersnotting-ham.org/hymns/foundation/html. ˙

DEMPSTER, Murray W. et al., orgs. *The globalization of Pentecostalism: a religion made to travel* (Oxford: Regnum Books, 1999).

DODD, C. H. *According to the Scriptures: the sub-structure of New Testament theology* (London: Nisbet & Co., 1953).

_____. *Segundo as Escrituras* (São Paulo: Fonte Editorial, 2020). Tradução de: According to the Scritptures.

DUNN, James. *Baptism in the Holy Spirit* (London: SCM Press, 1970).

FAUPEL, D. William. *The everlasting gospel: the significance of eschatology in the development of Pentecostal thought*. JPTSup 10 (Sheffield: Sheffield Academic Press, 1996).

FEE, Gordon. "The kingdom of God and the church's global mission". In: DEMPSTER, Murray W.; KLAUS, Byron D.; PETERSON, Douglas, orgs. *Called and empowered: Pentecostal perspectives on global mission* (Peabody: Hendrickson, 1991). p. 7-21.

_____. *God's empowering presence: the Holy Spirit in the letters of Paul* (Peabody: Hendrickson, 1994).

_____. *Paulo, o Espírito e o povo de Deus* (São Paulo: Vida Nova, 2015). Tradução de: God's empowering presence.

_____. *Pauline Christology: an exegetical-theological study* (Peabody: Hendrickson, 2007).

FITZMYER, Joseph A. *Romans: a new translation with introduction and commentary*. Anchor Bible 33 (NewYork: Doubleday, 1993).

FREI, Hans W. *The identity of Jesus Christ: the hermeneutical bases of dogmatic theology* (Philadelphia: Fortress Press, 1975).

GALOT, Jean. *Who is Christ?* (Chicago: Franciscan Herald Press, 1989).

GORMAN, Michael. "Effecting the covenant: a (not so) new New Testament model for the atonement". *Ex Auditu* 26 (2010): 60-74.

HAUERWAS, Stanley. *Matthew* (Grand Rapids: Brazos, 2006).

HAYS, Richard B. *The faith of Jesus Christ: the narrative substructure of Galatians 3:1–4:11* (Grand Rapids: Eerdmans, 2001).

_____. "Knowing Jesus: story, history, and the question of truth". In: PERRIN, N.; HAYS, R. B., orgs. *Jesus, Paul, and the people of God: a theological dialogue with N. T. Wright* (Downers Grove: IVP, 2011). p. 41-61.

HOLLENWEGER, Walter J. *The Pentecostals*. 2. ed. (Peabody: Hendrickson, 1988).

_____. "Priorities in Pentecostal research: historiography, missiology, hermeneutics, and pneumatology". In: JONGENEEL, J. A. B., org. *Experiences in the Spirit* (Bern: Peter Lang, 1989). p. 7-22.

_____. "From Azusa Street to the Toronto phenomenon". In: MOLTMANN, Jürgen; KUSCHEL, Karl-Josef, orgs. *Pentecostal movements as ecumenical challenge.* Concilium 3 (London: SCM Press, 1996). p. 3-14.

IRAENEUS [IRENEU]. "Against Heresies". In: *The apostolic fathers: Justin Martyr and Irenaeus.* Ed. A. Roberts; J. Donaldson. Trad. para o inglês A. C. Coxe. Ante-Nicene Fathers I (Peabody: Hendrickson, 1994). p. 309-576.

_____. *Contra as heresias* (São Paulo: Paulus, 1995). Tradução de: Against heresies.

JENSON, Robert. *Canon and creed* (Louisville: Westminster John Knox, 2010).

JEWETT, Robert. *Romans: a commentary.* Hermeneia (Minneapolis: Fortress, 2007).

KÄRKKÄINEN, Veli-Matti. "Are Pentecostals oblivious to social justice? Theological and ecumenical perspectives". *Missionalia* 29 (2001): 387-404.

_____. "Spirituality as a resource for social justice: reflections from the Roman Catholic-Pentecostal dialogue". *Asian Journal of Pentecostal Theology* 6 (2003): 75-88.

_____. "Pentecostal pneumatology of religions: the contribution of Pentecostals to our understanding of the Word of God's Spirit in the world". In: KÄRKKÄINEN, Veli-Matti, org. *The Spirit in the world: emerging Pentecostal theologies in global contexts* (Grand Rapids: Eerdmans, 2009). p. 155-80.

KÄSEMANN, Ernst. *Commentary on Romans.* Trad. para o inglês G. W. Bromiley (Grand Rapids: Eerdmans, 1980).

KUHRT, Stephen. *Tom Wright for everyone* (London: SPCK, 2011).

LEVERING, Matthew. *Scripture and metaphysics: Aquinas and the renewal of Trinitarian theology* (Malden: Blackwell, 2004).

LEWIS, C. S. *Letters to Malcolm: chiefly on prayer* (New York: Harcourt, Brace, Jovanovich, 1963);

_____. *Cartas a Malcom, sobretudo a respeito da oração* (Rio de Janeiro: Thomas Nelson Brasil, 2019). Tradução de: Letters to Malcolm.

LONGENECKER, Richard N. *Galatians.* WBC 41 (Dallas: Word, 1990).

MA, Wonsuk. "'When the poor are fired up': the role of pneumatology in Pentecostal/charismatic mission". In: KÄRKKÄINEN, Veli-Matti, org. *The Spirit in the world: emerging Pentecostal theologies in global contexts* (Grand Rapids: Eerdmans, 2009). p. 40-52.

MACCHIA, Frank D. *Baptized in the Spirit: a global Pentecostal theology* (Grand Rapids: Zondervan, 2006).

_____. *Justified in the Spirit: creation, redemption, and the Triune God* (Grand Rapids: Eerdmans, 2010).

MCCABE, Herbert. *God matters* (London: Continuum, 1987).

MENZIES, Robert. *Empowered for witness: the Spirit in Luke-Acts.* JPTSup 6 (Sheffield: Sheffield Academic Press, 1994).

MORITZ, Thorsten. "Reflecting on N. T. Wright's tools for the task". In: BARTHOLOMEW, Craig et al., orgs. *Renewing biblical interpretation* (Grand Rapids: Zondervan, 2000). p. 172-97.

_____. "Critical realism". In: VANHOOZER, Kevin J. et al., orgs. *Dictionary for theological interpretation of the Bible* (Grand Rapids: Baker Academic, 2005). p. 147-50.

NEWMAN, Carey C. *Jesus and the restoration of Israel: a critical assessment of N. T. Wright's Jesus and the victory of God* (Downers Grove: IVP, 1999).

BIBLIOGRAFIA

OBENG, E. A. "Abba Father: the prayer of the sons of God". *The Expository Times* 99 (1987-1988): 363-6.

OCARIZ, F.; SECO, L. F. Mateo; RIESTRA, J. A. *The mystery of Jesus Christ* (Portland: Four Courts Press, 1994).

O'COLLINS, Gerald. *Christology: a biblical, historical, and systematic study of Jesus* (Oxford: University Press, 2009).

_____; Daniel Kendall. *Focus on Jesus: essays in Christology and soteriology* (Herefordshire: Fowler Wright Books, 1996).

OUTLER, Albert. "The Wesleyan quadrilateral — in John Wesley". In: ODEN, Thomas C.; LONGDEN, Leicester R., orgs. *The Wesleyan theological heritage* (Grand Rapids: Zondervan, 1991). p. 21-38.

PANNENBERG, Wolfhart. *Systematic theology* (Grand Rapids: Eerdmans, 1991). vol. 1.

_____. *Teologia sistemática* (São Paulo: Paulus, 2009). Vol. 1. Tradução de: Systematic theology.

PENNEY, J.M. *The missionary emphasis of Lukan pneumatology*. JPTSup 12 (Sheffield: Sheffield Academic Press, 1997).

PERRIN, Nicholas; HAYS, Richard B., orgs. *Jesus, Paul, and the people of God: a theological dialogue with N. T. Wright* (Downers Grove: IVP Academic, 2011).

PETERSON, Douglas. "A moral imagination: Pentecostals and social concern in Latin America". IN: KÄRKKÄINEN, Veli-Matti, org. *The Spirit in the world: emerging Pentecostal theologies in global contexts* (Grand Rapids: Eerdmans, 2009). p. 53-68.

PIPER, John. *The future of justification: a response to N. T. Wright* (Wheaton: Crossway, 2007).

_____. *O futuro da justificação* (Niterói: Tempo de Colheita, 2011). Tradução de: The future of justification.

RENO, R. R. "Biblical theology and theological exegesis". In: BARTHOLOMEW, Craig et al., orgs. *Out of Egypt: biblical theology and biblical interpretation*. Scripture and Hermeneutics Series 5 (Grand Rapids: Zondervan, 2004). p. 385-408.

SANDERS, E. P. *Paul and Palestinian Judaism: a comparison of patterns of religion* (Philadelphia: Fortress, 1977).

SCHREINER, Thomas R. *Romans*. Baker Exegetical Commentary on the New Testament 6 (Grand Rapids: Baker, 1998).

SCOFIELD, C. I., ed. *Scofield reference Bible* (Oxford: Oxford University Press, 1906).

SEGWICK, Peter. "Justification by faith: one doctrine, many debates?". *Theology* 93.751 (1990): 5-13.

SISSON, Elisabeth. "Resurrection Paper n. 7". *Latter Rain Evangel* 10.3 (Jul. 1911): 18-21.

SOLIVAN, Samuel. *The Spirit, pathos, and liberation: towards a Hispanic Pentecostal theology*. JPT Sup 14 (Sheffield: Sheffield Academic Press, 1998).

STENDAHL, Krister. "Paul and the introspective conscience of the West". *Harvard Theological Review* 56 (1963): 199-215.

STEWART, Robert B. *The quest of the hermeneutical Jesus: the impact of hermeneutics on the Jesus research of John Dominic Crossan and N. T. Wright* (Lanham: University Press of America, 2008).

_____; CROSSAN, John Dominic; WRIGHT, N. T. *The resurrection of Jesus: John Dominic Crossan and N. T. Wright in Dialogue* (Minneapolis: Fortress, 2006).

THE BOOK OF COMMON PRAYER and administration of the sacraments and other rites and ceremonies of the church according to the use of the protestant episcopal church of the United States of America (New York: The Church Pension Fund, 1945).

TREIER, Daniel J. *Introducing theological interpretation of Scripture: recovering a Christian practice* (Grand Rapids: Baker Academic, 2008).

WALLIS, Ian G. *The faith of Jesus Christ in early Christian traditions* (New York: Cambridge University Press, 1995).

WALTON, John, *The lost world of Genesis 1* (Downers Grove: Inter-Varsity, 2009).

WITHERINGTON III, Ben. *Grace in Galatia: a commentary on Paul's Letter to the Galatians* (Grand Rapids: Eerdmans, 1998).

_____; HYATT, Darlene. *Paul's letter to the Romans: a socio-rhetorical commentary* (Grand Rapids: Eerdmans, 2004).

WRIGHT, N. T. *Colossians and Philemon* (Tyndale New Testament Commentary; Grand Rapids: Eerdmans, 1986).

_____. "Jesus". In: WRIGHT, David F. et al., orgs. *New dictionary of theology* (Downers Grove: IVP, 1988). p. 348-51.

_____. "How can the Bible be authoritative?". *Vox Evangelica* 21 (1991): 7-32.

_____. *Climax of the covenant: Christ and the law in Pauline theology* (Minneapolis: Fortress, 1992).

_____. *The New Testament and the people of God*. Christian Origins and the Question of God 1 (Minneapolis: Fortress, 1992)

_____. *O Novo Testamento e o povo de Deus*. Origens Cristãs e a Questão de Deus - Vol. 1 (Rio de Janeiro: Thomas Nelson Brasil, 2022). Tradução de: The New Testament and the people of God.

_____. *The crown and the fire: meditations on the cross and the life of the Spirit* (Grand Rapids: Eerdmans, 1995).

_____. "Romans and the theology of Paul". In: HAY, David M.; JOHNSON, E. Elizabeth, orgs. *Pauline Theology* (Minneapolis: Fortress, 1995). vol 3: *Romans*. p. 30-67.

_____. *Jesus and the victory of God*, Christian Origins and the Question of God 2 (Minneapolis: Fortress, 1996).

_____. *For all God's worth: true worship and the calling of the church* (Grand Rapids: Eerdmans, 1997).

_____. *The Lord and his prayer* (Grand Rapids: Eerdmans, 1997).

_____. *What saint Paul really said: was Paul of Tarsus the real founder of Christianity?* (Grand Rapids: Eerdmans, 1997).

_____. "Jesus and the identity of God". *Ex Auditu* 14 (1998): 42-56.

_____. *Reflecting the glory: meditations for living Christ's life in the world* (Minneapolis: Augsburg Fortress, 1998).

_____. *The challenge of Jesus: rediscovering who Jesus was and is* (Downers Grove: IVP, 1999).

_____. "New exodus, new inheritance: the narrative structure of Romans 3—8". In: SODERLUND, Sven K.; WRIGHT, N. T., orgs. *Romans and the people of God: essays in honor of Gordon D. Fee on the occasion of his 65th birthday* (Grand Rapids: Eerdmans, 1999). p. 26-35.

_____. "Jesus' resurrection and Christian origins". Disponível: www.ntwrightpage.com/Wright_Jesus_Resurrection.html, 2002.

BIBLIOGRAFIA

_____. "Jesus' self-understanding". In: DAVIS, Stephen T.; KENDALL, Daniel; O'COLLINS, Gerald, orgs. *Incarnation: an interdisciplinary symposium* (Oxford: Oxford University Press, 2002). p. 47-61.

_____. "N. T. Wright talks about history and belief: resurrection faith". *Christian Century* 119.26 (Dec. 18, 2002): 28-31.

_____. *Romans*. New Interpreter's Bible 10 (Nashville: Abingdon Press, 2002).

_____. *For all the saints? Remembering the Christian departed* (Harrisburg: Morehouse, 2003).

_____. *The resurrection of the son of God*. Christian Origins and the Question of God 3 (Minneapolis: Fortress, 2003).

_____. *A ressurreição do filho de Deus* (São Paulo: Paulus, 2020). Tradução de: The resurrection of the Son of God.

_____. *Paul for everyone: 1 Corinthians* (Louisville: Westminster John Knox, 2004).

_____. *Paulo para todos: 1 Coríntios* (Rio de Janeiro: Thomas Nelson Brasil, 2021). Tradução de: Paul for everyone: 1 Corinthians.

_____. "The Holy Spirit in the church". Disponível em: http://www.fulcrum-anglican.org.uk/events/2005/inthechurch.cfm, 2005.

_____. *The last Word: Scripture and the authority of God: getting beyond the Bible wars* (San Francisco: Harper Collins, 2005).

_____. *Paul: in fresh perspective* (Minneapolis: Fortress, 2005).

_____. "New perspectives on Paul". In: McCORMACK, Bruce L., org. *Justification in perspective: historical developments and contemporary challenges* (Grand Rapids: Baker Academic, 2006). p. 243-64.

_____. *Simply Christian: why Christianity makes sense* (San Francisco: Harper Collins, 2006).

_____. *Simplesmente cristão: por que o cristianismo faz sentido* (Viçosa: Ultimato, 2008). Tradução de: Simply Christian.

_____. "4QMMT and Paul: justification, 'works', and 'eschatology'". In: SON, Aang Won (Aaron), org. *History and exegesis: New Testament essays in honor of dr. E. Earle Ellis for his 80th birthday* (New York: T&T Clark, 2006). p. 104-32.

_____. "Wright said Q&A for June 2007". Disponível em: http://www.ntwrightpage.com/Wrightsaid_June2007.html, 2007.

_____. "Reading Paul, thinking Scripture". In: BOCKMUEHL, Markus; TORRANCE, Alan J., orgs. *Scripture's doctrine and theology's Bible: how the New Testament shapes Christian dogmatics* (Grand Rapids: Eerdmans, 2008). p. 59-74.

_____. *Surprised by hope: rethinking heaven, the resurrection, and the mission of the church* (NewYork: Harper One, 2008)

_____. *Surpreendido pela esperança* (Viçosa: Ultimato, 2009). Tradução de: Surprised by hope.

_____. *Justification: God's plan & Paul's vision* (Downers Grove: IVP Academic, 2009).

_____. *Justificação: o plano de Deus e a visão de Paulo* (Maceió: Sal Cultural, 2019). Tradução de: Justification.

_____. *After you believe: why Christian character matters* (São Francisco: Harper Collins, 2010).

_____. *Eu creio. E agora?* (Viçosa: Ultimato, 2012). Tradução de: After you believe.

TEOLOGIA PENTECOSTAL EM DIÁLOGO COM N. T. WRIGHT

_____. "Response to Richard Hays". In: PERRIN, Nicholas; HAYS, Richard B., orgs. *Jesus, Paul, and the people of* God: *a theological dialogue with N. T. Wright* (Downers Grove: IVP, 2011). p. 62-5.

_____. *Simply Jesus: a new vision of who he was, what he did, and why he matters* (New York: HarperOne, 2011).

_____. *Simplesmente Jesus* (Rio de Janeiro: Thomas Nelson Brasil, 2020). Tradução de: Simply Jesus.

_____. "Whence and whither historical Jesus studies in the life of the church". In: PERRIN, Nicholas; HAYS, Richard B., orgs. *Jesus, Paul, and the people of God: a theological dialogue with N. T. Wright* (Downers Grove: IVP, 2011). p. 262-81.

_____. *How God became king* (London: SPCK/HarperOne, 2012).

_____. *Como Deus se tornou rei* (Rio de Janeiro: Thomas Nelson Brasil, 2019). Tradução de: How God became king.

_____. *Paulo e a fidelidade de Deus* (São Paulo: Paulus, 2021). Tradução de: Paul and the faithfulness of God.

_____. *Paul and the faithfulness of God* (London: SPCK/Fortress Press, 2013).

_____. *Paulo: novas perspectivas* (São Paulo: Loyola, 2009). Tradução de: Pauline perspectives.

_____. *Pauline perspectives* (London: SPCK/Fortress Press, 2013).

_____. *Simply good news* (London: SPCK/HarperOne, 2015).

_____. *Simplesmente boas novas* (Brasília: Chara, 2016). Tradução de: Simply good news.

_____, org. *The work of John Frith* (Appleford: Sutton Courtenay Press, 1983).

YONG, Amos, *Spirit-word-community: theological hermeneutics in Trinitarian perspective* (Eugene: Wipf & Stock, 2002).

_____. *O Espírito derramado sobre a carne* (S.L.: Aldersgate, 2022). Tradução de: The Spirit poured out on all flesh.

_____. *The Spirit poured out on all flesh: Pentecostalism and the possibility of global theology* (Grand Rapids: Baker Academic, 2005).

_____, org. *The Spirit renews the face of the earth: Pentecostal forays in science and theology of creation* (Eugene: Pickwick, 2009).

YUN, Koo Dong. "Pentecostalism from below: Minjung liberation and Asian Pentecostal theology". In: KÄRKKÄINEN, Veli-Matti, org. *The Spirit in the world: emerging Pentecostal theologies in global contexts* (Grand Rapids: Eerdmans, 2009). p. 89-114.

ÍNDICE DE PASSAGENS BÍBLICAS

(e de outras fontes antigas)

ANTIGO TESTAMENTO

Gênesis
1 *30, 81, 161*
1:26 *30*
1:28 *118*
3:15 *131*
12:1-3 *32*
15 *32*

Êxodo
19:6 *174*

Deuteronômio
27—30 *176*
27—29 *117*
28—30 *101*
29:10—30:6 *34*
30 *36, 176, 204*
30:16 *108*
32 *176, 204*

2Samuel
7 *114*

Esdras
3:13 *116*
9:9 116

Salmos
2 *204*
19 *31*
74 *31*

Provérbios
3:19 *30*

Isaías
11:9 *210*
12 *171*
18:19-21 *63*
32:14-16 *106*
33:5 *117*
42:6 *117*
49:6 *117*
52:5 *117*
52:13—53:12 *36*

Ezequiel
36:22 *117*

Daniel
7 *121, 124, 202, 205*
9 *176*

Oseias
10:12 *106*

Habacuque
2:14 *210*

Ageu
2:3 *116*

NOVO TESTAMENTO

Mateus
6:10 *155*
21:43 *130*
24:30 *121*
24:31 *123*
24:36-44 *123*
24:40,41 *123*
26:28 *104*
28:18 *182, 185*

Marcos
10:35-45 *190*
13 *207*
13:26 *121, 205*
14:24 *104*
14:62 *205*

Lucas
18:1-8 *150*
21:23,24 *122*
21:24 *114*
21:27 *121*
22:20 *104*
23:43 *141, 155*

João
1 *187*
5:30 *63*
12:24 *104*
14:2 *155*

TEOLOGIA PENTECOSTAL EM DIÁLOGO COM N. T. WRIGHT

16:12-15 *191*
17 *147*

Atos
1 *207*
1:8 *166*
1:11 *122, 159*
2:17 *12*

Romanos
1—11 *31*
1—8 *127, 199*
1—4 *199*
1:4 *108*
1:17 *108*
1:18-23 *118*
2 *199*
2:6 *125*
2:24 *117*
2:25-29 *176, 199*
2:25 *126*
2:26 *126*
3 *201*
3:20 *125*
3:21 *107*
3:23,24 *103*
4 *32, 103, 201, 205*
4:3 *125*
4:9 *125*
4:13 *204*
4:17
4:23 *108*
4:25 *108*
5—8
5 *142, 199*
5:12-21 *118*
5:12 *31*
5:18 *108*
5:21 *108*
6 *36, 40, 203*
6—8 *36, 142*
6 *203*
6:7 *142*
6:8-11 *142*
7:1—8:11 *36*
7:7-12
7:7 *34*
7:8b,9 *34*
7:13 *34*
8 *40, 89, 95, 142, 199, 204, 210*

8:3 *36*
8:4 *96*
8:9 *89*
8:10,11 *202*
8:12-30 *36*
8:12-17 *89*
8:12-16 *90*
8:15 *84, 93-5*
8:18-25 *41, 156*
8:34 *176*
9—11 *103, 204*
9 e 10 *127*
9:6—10:21 *203*
10 *176*
10:1-13 *176*
10:4 *129*
10:5-13 *36*
11 *126, 204*
11:11 *114*
11:13,14 *127*
11:25-27 *127*
11:25,26 *115, 126-7*
11:25 *114, 126*
11:26 *115, 126*
11:32 *103*

1Coríntios
2 *145*
2:6 *143*
4:8 *119*
6:9-11 *119*
6:9,10 *125*
8:6 *30*
12—14 *135*
12:2 *126*
12:3 *90*
12:30 *46*
13 *135, 145*
13:11 *151*
13:13 *136, 143, 146, 147*
15 *31, 146, 202, 210*
15:20-28 *205*
15:23 *140*
15:24 *119, 144*
15:28 *156*
15:45 *40, 118*
15:51-57 *202*
15:52 *144*
15:58 *161*

2Coríntios
1:20 *204*
3:6 *107*
5:17 *39, 42*

Gálatas
2 *201*
2:15-21 *201*
2:17-20 *105*
2:17 *104*
3 *103, 201, 205*
3:1-5 *104*
3:3 *83*
3:6-18 *32*
3:8 *104, 105*
3:10-14 *176*
3:13 *36*
3:14 *104, 105*
3:16 *35*
3:21 *34, 107*
4 *89, 199*
4:4-7 *89, 90*
4:6 *84, 89, 93-5*
5:19-21 *119, 125*
6:16 *115, 126*

Efésios
2:10 *125*
4:17 *126*

Filipenses
1:6 *90, 201*
1:22 *140, 143*
1:23 *120, 151, 155*
2:5-11 *118*
2:6-11 *190*
2:9-11 *176*
2:10,11 *185*
3:2-11 *201*
3:2 *126*
3:20,21 *203*

Colossenses
1 *187*
1:15-20 *31*
1:15 *118*
1:16 *30*
1:20 *30*
3 *203*

ÍNDICE DE PASSAGENS BÍBLICAS

1Tessalonicenses
2:12 *119*
4 *202*
4:5 *126*
4:13—5:11 *41*
4:16,17 *124, 159*
4:17 *132*

2Timóteo
2:15 *113*

Hebreus
1:3 *63*
5:8 *59*
11 *145*
11:1 *146*

11:39—12:2 *139*
12 *148*
12:2 *58*
13:8 *185*

1Pedro
2:9 *174*

2Pedro
1:16 *196*

Apocalipse
1:6 *174*
4 e 5 *155*
5:10 *174*
6:10 *140, 142, 148, 150*

12:11 *145*
20 *121*
20:1-6 *114*
20:6 *174*
20:11 *114*
21 e 22 *41, 155*

Apócrifos/ Escritos
  pseudepigráficos

Sabedoria de Salomão
7:22—8:1 *30*

4Esdras [=2Esdras]
12:12 *206*

ÍNDICE DE AUTORES

A
Agostinho 86, 94, 101
Alexander, Paul 163
Anderson, Allan Heaton 24
Archer, K. J. 74

B
Barth, K. 76, 98
Bartholomew, C. G. 43, 60, 67
Bassett, P. M. 74
Baxter, R. 139, 148, 150
Beale, G. 209
Betz, H. D. 94
Blaising. C. 112
Bock, D. 113
Boddy, A. 173
Boddy, M. 59
Bonhoeffer, D. 97, 98, 197
Borg, M. 120
Breshears, G. 113
Brown, C. A. 61
Bucer, M. 138
Bultmann, R. 122, 132, 186

C
Caird, G. 205
Calvino, J. 54, 112, 115, 127, 128, 131, 138, 147, 148, 149
Chafer, L. S. 113
Childs, B. S. 61
Coffey, D. M. 76
Cranfield, C. E. B. 96
Crossan, J. D. 42, 48, 181

D
Darby, J. N. 12, 113
Day, N. 144

Dempster, M. W. 22, 166
Dodd, C. H. 118, 205
Dunn, J. D. G. 104

E
Everts, J. M. 12, 14, 24, 25, 133, 206, 208

F
Faupel, D. W. 163
Fee, G. 29, 94, 95, 166
Franklin, B. 19
Frei, H. W. 61, 178, 187
Frith, J. 197
Fuller, T. 9

G
Galot, J. 59
Goheen, M. W. 43
Gorman, M. 104, 199
Green, C. 11, 23, 47, 177, 178, 180, 182
Gregório de Nissa 165

H
Hauerwas, S. 61, 178
Hays, R. B. 20, 38, 53, 54, 56, 61, 62, 86, 178
Hollenweger, W. J. 44
Hyatt, D. 93

I
Ireneu 60, 109

J
Jenson, R. 62, 178
Jewett, R. 93
Josefo 195

ÍNDICE DE AUTORES

K
Kärkkäinen, V. M. 45, 163, 164
Käsemann, E. 95, 183
Kendall, D. 47, 59
Kenneth J. Archer, 74
Kuhrt, S. 171

L
Lamp, J. S. 12, 13, 14, 19, 21, 22, 25, 27,
  152, 170, 174, 175, 177, 208, 210
Land, S. 22
Levering, M. 53
Lewis, C. S. 113, 141
Longenecker, R. N. 94
Lutero, M. 98, 115, 124, 125, 129, 138

M
Macchia, F. D. 44, 83, 97, 100, 104, 164,
  165, 167, 199, 209, 210
Martin, L. R. 21, 25
Ma, W. 164
McCabe, H. 58
McGrath, A. 85
Menzies, G. W. 10, 24, 200
Menzies, R. 44
Moritz, T. 67, 70

N
Newman, C. C. 54, 141
Norman Anderson 207

O
Obeng, E. A. 93
O'Brien, P. T. 39
Ocariz, F. 59
O'Collins, G. 47, 59
Outler, A. 78

P
Pannenberg, W. 62, 76
Penney, J. M. 44
Pentecost, D. 112
Perrin, Nicholas 20, 53

Perrin, Norman 194
Peterson, D. 164, 166
Piper, J. 19, 21, 23, 39, 84, 110

R
Reed, J. 42
Reno, R. R. 60
Riestra, J. A. 59
Ryrie, C. 113

S
Sanders, E. P. 105, 199
Saucy, R. 113
Schäfer, P. 115
Schreiner, T. R. 96
Schweitzer, A. 120, 199
Scofield, C. I. 112, 113, 131
Seco, L. F. M. 59
Segwick, P. 100
Seifrid, M. 39
Senapatiratne, T. 23, 66, 191, 195, 196
Sisson, E. 63, 65, 178
Solivan, S. 164
Stendahl, K. 100
Stewart, R. B. 42, 48

T
Thomas, J. C. 25
Treier, D. J. 77

W
Wadholm, R. 10, 23, 83
Wallis, I. G. 59
Walton, J. 209
Walvoord, J. 112
Wesley, J. 75, 76, 78, 80, 196
Wilkerson, D. 172
Witherington, B. 93

Y
Yong, A. 9, 20, 44, 45, 164
Yun, K. D. 164